Symbiose: Mit Symbiotic Leadership™

Beziehungen wirksam gestalten und stärken

Von Brian Patrick Haywood

© 2024 Brian Haywood. All rights reserved.

U.S. Copyright Registration Number: TXu 2-485-824

No part of this publication may be reproduced, stored in a retrieval system, or transmitted in any form or by any means—electronic, mechanical, photocopying, recording, or otherwise—without prior written permission of the publisher, except in the case of brief quotations embodied in critical articles or reviews.

ISBN (Paperback): 978-1-968440-00-8 / 978-1-968440-03-9
ISBN (Digital / eBook): 978-1-968440-01-5
ISBN (Hardback): 978-1-968440-02-2
ISBN (German): 978-1-968440-04-6

Published by Scale Matrix LLC
An imprint of Knight Publishing
www.MySymbiosis.com

Cover and interior design by Scale Matrix, LLC

Symbiotic Relationship Theory™, Symbiotic Leadership Framework™, and Symbiotic Workplace Model™ are trademarks of Brian Haywood. All rights reserved.

This is a work of original nonfiction. All frameworks, methodologies, and concepts are the intellectual property of the author and publisher unless otherwise cited.

Printed in the United States of America
First Edition

Inhaltsverzeichnis

Widmung 11
Zweck des Buches 12
Vorwort 13
Begriffsdefinitionen 15
Einleitung 17
Kapitel 1: Was ist Symbiose? 23
   1.1 Die Zeitlose Kraft der Symbiose 23
      1.1.1 Symbiose in erfolgreichen
      Unternehmenspartnerschaften 26
      1.1.2 Symbiose in historischen Ehen und
      Beziehungen 31
      1.1.3 Symbiose in internationalen Allianzen 33
      Fazit: Die zeitlose Kraft der Symbiose 37
   1.2 Das Gegen Modell zur Symbiose 38
      1.2.1 Parasitismus: Die einseitige Beziehung 40
      1.2.2 Ausnutzung: Manipulation zum eigenen Vorteil
      44
      1.2.3 Unkontrollierter Wettbewerb: Wie Rivalität
      Beziehungen zerstört 48
      1.2.4 Die Folgen gegen-symbiotischer Beziehungen 51
      Fazit: Schutz vor Gegen-Symbiose 53
   1.3 Die Vorteile einer symbiotischen Beziehung 54
      1.3.1 Gegenseitiges Wachstum und gemeinsame
      Entwicklung 54
      1.3.2 Zunahme von Vertrauen und emotionaler
      Sicherheit 58
      1.3.3 Nachhaltige Stabilität und Resilienz 60

1.3.4 Verbesserte Kreativität und Innovation 63
1.3.5 Vermächtnis und langfristige Wirkung 64
Schlussfolgerung: Die transformierende Kraft der Symbiose 67
1.4 Symbiose der Natur 69
1.4.1 Mutualismus: Ein Modell für Win-win-Beziehungen 70
1.4.2 Kommensalismus: Einer profitiert, ohne dem anderen zu schaden 76
1.4.3 Parasitismus: Einer profitiert auf Kosten des anderen 81
1.4.4 Die Konsequenzen des Parasitismus: Der Preis des Ungleichgewichts 88
Schlussfolgerung: Parasitische Beziehungen erkennen und auflösen 90
1.5 Symbiose im Universum 91
1.5.1 Die Sonne und die Erde: Lebensspendende Wechselwirkung 92
1.5.2 Der Mond und die Erde: Gravitationsharmonie und Stabilität 95
1.5.3 Sternenlebenszyklus: Geburt, Tod und Regeneration 99
1.5.4 Planetenbahnen und Gravitationsgleichgewicht: Ordnung im Chaos 102
1.5.5 Schwarze Löcher und Ereignishorizonte: Die Folgen von Ungleichgewicht 105
1.6 Die Rolle der Gegenseitigkeit: Gegenseitigen Nutzen in Beziehungen fördern 110
1.6.1 Gegenseitigkeit verstehen: Das Fundament des wechselseitigen Austauschs 111

4

1.6.2 Gegenseitigkeit im Geschäftsleben: Vertrauen und Loyalität aufbauen 113

1.6.3 Gegenseitigkeit in persönlichen Beziehungen: Emotionale Bindungen stärken 116

1.6.4 Gegenseitigkeit in der Führung: Teams und Organisationen stärken 118

1.6.5 Die Folgen mangelnder Gegenseitigkeit 121

1.6.6 Eine Kultur der Gegenseitigkeit fördern: Praktische Schritte 123

1.7 Gegenseitiges Wachstum und Verantwortlichkeit: Symbiotische Beziehungen dauerhaft stärken 128

1.7.1 Gegenseitiges Wachstum verstehen: Ein Bekenntnis zu gemeinsamer Entwicklung 129

1.7.2 Verantwortlichkeit: Integrität und Exzellenz sichern 133

1.7.3 Der Schnittpunkt von gegenseitigem Wachstum und Verantwortlichkeit 136

1.7.4 Folgen der Vernachlässigung von gegenseitigem Wachstum und Verantwortlichkeit ... 138

1.7.5 Praktische Strategien zur Förderung von gegenseitigem Wachstum und Verantwortlichkeit ... 141

Kapitel 2: Die verschiedenen Arten von Beziehungen ... 155

2.1 Familie: Das erste Umfeld für Symbiose 156

2.1.1 Gegenseitiger Beitrag in familiären Beziehungen 157

2.1.2 Reziprozität und Respekt zwischen den Generationen 160

2.1.3 Verantwortung und Gnade in familiären Strukturen 162

2.1.4 Wenn die Symbiose zerbricht: Zerfall familiärer Beziehungen 165

2.2 Freundschaft: Eine gewählte symbiotische Beziehung 169

   2.2.1 Die Kraft gegenseitiger Investition 170

   2.2.2 Gegenseitigkeit in emotionaler Unterstützung 172

   2.2.3 Verantwortung unter Gleichgesinnten 174

   2.2.4 Loyalität und Beständigkeit im Laufe der Zeit 176

   2.2.5 Wenn Freundschaft parasitär wird 178

2.3 Liebe/Partnerschaften: Den Bund durch Symbiose gestalten 183

   2.3.1 Emotionale Gegenseitigkeit und Sicherheit 185

   2.3.2 Geteilte Vision und gemeinsamer Zweck 186

   2.3.3 Konfliktlösung und Verantwortung 188

   2.3.4 Körperliche Intimität als gegenseitiges Geben 189

   2.3.5 Loyalität, Verpflichtung und Bund 191

   2.3.6 Ungesunde Bindungen erkennen und heilen . 193

2.4 Kollegen/Kolleginnen: Zusammenarbeit durch Symbiotic Leadership™ 197

   2.4.1 Gegenseitiger Beitrag in Teamumgebungen .. 198

   2.4.2 Kommunikation und psychologische Sicherheit 200

   2.4.3 Verantwortung und Integrität in beruflichen Beziehungen 202

   2.4.4 Wettbewerb und Zusammenarbeit im Gleichgewicht meistern 205

   2.4.5 Konflikte und Wiederherstellung am Arbeitsplatz 207

   2.4.6 Erkennen und Angehen toxischer Kollegen/Kolleginnen-Beziehungen 209

Kapitel 2.4 Zusammenfassung: Kollegiale Zusammenarbeit durch Symbiotic Leadership™ 211

2.5 Mentoring/Coaching: Symbiose durch Beratung ..213

    2.5.1 Der symbiotische Fluss von Wissen und Wachstum 214

    2.5.2 Vertrauen und Verantwortlichkeit in der Mentorschaft...................216

    2.5.3 Coaching für Ausrichtung und Selbstvertrauen 217

    Kapitel 2.5 Zusammenfassung: Mentoring/Coaching - Symbiose durch Beratung...................218

2.6 Tägliche Interaktionen: Mikro-Symbiose praktizieren 219

    2.6.1 Respekt in jeder Begegnung wählen...............220

    2.6.2 Tägliche Freundlichkeit als kulturelle Währung 221

    2.6.3 Mikro-Symbiose in einer digitalen Welt 222

    Kapitel 2.6 Zusammenfassung: Tägliche Interaktionen - Mikro-Symbiose praktizieren...................224

    Kapitel 2 Zusammenfassung: Die verschiedenen Arten von Beziehungen...................225

Kapitel 3: Führung neu denken durch Symbiose............230

3.1 Einführung in die Symbiotic Relationship Theory™ (SRT) und das Symbiotic Workplace Model™ (SWM)233

    3.1.1 Was ist die Symbiotic Relationship Theory™ (SRT)?...................234

    3.1.2 Was ist das Symbiotic Workplace Model™ (SWM)? 235

    3.1.3 Der Unterschied zwischen SRT und klassischen Theorien 237

3.1.4 Warum die Symbiotic Relationship Theory™ und das Symbiotic Workplace Model™ benötigt werden 237

3.2 Vergleich: SRT vs. Maslowsche Bedürfnishierarchie 238

3.2.1 Wo Maslow aufhört, fängt SRT an 239

3.2.2 Die relationale Erweiterung der Maslowschen Kategorien durch die SRT 241

3.2.3 Bewerbung als Führungskraft: Maslow vs. SRT am Arbeitsplatz 242

3.3 SRT/SWM vs. McGregor's Theorie X und Theorie Y 243

3.3.1 Von der Vermutung zur Interaktion 245

3.3.2 Wichtige Vergleichspunkte 247

3.3.3 Der Beitrag von SRT/SWM: Jenseits des Binären 248

3.3.4 Theorie X und Y Vergleich mit SRT/SWM 249

3.4 SRT vs. McClelland's Bedürfnistheorie 252

3.4.1 Seite-an-Seite-Vergleich: Bedürfnistheorie & Symbiotic Relationship Theory™ 255

3.4.2 Interdependenz definiert die drei Bedürfnisse neu 256

3.4.3 SRT am Arbeitsplatz vs. individuelle Motivationsmodelle 257

3.5 SRT/SWM und Emotionale Intelligenz (Goleman) 259

3.5.1 EQ vs. SRT: Von der Innenreflexion zur Beziehungskultur 261

Während EQ ein Spiegel ist, ist SRT ein Netz. Wo EQ die Führungskraft stärkt, stärkt SRT das Ganze. 262

3.5.2 Wie SRT/SWM die emotionale Intelligenz operationalisieren 262

3.6 SRT vs. Dienende Führung 267

3.6.1 Kernvergleich: Dienende Führung vs. Symbiotic Relationship Theory™ 268

3.6.2 Von der Führungspersönlichkeit zum Ökosystem 269

3.6.3 Praktische Anwendung 270

3.7: Zusammenfassung des Kapitels - Reframing the Leadership Conversation? 272

3.7.1 Was wir gelernt haben 273

3.7.2 Vergleichender Überblick: Klassische Theorien vs. SRT/SWM 274

Kapitel 3 Schlussgedanken 275

Kapitel 4: Symbiotische Führung™ Skalierung von beziehungsorientiertem Wachstum 279

4.1 Die drei Sphären des symbiotischen Modells 280

4.2 Was ist Symbiotic Leadership™? 281

4.2.1 Hauptmerkmale der Symbiotic Leadership™ . 283

4.2.2 Warum Symbiotic Leadership™ jetzt gebraucht wird 284

4.2.3 Die Beziehung zu SRT und SWM 285

4.3 Die 12 Prinzipien der Symbiotic Leadership™ 286

4.4: Skalenübergreifende Anwendung 295

4.4.1 Symbiotic Leadership Principles Matrix™ 296

4.5: Die drei Ebenen des symbiotischen Modells 298

4.5.1. Symbiotic Relationship Theory™ (SRT) 299

4.5.2. Symbiotic Workplace Model™ (SWM) 300

4.5.3. Symbiotic Leadership Framework™ (SLF) ... 301

4.5.4 Das Fractal Alignment™ 302

Kapitel 5: Was wir aufgebaut haben..............................304

5.1 Wir haben die drei Sphären der Symbiotischen Führung™ eingeführt: 305

5.2 Auswirkungen der Einführung dieses Modells in der realen Welt 307

5.2 Zusammenfassung 311

5.3 Ein Aufruf zu Mut und kultureller Erneuerung 312

5.3 Zusammenfassung 315

5.4 Reflexionsfragen für Führungskräfte und Organisationen..316

5.4.1 Fragen zur Selbstreflexion für einzelne Führungspersönlichkeiten 316

5.4.2 Fragen zur Team-/Organisationskultur...........317

5.5 Tools - Ausrüstung Ihrer Kultur für Symbiotic Leadership™ 319

Kapitel 6: Mit symbiotischer Führung in die Zukunft.......321

6.1 A Kommission der Überzeugung, Kultur und Berufung 321

6.2 Die Einladung zur Veränderung 322

6.3 Visualisierung des Symbiotic Leadership Framework™ 323

Glossar 343

Widmung

Dieses Buch ist gewidmet:
Hilda Lagunes — einer Haushälterin, die zu meiner besten Freundin wurde.
Richard Ross — einem besten Freund, der zu meinem Bruder wurde.
Tanja Zapp — einer fremden, die zu meiner Familie wurde.

Ein besonderer Dank gilt:
Dr. Angela Patrick, meiner Professorin, die zu einer Mentorin und einer Säule moralischer Unterstützung wurde.

Eric and Chrystal Haberman, außergewöhnliche Freunde und Menschen, deren Weisheit und Fürsorge ich von Herzen schätze.

Sharita Herrera, meiner ersten College-Professorin, die diese Reise ins Rollen brachte – und von der ich mit voller Überzeugung sagen kann: Sie ist die beste der besten der besten— der besten!
Von ganzem Herzen: Danke.

Für Brian Haywood
Das Kind, der Teenager, der junge Erwachsene. Der Barber, der Grafikdesigner, der Autoverkäufer, der Projektmanager, der College-Professor – und heute: der Doktor. Für all das, was du gelernt, geliebt, verloren und losgelassen hast, um diesen Moment zu erreichen – den Moment, in dem du eine neue Perspektive teilen kannst, die vielleicht jemand anderem weiterhilft. An den Mann, der du heute bist: Danke!

Zweck des Buches

Symbiose: Mit Symbiotic Leadership™ Beziehungen gezielt lenken und verbessern stellt ein umfassendes, dreidimensionales Rahmenwerk vor, das auf dem Konzept des Fraktalen Alignments™ basiert. Es integriert Symbiotic Leadership™, die Symbiotic Relationship Theory™ (SRT) sowie das Symbiotic Workplace Model™ (SWM). Dieses Buch beleuchtet die historischen Grundlagen der Symbiose, analysiert verschiedene Beziehungsdynamiken und untersucht führungspsychologische Theorien, die bedeutungsvolle und wirksame menschliche Verbindung ermöglichen.

Sowohl auf konzeptioneller Ebene als auch durch praxisnahe Anwendungen präsentiert dieses Werk Symbiose nicht nur als biologisches Prinzip, sondern als transformierendes Führungsmodell. Es bietet Werkzeuge, Einsichten und Fallbeispiele, die die Kraft von gegenseitigem Wachstum, gemeinsamer Ausrichtung und verantwortungsbewusster Beziehungsgestaltung aufzeigen – zur Stärkung von Teams, Organisationen und Gemeinschaften.

Beim Lesen wirst du auf praxisnahe Prinzipien und Führungsinstrumente stoßen, die darauf ausgerichtet sind, Vertrauen zu vertiefen, Kommunikation zu klären und kollektiven Fortschritt zu ermöglichen. Ganz gleich, ob du ein Team leitest, Unternehmenskultur prägst oder nach besser abgestimmten Beziehungen im Arbeitsumfeld suchst: Dieses Buch macht deutlich, dass Führung nichts mit Titeln zu tun hat – sondern mit bewusster Einflussnahme.

Jede*r von uns trägt Verantwortung dafür, auf allen Ebenen des Lebens und der Führung gesunde, bedeutungsvolle Beziehungen zu fördern.

Vorwort

Dieses Buch begann nicht als Theorie. Es begann als Überlebensstrategie.

Lange bevor es Diagramme, Modelle oder Führungsvokabular gab, war da nur das Leben – roh, ungefiltert und oft ungewiss. Ich stand hinter dem Stuhl eines Barbiers, verfeinerte die Kunst der Überzeugung in einem Autohaus, entwickelte Marken als Grafikdesigner, leitete globale Teams als Projektmanager und begleitete Studierende als College-Professor. In jeder Lebensphase haben die Beziehungen, denen ich begegnete, mich geprägt. Einige förderten mein Wachstum. Einige machten mir Schmerzen bewusst. Aber alle haben mich etwas gelehrt.

Mit der Zeit fiel mir ein Muster auf – ein unsichtbarer Faden, der sich durch die gesündesten, lebensfördernden Beziehungen zog, die ich je erleben durfte – beruflich wie privat. Sie waren nicht perfekt, aber sie hatten etwas gemeinsam: gegenseitigen Respekt, gemeinsames Wachstum, Verantwortlichkeit und ein Gefühl von Ausrichtung. Sie waren symbiotisch.

Diese Erkenntnis veränderte nicht nur meine Art zu führen – sie veränderte meine Art zu leben.
Was wäre, wenn wir eine Führungstheorie und ein Organisationsmodell genau auf dieser Idee aufbauen würden? Was wäre, wenn Arbeitswelten – wie die Natur – durch Systeme der Gegenseitigkeit aufblühen könnten, anstatt sich nur auf Hierarchien zu stützen? Und was wäre, wenn Führung weniger Kontrolle und mehr Verbindung bedeuten würde?

So entstanden die Symbiotic Relationship Theory™, das Symbiotic Workplace Model™ und das Symbiotic Leadership Framework™. Gemeinsam bilden sie das Rückgrat dieses Buches – ein dreidimensionaler, skalierbarer Ansatz, den ich Fraktales Alignment™ nenne. Vom Vorstand bis zur operativen Ebene hilft dieses Modell dabei, Menschen, Sinn und Leistung in Einklang zu bringen – durch Beziehungen, die auf gegenseitigem Vertrauen und geteilter Verantwortlichkeit beruhen.

Dieses Buch richtet sich sowohl an Führungskräfte als auch an Menschen ohne formale Leitungsfunktion. Du brauchst keinen Titel, um Kultur zu prägen oder die Atmosphäre eines Raums zu verändern. Du brauchst lediglich die Bereitschaft, bewusst zu führen – mit Empathie, und im Einklang mit etwas, das größer ist als das eigene Ego. Ob du ein Team leitest, ein Unternehmen aufbaust, eine Familie erziehst oder versuchst, etwas Zerbrochenes wiederherzustellen – dieses Buch ist für dich.

Jedes Kapitel lädt dich ein, Führung nicht als Position, sondern als Haltung zu begreifen. Dazu, Prinzipien anzuwenden, die branchenübergreifend und beziehungsorientiert skalierbar sind. Und dazu, die transformierende Kraft echter Verbindung neu zu entdecken – in einer Welt, die oft von Trennung geprägt ist.

Wenn auch nur ein einziges Prinzip auf diesen Seiten dazu beiträgt, dein Denken, dein Arbeitsumfeld oder deine Beziehungen zum Positiven zu verändern, dann hat dieses Werk seinen Zweck erfüllt.

Lass uns Führung neu denken. Lass uns gemeinsam führen. Lass uns symbiotisch führen.— **Brian Haywood**

Begriffsdefinitionen

Begriff	Definition
Symbiotic Relationship Theory™ (SRT)	Eine beziehungsorientierte Führungstheorie, die gegenseitiges Wachstum, gemeinsame Zielausrichtung und reziproke Verantwortlichkeit über alle Beziehungstypen hinweg in den Mittelpunkt stellt.
Symbiotic Workplace Model™ (SWM)	Ein skalierbares Modell, das darauf abzielt, organisatorische Strukturen und Verhaltensweisen durch beziehungsorientierte Führungspraktiken auszurichten – mit Fokus auf Zusammenarbeit, Gerechtigkeit und gemeinsame Ergebnisse.
Symbiotic Leadership™	Ein Führungsansatz, der auf Empathie, Ausrichtung, Verantwortung und der Entwicklung anderer durch Vertrauen und gegenseitigen Nutzen basiert.
Symbiotic Leadership Principles™	Zwölf Kernprinzipien, die beziehungsorientierte Führung auf allen Ebenen unterstützen – vom Vorstand bis zu einzelnen Mitarbeitenden.
Fractal Alignment™	Ein visuelles und philosophisches Konzept, das zeigt, wie beziehungsorientierte Prinzipien sich auf verschiedenen Ebenen skalieren lassen – von kosmischen Systemen bis zu Arbeitsteams – basierend auf sich wiederholenden, ausgerichteten Mustern.

Relational Symmetry™	Die ausgewogene Struktur innerhalb von Beziehungen, die gegenseitigen Respekt, psychologische Sicherheit und gleichwertige Beiträge aller Beteiligten ermöglicht.
SRT → SWM → SLF	Die grundlegende Abfolge im Symbiose-System: Theorie (SRT), angewandtes Modell (SWM) und das daraus abgeleitete Führungsrahmenwerk (SLF).

Einleitung

In einer Welt, in der Beziehungen das Fundament persönlichen und beruflichen Erfolgs bilden, bietet Symbiose eine kraftvolle Perspektive, um menschliche Interaktionen zu analysieren und zu verbessern. Abgeleitet von den griechischen Wörtern syn („zusammen") und biosis („Leben") beschreibt Symbiose eine wechselseitig vorteilhafte Beziehung zwischen zwei Einheiten, die Wachstum und Überleben fördert. Auch wenn der Begriff ursprünglich aus der Biologie stammt, reichen die Prinzipien der Symbiose weit über die Natur hinaus. Sie eröffnen tiefgreifende Einsichten darüber, wie Menschen, Familien, Teams und Gemeinschaften aufblühen können, wenn sie sich auf gegenseitige Beziehungen einlassen, die auf Vertrauen, Verantwortlichkeit und gegenseitigem Nutzen basieren.

Wenn gezielt angewandt, entfalten Führungstheorien besonders im Kontext von Organisationen und Teamführung ihre Wirkung – und können dabei auch persönliche und berufliche Beziehungen tiefgreifend beeinflussen. Führungskräfte, die Prinzipien wie emotionale Intelligenz, dienende Führung (Servant Leadership) oder transformationales Leadership verkörpern, schaffen Umfelder, in denen Beziehungen gedeihen können. Gleichzeitig bieten beziehungsorientierte Theorien wie die Bindungstheorie, die Fünf Sprachen der Liebe oder die Theorie des sozialen Austauschs hilfreiche Modelle, um die Feinheiten zwischenmenschlicher Dynamiken zu verstehen. Indem diese beiden Disziplinen miteinander verbunden werden, entsteht das Prinzip der symbiotischen Beziehung als leitende Kraft – eine Kraft, die Verbindung, Vertrauen und gegenseitiges Wachstum in allen Lebensbereichen fördert.

Warum Symbiose gerade jetzt wichtig ist

In der heutigen schnelllebigen Welt ist Beziehungsresilienz dringlicher denn je. Zwar ermöglicht Technologie unmittelbare Verbindungen, doch führt sie häufig zugleich zu einem tiefen Gefühl der Isolation. In beruflichen Kontexten konzentrieren sich viele Organisationen fast ausschließlich auf messbare Ergebnisse – und vernachlässigen dabei ungewollt die ebenso zentrale Bedeutung von emotionaler Sicherheit und psychischem Wohlbefinden. Führungskräfte stehen vor der Herausforderung, Höchstleistungen zu ermöglichen, verfügen jedoch oft nicht über die nötigen Mittel, um Zugehörigkeit zu fördern, Vertrauen aufzubauen und gemeinsame Verantwortlichkeit im Team zu etablieren.

Diese zunehmende Fragmentierung hat ihren Preis:

- Burnout nimmt branchenübergreifend zu.
- Einsamkeit und soziale Entfremdung gelten inzwischen als gesamtgesellschaftliche Gesundheitsrisiken.
- Vertrauenslücken in Organisationen gefährden langfristig Innovation und Loyalität.

Symbiose ist das Gegenmittel.

Sie erinnert uns – zeitlos und zugleich hochaktuell – daran, dass unser Erfolg nicht in Isolation, sondern in Gemeinschaft verankert ist. Unser wahres Potenzial entfaltet sich dann, wenn wir einander unterstützen: wenn wir mutig in den Erfolg anderer investieren, uns in schwierigen Zeiten beistehen und unsere tiefsten Ziele mit unserem täglichen Handeln in Einklang bringen. Gemeinsam weben wir ein Gewebe aus geteilter Stärke und Sinn – ein lebendiges Zeugnis für die Schönheit gegenseitiger Unterstützung auf unserem Weg.

Symbiose lehrt uns, dass:

- Gesunde Ökosysteme spiegeln gesunde Organisationen wider: Sie sind wechselseitig verbunden, vielfältig und widerstandsfähig.
- Führung bedeutet nicht Macht über andere, sondern Partnerschaft mit anderen.
- Nachhaltiges Wachstum – ob persönlich oder beruflich – hat seinen Ursprung in Beziehungen.

Dieses Buch ist ein Bauplan für genau diese Erneuerung. Indem wir untersuchen, wie die Symbiotic Relationship Theory™ (SRT), das Symbiotic Workplace Model™ (SWM) und das Symbiotic Leadership Framework™ (SLF) auf allen Ebenen des Lebens wirken, holen wir die verlorene Kunst bewusster, wechselseitiger Führung und Lebensgestaltung zurück.

Du bist nicht nur eingeladen, über diese Prinzipien zu lesen – du bist willkommen, mit ihnen zu gestalten, durch sie zu führen und die Räume, in denen du lebst und wirkst, nachhaltig zu verändern.

Die Zukunft gehört denen, die Symbiose kultivieren können.

Dieses Buch bereitet dich darauf vor, einer von ihnen zu sein.

Die Bedeutung von Symbiose in modernen Beziehungen

Moderne Beziehungen stehen vor noch nie dagewesenen Herausforderungen – in Familien, Freundschaften, Partnerschaften und am Arbeitsplatz. Digitale Kommunikation hat zwar globale Verbindungen ermöglicht, aber paradoxerweise auch zu mehr Isolation und oberflächlicherem Miteinander geführt. Führungskräfte – im privaten wie im beruflichen Kontext – stehen zunehmend vor der Aufgabe, diese Komplexität zu navigieren. Umso wichtiger ist es, eine Haltung zu entwickeln, die auf gegenseitigem Nutzen und geteilter Verantwortlichkeit basiert. Wer anderen mit dem Blick für Symbiose begegnet, schafft die Voraussetzungen für tieferes Vertrauen, bedeutsamere Beziehungen und nachhaltiges Wachstum.

Führungsprinzipien und Beziehungsdynamiken integrieren

Die Verbindung zwischen Führungsprinzipien und Beziehungstheorien eröffnet wertvolle Einblicke in die Entwicklung funktionierender, symbiotischer Beziehungen. Modelle wie Maslows Bedürfnishierarchie, McGregors Theorie X und Theorie Y sowie McClellands Bedürfnistheorie betonen, wie wichtig es ist, individuelle Bedürfnisse, Motivationen und Lebensziele ernst zu nehmen. Wer diese Prinzipien auf unterschiedliche Beziehungsebenen überträgt – etwa zwischen Partnern/Partnerinnen, Kollegen/Kolleginnen, Mentoren/Mentorinnen und Mentees – schafft Umfelder, in denen sich Menschen gesehen, gehört und gestärkt fühlen. Darüber hinaus macht die Einbindung von spirituellen und ethisch fundierten Führungsprinzipien deutlich, wie essenziell

Integrität, Demut und ein dienender Führungsstil sind, um langfristige, tragfähige Beziehungen aufzubauen.

Kapitel 1
Was ist Symbiose?

Kapitel 1: Was ist Symbiose?

Der Begriff „Symbiose" stammt aus dem Griechischen: syn bedeutet „zusammen", biosis steht für „Leben". Er beschreibt eine Beziehung, in der zwei oder mehr Einheiten koexistieren – in einer Form, die für alle Beteiligten vorteilhaft ist. Auch wenn Symbiose am häufigsten im biologischen Kontext verwendet wird – also dort, wo Organismen aufeinander angewiesen sind, um zu überleben und zu wachsen –, reicht das Konzept weit über die Natur hinaus. Symbiose bietet einen kraftvollen Bezugsrahmen, um menschliche Beziehungen, Führungsdynamiken und die gegenseitige Verbundenheit im Universum zu verstehen. Ob in der Familie, in Freundschaften, im beruflichen Umfeld oder in spirituellen Gemeinschaften – symbiotische Beziehungen gedeihen, wenn sie auf Vertrauen, Gegenseitigkeit und gemeinsamem Wachstum beruhen.

Dieses Kapitel untersucht die historischen Wurzeln der Symbiose, stellt sie konträren Beziehungsmustern gegenüber und beleuchtet die Vorteile symbiotischer Verbindungen in verschiedenen Lebensbereichen. Anhand von Beispielen aus der Natur und dem Universum zeigt es, dass Symbiose ein grundlegendes Prinzip ist, das tief im Gewebe des Lebens verankert ist. Abschließend unterstreicht das Kapitel die zentrale Bedeutung von Gegenseitigkeit und gemeinsamem Wachstum als entscheidende Faktoren für gesunde Beziehungen.

1.1 Die Zeitlose Kraft der Symbiose

Auch wenn das Konzept der Symbiose ursprünglich aus der Biologie stammt, reicht seine Bedeutung weit über die natürliche Welt hinaus. Geprägt wurde der Begriff 1879 von Anton de Bary – er beschreibt Wechselwirkungen, von denen beide Seiten profitieren. Die zugrunde liegenden Prinzipien sind in der Menschheitsgeschichte allgegenwärtig: in persönlichen Beziehungen, in geschäftlichen Partnerschaften und in internationalen Allianzen. Im Laufe der Zeit haben Einzelpersonen, Organisationen und Nationen immer wieder kooperiert, indem sie ihre jeweiligen Stärken gebündelt haben – um gemeinsame Ziele zu erreichen, die allein unerreichbar gewesen wären.

Symbiotische Beziehungen – darunter erfolgreiche Unternehmensallianzen, langjährige Ehen und bedeutende globale Bündnisse – haben die Geschichte geprägt und bieten auch heute noch wertvolle Impulse, um bedeutsame, wechselseitig vorteilhafte Verbindungen aufzubauen. Der Erfolg dieser Beziehungen unterstreicht die Kraft der Zusammenarbeit, die Bedeutung gemeinsamer Ziele und die Stärke, die aus gegenseitiger Abhängigkeit entsteht.

Auch wenn Symbiose ihren Ursprung in der Biologie hat, spiegelt sie sich in menschlichen Beziehungen verschiedenster Bereiche wider – im persönlichen, beruflichen und auch im geopolitischen Kontext. Die Geschichte zeigt: Zusammenarbeit führt häufig zum Erfolg. Sie macht deutlich, wie unterschiedliche Akteure ihre Stärken bündeln, sich gegenseitig ergänzen und gemeinsam deutlich größere Erfolge erzielen können, als es allein möglich wäre. Diese symbiotischen Beziehungen zeigen, dass das Zusammentreffen von Talenten, Ressourcen und Visionen ein Umfeld schafft, das Wachstum, Stabilität und Innovation fördert.

In der Unternehmenswelt zeigen sich symbiotische Beziehungen in vielfältiger Form – etwa in strategischen Allianzen, Joint Ventures oder Partnerschaften. Solche Kooperationen ermöglichen es Organisationen, ihre Ressourcen und ihr Fachwissen zu bündeln, um gemeinsame Ziele deutlich effektiver zu verfolgen, als sie es allein könnten. Durch die Verbindung komplementärer Stärken – zum Beispiel in den Bereichen Technologie, Marktzugang oder Spezialwissen – können Unternehmen Innovation vorantreiben und neue Produkte oder Dienstleistungen entwickeln, die den sich wandelnden Bedürfnissen der Kundschaft gerecht werden.

Solche Kooperationen führen häufig zu signifikanten Markterweiterungen, da sie es den beteiligten Akteuren ermöglichen, neue geografische Räume oder Zielgruppen zu erschließen, die allein nur schwer zugänglich wären. Darüber hinaus können diese Partnerschaften wettbewerbsstrategische Vorteile stärken, indem sie Risiken und Kosten in Bereichen wie Forschung und Entwicklung, Marketing oder Infrastrukturinvestitionen gemeinsam tragen. Insgesamt fördert das Zusammenspiel solcher Beziehungen eine Kultur der Zusammenarbeit – und trägt zu einem dynamischeren und anpassungsfähigeren Wirtschaftssystem bei.

Symbiose zeigt sich auch in persönlichen Beziehungen, in denen langjährige Freundschaften, Ehen und Partnerschaften auf gegenseitigem Respekt, Vertrauen und geteilten Werten beruhen. Diese zentralen Elemente schaffen ein Umfeld, das emotionale Sicherheit, Resilienz und persönliches Wachstum fördert. In solchen Beziehungen können Menschen offen kommunizieren und sich gegenseitig unterstützen, wodurch Verletzlichkeit und echter Selbstausdruck möglich werden. So wie Organismen in der Natur durch gegenseitige Abhängigkeit gedeihen, gewinnen auch wir Menschen Kraft und Wohlbefinden durch unterstützende Partnerschaften. Diese Verbundenheit stärkt das Selbstwertgefühl des Einzelnen und bereichert soziale Interaktionen – sie fördert ein tiefes Gefühl von Gemeinschaft und Zugehörigkeit. Letztlich befähigen solche Verbindungen den Menschen dazu, den Herausforderungen des Lebens sicherer und stabiler zu begegnen – mit dem Vertrauen auf eine verlässliche

Unterstützung, ganz wie in einem Ökosystem, in dem jeder Bestandteil zum Wohl des Ganzen beiträgt.

Symbiose – in all ihren Formen – bietet einen zeitlosen Bezugsrahmen, um zu verstehen, wie Zusammenarbeit und gegenseitige Abhängigkeit in unterschiedlichsten Lebensbereichen zum Erfolg führen können. In der Wirtschaft fördert sie Innovation und Wachstum. In persönlichen Beziehungen schafft sie emotionale Sicherheit und ermöglicht gemeinsames Aufblühen. Und im globalen Maßstab begünstigt sie Frieden und kollektiven Fortschritt. Im Kern lädt uns Symbiose dazu ein, Interdependenz bewusst zu leben, komplementäre Stärken zu nutzen und gemeinsame Ziele zu verfolgen.

In einer Welt, die zunehmend komplex und miteinander verflochten ist, bleiben die Prinzipien der Symbiose ein verlässlicher Kompass. Sie erinnern uns daran, dass wir durch Zusammenarbeit mehr erreichen, stärkere Beziehungen fördern und ein harmonischeres Zusammenleben schaffen können. Ob im Marktgeschehen, im privaten Umfeld oder in der globalen Gemeinschaft – Symbiose eröffnet uns einen Weg zu nachhaltigem Erfolg, Widerstandskraft und tiefgreifender positiver Veränderung.

1.1.1 Symbiose in erfolgreichen Unternehmenspartnerschaften

Viele der erfolgreichsten Unternehmen und Marken sind aus symbiotischen Partnerschaften hervorgegangen, die sich durch eine harmonische Verbindung komplementärer Fähigkeiten, Kenntnisse und Ressourcen auszeichnen. Diese Kooperationen florierten oft nicht deshalb, weil die Partner identische Eigenschaften oder Visionen teilten, sondern weil sie ihre unterschiedlichen Stärken gezielt miteinander verbanden. Durch die Kombination verschiedenster Fachbereiche – etwa Technologie, Marketing, Finanzen oder Design – entstanden innovative Lösungen und Produkte, die einen höheren Mehrwert boten, als es jeder Beitrag für sich allein hätte erreichen können.

Wenn es etwa darum geht, neue Ideen zu entwickeln, bringt der eine Partner möglicherweise herausragende kreative Fähigkeiten mit, während der andere über starke analytische Kompetenzen verfügt, mit denen sich die Umsetzbarkeit dieser Konzepte bewerten lässt. Ebenso kann das eine Unternehmen über ein leistungsfähiges Vertriebsnetz verfügen, während das andere modernste Technologien bereitstellt. Gemeinsam sind sie in der Lage, Marktherausforderungen wirksamer zu bewältigen und neue Chancen zu nutzen – ein klarer Beleg dafür, dass die Verknüpfung unterschiedlicher Perspektiven und Stärken häufig zu bahnbrechenden Erfolgen führt. Dieses Prinzip der Zusammenarbeit verdeutlicht, dass effektive Partnerschaften außergewöhnliche Ergebnisse erzielen und nachhaltige Wirkung im Markt entfalten können.

1. Apple: Steve Jobs und Steve Wozniak

Wenige Unternehmenspartnerschaften verdeutlichen den Wert gegenseitigen Nutzens so eindrucksvoll wie die Zusammenarbeit von Steve Jobs und Steve Wozniak, den Mitbegründern von Apple Inc. Ihre Partnerschaft verkörperte eine harmonische Verbindung aus Vision und Umsetzung: Jobs brachte sein innovatives Gespür für Marketing und seine zukunftsorientierte Denkweise ein, während Wozniak mit außergewöhnlichem technischem Know-how und ingenieurwissenschaftlicher Kreativität glänzte. Wozniak war der intellektuelle Kopf hinter dem ersten Apple-Computer, dem Apple I, den er mit großer Sorgfalt in seiner Garage entwickelte. Dieses Projekt demonstrierte seine beeindruckende Fachkompetenz im Hardwaredesign und ebnete den Weg für spätere technologische Durchbrüche. Gleichzeitig nutzte Jobs sein tiefes Verständnis für Markttrends und Nutzerbedürfnisse, um Wozniaks technische Errungenschaften in kommerziell erfolgreiche Produkte zu verwandeln. Sein Einfluss war entscheidend für die Entwicklung von Strategien, die Apples Angebote gezielt in Szene setzten – und dafür sorgten, dass sie im sich rasant wandelnden Technologiemarkt auf große Resonanz stießen.

Ihre gebündelten Stärken veränderten die Technologiebranche grundlegend und führten zu innovativen Produkten, die das persönliche Computing revolutionierten. Diese Zusammenarbeit gründete nicht nur ein dauerhaft erfolgreiches Unternehmen, sondern machte Apple auch zu einer der bedeutendsten und einflussreichsten Marken der Welt. Gemeinsam veränderten sie die Art und Weise, wie Menschen mit Technologie interagieren – und legten den Grundstein für eine neue Ära digitaler Innovation und Kreativität.

✅ Symbiotische Dynamik:

- **Komplementäre Stärken:** Wozniaks technische Brillanz und Jobs' strategische Vision.
- **Geteilte Vision:** Eine gemeinsame Mission, Computer für den Alltag der Menschen zugänglich zu machen.
- **Gemeinsames Wachstum:** Ihre Partnerschaft führte zur Entwicklung bahnbrechender Technologien, die ganze Branchen neu gestalteten.

2. Disney and Pixar: Kreativität trifft Technologie

Ein bemerkenswertes Beispiel für Symbiose in der Geschäftswelt ist die strategische Partnerschaft zwischen Disney und Pixar. Pixar – bekannt für seine bahnbrechende Animationstechnologie und kreatives Storytelling – kooperierte mit Disney, das für sein reiches Erbe an Erzählkunst und sein weltweites Vertriebsnetz berühmt ist. Diese Allianz erwies sich als äußerst erfolgreich und führte zu einer Reihe bahnbrechender Animationsfilme, darunter Klassiker wie Toy Story – der erste vollständig computeranimierte Spielfilm – sowie Findet Nemo, der mit seiner berührenden Geschichte und atemberaubenden Bildsprache das Publikum verzauberte. Die Partnerschaft veränderte die Welt des Animationsfilms grundlegend und setzte neue Maßstäbe für die gesamte Branche. Der Erfolg dieser Filme markierte den Beginn einer neuen Ära und bewies, dass Animationsfilme sowohl künstlerisch als auch kommerziell erfolgreich sein können.

Im Jahr 2006 vertiefte Disney die Partnerschaft mit Pixar durch die Übernahme des Unternehmens für rund 7,4 Milliarden US-Dollar. Durch diesen Schritt sicherte sich Disney den Zugang zu Pixars innovativer Technologie und kreativem Talent, während beide Unternehmen gleichzeitig ihre jeweiligen Stärken strategisch einbringen konnten: Disneys unvergleichliche Erzählkunst und Pixars Expertise in der Animation. Das Ergebnis war eine außergewöhnliche Sammlung filmischer Meisterwerke, die bis heute ein weltweites Publikum berühren. Gemeinsam begeisterten sie Millionen von Menschen und veränderten die Animationsfilmbranche nachhaltig, wobei sie zahllose Kreative weltweit inspirierten.

✅ Symbiotische Dynamik:

- **Kreative Synergie:** Pixars technische Innovationskraft ergänzte Disneys erzählerische Meisterschaft.

- **Wechselseitiger Nutzen:** Disney gewann technologische Stärke, während Pixar Zugang zu einer größeren Plattform erhielt, um seine Kreativität zu entfalten.
- **Langfristiges Wachstum:** Die Partnerschaft führte zu konstantem Kassenerfolg und stärkte beide Marken nachhaltig.

3. Procter & Gamble und Walmart: Effizienz in der Lieferkette

Die strategische Partnerschaft zwischen Procter & Gamble (P&G) und Walmart veranschaulicht das wirkungsvolle Konzept der symbiotischen Lieferkette, bei dem beide Unternehmen durch enge Zusammenarbeit profitieren. Durch den Austausch von Echtzeitdaten und eine nahtlose Kommunikation stellt P&G sicher, dass die Regale bei Walmart stets mit einer breiten Auswahl beliebter Produkte gefüllt sind. Dieser proaktive Ansatz sorgt nicht nur dafür, dass Kundinnen und Kunden zuverlässig finden, was sie suchen, sondern ermöglicht es Walmart gleichzeitig, die Lagerhaltungskosten deutlich zu senken. Das Ergebnis: eine optimierte Lieferkette, die sowohl für den Handel als auch für die Hersteller eine gesteigerte Effizienz und Rentabilität mit sich bringt.

✅ **Symbiotische Dynamik:**

- **Operative Ausrichtung:** P&Gs Fertigungskompetenz traf auf Walmarts logistische Expertise.
- **Effizienz und Wachstum:** Beide Unternehmen verschafften sich durch optimierte Abläufe einen Wettbewerbsvorteil.

- **Nachhaltiger Erfolg:** Die Partnerschaft half beiden Unternehmen, ihre jeweiligen Märkte zu dominieren.

1.1.2 Symbiose in historischen Ehen und Beziehungen

Als ein auf einem Bündnis beruhendes Verhältnis ist die Ehe eine der tiefgreifendsten Formen von Symbiose. Starke Ehen gedeihen, wenn Ehepartner komplementäre Eigenschaften in die Beziehung einbringen und dadurch gegenseitiges Wachstum, emotionale Unterstützung und spirituelle Stärkung fördern. Die Heilige Schrift betont die Bedeutung symbiotischer Beziehungen in der Ehe – mit Fokus auf Partnerschaft, Verbindlichkeit und selbstlose Liebe.

Franklin und Eleanor Roosevelt: Politische und gesellschaftliche Partnerschaft

Franklin D. Roosevelt und Eleanor Roosevelt verkörperten eine außergewöhnliche und dynamische Partnerschaft, die über die traditionellen Grenzen von Ehe und politischer Zusammenarbeit hinausging. Als 32. Präsident der Vereinigten Staaten spielte Franklin eine entscheidende Rolle in einer Zeit großer nationaler Krisen und führte das Land durch die Große Depression und den Zweiten Weltkrieg. Gleichzeitig entwickelte sich Eleanor zu einer einflussreichen Verfechterin der Menschenrechte, der Frauenrechte und der sozialen Gerechtigkeit, indem sie ihre Plattform nutzte, um auf gesellschaftliche Missstände aufmerksam zu machen, die oft unbeachtet blieben.

Ihre Beziehung war von gegenseitigem Respekt und Zusammenarbeit geprägt. Eleanor spielte eine entscheidende

Rolle bei der Mitgestaltung innenpolitischer Maßnahmen und setzte sich unermüdlich für humanitäre Anliegen ein. Sie reiste viel, hielt Reden und engagierte sich aktiv in marginalisierten Gemeinschaften – wodurch sie ein tiefes Verständnis für die Herausforderungen des alltäglichen Lebens der Amerikanerinnen und Amerikaner gewann. Ihr Engagement hatte maßgeblichen Einfluss auf wichtige Gesetzgebungen, insbesondere auf Initiativen zur Verbesserung der Arbeitsbedingungen und zum Ausbau sozialer Dienstleistungen.

Gemeinsam veränderten Franklin und Eleanor Roosevelt durch ihre enge Zusammenarbeit nicht nur die traditionelle Rolle der First Lady, sondern setzten auch ein kraftvolles Zeichen dafür, wie eine starke Partnerschaft die politische Landschaft prägen kann. Ihr unerschütterliches Engagement für soziale Reformen und bürgerschaftliches Engagement ebnete den Weg für bedeutenden Fortschritt und stärkte die Rechte marginalisierter Bevölkerungsgruppen. Durch ihren Einsatz schufen sie ein bleibendes Vermächtnis, das bis heute nachhallt und zukünftige Generationen dazu inspiriert, sich in ihren eigenen Gemeinschaften für Gerechtigkeit und Gleichberechtigung einzusetzen.

✅ **Symbiotische Dynamik:**

- **Politischer Einfluss:** Franklins Führungsrolle wurde durch Eleanors Engagement und Fürsprache verstärkt.
- **Gegenseitige Ermächtigung:** Beide trugen maßgeblich zur Gestaltung der amerikanischen Geschichte bei.
- **Nachhaltiges Vermächtnis:** Ihre Partnerschaft hatte tiefgreifenden Einfluss auf die Bürgerrechte und die globale Diplomatie.

1.1.3 Symbiose in internationalen Allianzen

Historisch gesehen haben Nationen Allianzen auf der Grundlage gegenseitigen Nutzens gebildet – geprägt von Verpflichtungen zu Verteidigung, Ressourcenteilung und strategischen Vorteilen, die beide Seiten stärken. Diese Zusammenarbeit fungierte oft als bedeutender Katalysator für politische Stabilität und schuf Voraussetzungen, unter denen gute Regierungsführung gedeihen konnte. Darüber hinaus förderten sie die wirtschaftliche Entwicklung, indem sie den Zugang zu neuen Märkten eröffneten und den Handel ankurbelten. Solche Partnerschaften steigerten nicht nur den gemeinsamen globalen Einfluss, sondern beeinflussten auch den Verlauf der Geschichte – ein Beweis dafür, welch tiefgreifende Wirkung Kooperation bei der Bewältigung gemeinsamer Herausforderungen entfalten kann.

1. Die Vereinigten Staaten und das Vereinigte Königreich: Partnerschaft im Zweiten Weltkrieg

Während des Zweiten Weltkriegs stellte die Allianz zwischen den Vereinigten Staaten und dem Vereinigten Königreich eine besonders tiefgreifende Form internationaler Symbiose dar, die maßgeblich den Verlauf des Krieges beeinflusste.

Die Vereinigten Staaten entwickelten sich zu einer industriellen Supermacht und nutzten ihre enormen Fertigungskapazitäten, um Kriegsmaterialien in nie dagewesenem Ausmaß zu produzieren. Dazu gehörten Panzer, Flugzeuge und Kriegsschiffe, wobei innovative Produktionstechniken wie die Fließbandfertigung die Herstellung erheblich beschleunigten. Neben dieser industriellen Stärke brachten die USA auch bedeutende technologische

Fortschritte ein – darunter Radarsysteme, Fähigkeiten im Bereich der Code-Entschlüsselung sowie die Entwicklung der Atombombe.

Im Gegenzug spielte das Vereinigte Königreich eine entscheidende Rolle, indem es seine militärische Strategie und operative Erfahrung einbrachte, die aus zahlreichen kolonialen Engagements stammten. Insbesondere der britische Geheimdienst – etwa durch Initiativen wie das Codeknacken in Bletchley Park – lieferte den Alliierten entscheidende Informationen über die Pläne der Achsenmächte. Diese ermöglichten es, gegnerische Strategien frühzeitig zu erkennen und gezielt zu kontern. Darüber hinaus war Großbritanniens tiefgehendes Verständnis für die europäische Geopolitik und regionale Dynamiken von unschätzbarem Wert, um die Einheit innerhalb der vielfältigen alliierten Streitkräfte aufrechtzuerhalten.

Gemeinsam koordinierten die Vereinigten Staaten und das Vereinigte Königreich ihre Anstrengungen, um die alliierten Streitkräfte zu einem entscheidenden Sieg über die Achsenmächte zu führen. Diese Zusammenarbeit führte nicht nur zum militärischen Erfolg, sondern legte auch den Grundstein für eine veränderte globale politische Ordnung nach dem Krieg. Ziel war es, zukünftige Konflikte zu verhindern – unter anderem durch die Gründung von Institutionen wie den Vereinten Nationen und durch die Vertiefung der transatlantischen Beziehungen. Dieses Bündnis steht als eindrucksvolles Beispiel für die Kraft der Kooperation und zeigt, welche außergewöhnlichen Ergebnisse möglich sind, wenn Nationen ihre jeweiligen Stärken wirkungsvoll auf ein gemeinsames Ziel ausrichten.

✅ **Symbiotische Dynamik:**

- **Strategische Zusammenarbeit:** Militärische Stärke verbunden mit taktischem Know-how.
- **Geteilte Ressourcen:** Nutzung industrieller und logistischer Kapazitäten.
- **Globale Wirkung:** Ihre Partnerschaft legte das Fundament für die Nachkriegsweltordnung.

2. Japan und Südkorea: Wirtschaftliche Kooperation

Trotz einer von Konflikten und Spannungen geprägten Vergangenheit haben Japan und Südkorea in den letzten Jahrzehnten eine zunehmend symbiotische wirtschaftliche Beziehung aufgebaut. Diese Partnerschaft wird vor allem durch Japans Spitzentechnologie und Südkoreas starke Fertigungskompetenz angetrieben. Gemeinsam haben sie eine Synergie geschaffen, die zu erheblichem gegenseitigem Wirtschaftswachstum und bemerkenswerten technologischen Fortschritten geführt hat.

Die Zusammenarbeit zwischen diesen beiden Nationen hat ihre globale Wettbewerbsfähigkeit erheblich gesteigert, insbesondere in Schlüsselbranchen wie der Elektronik- und Automobilproduktion. Japans Innovationen in Bereichen wie Halbleitertechnologie und Robotik ergänzen Südkoreas Stärken in der Massenproduktion und Montage, was die Entwicklung hochentwickelter Produkte fördert. Diese wechselseitige Interaktion stärkt nicht nur die Volkswirtschaften beider Länder, sondern etabliert sie auch als zentrale Akteure in der globalen Lieferkette.

Darüber hinaus haben gemeinsame Forschungs- und Entwicklungsprojekte sowie strategische Investitionen die wirtschaftlichen Beziehungen zwischen Japan und Südkorea erheblich gestärkt. Diese Partnerschaft befähigt beide Nationen, gemeinsame Herausforderungen anzugehen – von technologischer Innovation bis hin zu nachhaltiger Entwicklung – und gleichzeitig neue Wachstums- und Chancenfelder zu erschließen. Infolgedessen fördern Japan und Südkorea nicht nur ihren eigenen wirtschaftlichen Wohlstand, sondern spielen auch eine entscheidende Rolle bei der Gestaltung der globalen Handelsdynamik und der Festlegung von Standards für Zukunftstechnologien weltweit.

✅ **Symbiotische Dynamik:**

- **Technologischer Austausch:** Gemeinsame Nutzung von Fachwissen zur beiderseitigen industriellen Weiterentwicklung.
- **Wirtschaftliches Wachstum:** Steigerung der Wettbewerbsfähigkeit auf den globalen Märkten.
- **Strategische Stabilität:** Stärkung des regionalen Einflusses und der Sicherheit.

3. NATO: Kollektive Sicherheit und Verteidigung

Die North Atlantic Treaty Organization (NATO) ist ein herausragendes Beispiel für Symbiose im Bereich der internationalen Beziehungen und verkörpert die Prinzipien kollektiver Sicherheit unter ihren Mitgliedstaaten. Gegründet im Zuge des Zweiten Weltkriegs, agiert die NATO als militärisches Bündnis, in dem die Mitgliedsnationen eng zusammenarbeiten, um ihre Verteidigungsfähigkeiten zu stärken. Jedes Mitglied bringt eine Vielzahl militärischer Ressourcen ein – darunter

Personal, moderne Waffensysteme und strategische Geheimdienste – und trägt so zu einem widerstandsfähigen Netzwerk gegenseitiger Unterstützung und gemeinsamer Ressourcen bei.

Dieser kooperative Ansatz stärkt nicht nur die Sicherheit der einzelnen Mitgliedstaaten, sondern wirkt auch als bedeutende Abschreckung gegenüber potenziellen äußeren Bedrohungen. Durch das Bekenntnis zur kollektiven Verteidigung, wie es in Artikel 5 des NATO-Vertrags festgeschrieben ist, bekräftigen die Mitgliedsländer, dass ein Angriff auf eines von ihnen als Angriff auf alle gilt – und unterstreichen damit ihre gemeinsame Entschlossenheit. Durch regelmäßige gemeinsame Übungen, den Austausch von Geheimdienstinformationen und strategische Planungen schafft die NATO ein dynamisches Umfeld der Zusammenarbeit, Anpassungsfähigkeit und des Vertrauens. Diese Elemente sind entscheidend, um den komplexen sicherheitspolitischen Herausforderungen der heutigen Zeit wirkungsvoll zu begegnen.

✅ **Symbiotische Dynamik:**

- **Gemeinsame Verteidigung:** Ein Angriff auf ein Mitglied gilt als Angriff auf alle.
- **Ressourcenteilung:** Nutzung technologischer und militärischer Kapazitäten im Verbund.
- **Globale Stabilität:** Wahrung von Frieden und Ordnung durch kollektive Stärke.

Fazit: Die zeitlose Kraft der Symbiose

Von Vorstandsetagen über Schlachtfelder bis hin zu Eheversprechen und internationaler Diplomatie – das Konzept der Symbiose hat sich als zeitlose und transformative Kraft in unterschiedlichsten Lebensbereichen erwiesen. Die Beziehung zwischen zwei Einheiten – seien es Einzelpersonen oder Gruppen – kann außergewöhnliche Ergebnisse hervorbringen, wenn sie ihre Stärken bündeln, gemeinsame Ziele verfolgen und sich gegenseitig zur Verantwortung ziehen. Eine solche Zusammenarbeit schafft ein Umfeld, das Innovation, Resilienz und nachhaltiges Wachstum fördert.

Wenn wir in den folgenden Kapiteln tiefer eintauchen, werden weitere Beispiele für Symbiose eine wertvolle Grundlage dafür bieten, eine neue Beziehungstheorie sowohl im persönlichen als auch im beruflichen Kontext anzuwenden. Der Blick in die Vergangenheit zeigt uns, wie wirksame Allianzen und Zusammenarbeit Herausforderungen überwinden konnten und zu beständigen Beziehungen führten. Solche Partnerschaften fördern Wachstum und ermöglichen nachhaltige, positive Veränderungen in unseren Gemeinschaften.

1.2 Das Gegen Modell zur Symbiose

Symbiose, geprägt von gegenseitigem Nutzen und gemeinsamem Wachstum, schafft Stabilität und Kooperation – zwischen Menschen, Organisationen oder ganzen Nationen. Ihr Gegenmodell hingegen zeigt sich in Beziehungen, die von Ausbeutung, Manipulation und tiefgreifendem Ungleichgewicht gekennzeichnet sind. Solche dysfunktionalen Beziehungen können zunächst den Anschein von Funktionalität erwecken, doch mit der Zeit untergraben sie das Fundament des Vertrauens, das für jede echte Verbindung unerlässlich ist. Die zerstörerische Wirkung der Ausnutzung entwertet allmählich den eigentlichen Sinn und Wert der Beziehung – bis sie in Stillstand oder sogar in vollständigem Zerfall endet.

Die größten Bedrohungen für symbiotische Beziehungen sind Parasitismus, Ausbeutung und ungezügelter Wettbewerb. Parasitismus, bei dem eine Partei auf Kosten der anderen profitiert, destabilisiert Beziehungen, da er Abhängigkeit und Groll erzeugt. Ausbeutung, angetrieben durch Machtungleichgewichte, untergräbt den fairen Austausch und sät den Keim für Konflikte. Unkontrollierter Wettbewerb kann zwar gelegentlich Innovation fördern, doch in übersteigertem Maße führt er zu aggressivem Verhalten, das den individuellen Erfolg über das kollektive Wohl stellt. All diese Dynamiken gefährden die Gesundheit und Nachhaltigkeit von Beziehungen und machen deutlich, wie essenziell es ist, symbiotische Verbindungen zu pflegen, die auf Zusammenarbeit, Gegenseitigkeit und gegenseitigem Respekt beruhen.

Dieser Abschnitt beleuchtet die Gegenspieler gesunder Beziehungen und zeigt anhand historischer Beispiele, bekannter Unternehmenszusammenbrüche und persönlicher Beziehungskrisen deren zerstörerische Folgen auf. So ist der Niedergang einst erfolgreicher Unternehmen häufig auf toxisches Führungsverhalten zurückzuführen – auf egoistische Entscheidungen, die das Wohl von Mitarbeitenden und Stakeholdern ignorieren. Ebenso scheitern persönliche Beziehungen oft dann, wenn eine Person ihre eigenen Ambitionen über Vertrauen, Gegenseitigkeit und Zusammenarbeit stellt. Diese Beispiele verdeutlichen, wie gefährlich es ist, symbiotische Prinzipien zu missachten – und wie essenziell gesunde, ausgewogene Beziehungen für nachhaltigen Erfolg und persönliche Erfüllung sind.

Indem wir diese Bedrohungen im Detail untersuchen, können wir Führungskräfte und Einzelpersonen besser darin unterstützen, frühzeitig Anzeichen von Parasitismus und unausgewogenen Beziehungen zu erkennen.

Ein proaktiver Umgang mit diesen Herausforderungen ist entscheidend – denn ein Ausbleiben entsprechender Maßnahmen kann zu irreversiblen Schäden führen, sowohl auf individueller Beziehungsebene als auch im organisatorischen und gesellschaftlichen Kontext. Das Verständnis der feinen Unterschiede und Dynamiken zerstörerischer Muster hilft uns dabei, gesündere Interaktionen zu gestalten und Umgebungen zu schaffen, in denen Respekt, Demut und gegenseitige Verantwortung gedeihen können.

1.2.1 Parasitismus: Die einseitige Beziehung

Parasitismus tritt in der Natur auf, wenn ein Organismus auf Kosten eines anderen profitiert – oft, indem er lebenswichtige Ressourcen entzieht, ohne im Gegenzug etwas zurückzugeben. Dieses Prinzip lässt sich auch auf zwischenmenschliche Beziehungen übertragen: Ein Mensch nutzt den anderen aus, zieht persönlichen oder beruflichen Nutzen daraus, ohne zur gemeinsamen Entwicklung oder zum Erfolg beizutragen. Solche parasitären Beziehungen – sei es im privaten, beruflichen oder organisatorischen Umfeld – führen zu massiven Ungleichgewichten. Sie untergraben nach und nach das Vertrauen und erschöpfen die Ressourcen der „Gastgeber"-Partei. Während die parasitäre Seite weiter nimmt, ohne etwas beizusteuern, schwinden Kraft, Stabilität und Wohlbefinden der gebenden Seite. Diese Dynamik destabilisiert schließlich die gesamte Beziehung – nicht selten bis zu ihrem Zerbruch. Dieses destruktive Muster macht deutlich, wie zentral gegenseitige Unterstützung und Zusammenarbeit für gesunde, tragfähige Beziehungen sind – sowohl im persönlichen Bereich als auch innerhalb von Organisationen. Nur dort, wo Geben und Nehmen in Balance stehen, kann nachhaltiges Wachstum, Vertrauen und Resilienz entstehen.

Parasitische Beziehungen in der Wirtschaft: Der Betrug bei Enron

Der Zusammenbruch der Enron Corporation gilt bis heute als eines der berüchtigtsten Beispiele für parasitäres Verhalten in der Geschäftswelt. Einst als strahlender Stern der Wall Street gefeiert, wurde Enrons rasanter Niedergang vor allem durch unethische Bilanzierungspraktiken verursacht, die darauf abzielten, Gewinne massiv zu überhöhen und gleichzeitig erhebliche Schulden geschickt zu verschleiern. Die Führungskräfte von Enron setzten dabei auf täuschende Methoden wie die „Mark-to-Market"-Bilanzierung, die es ihnen ermöglichte, potenzielle künftige Gewinne bereits als aktuelle Einnahmen auszuweisen. Diese Manipulation täuschte nicht nur die Stakeholder über die tatsächliche finanzielle Lage des Unternehmens, sondern erzeugte auch den Anschein eines starken Wachstums – was wiederum Investoren anzog und den Aktienkurs künstlich in die Höhe trieb.

Darüber hinaus beuteten die Führungskräfte ihre Mitarbeitenden aus, indem sie eine aggressive Unternehmenskultur förderten, die kurzfristige Gewinne über langfristige Stabilität stellte. Viele Beschäftigte investierten ihre Altersvorsorge in Enron-Aktien – im Glauben an den irreführenden Erfolg des Unternehmens. Als die Wahrheit ans Licht kam, verloren Tausende ihre Arbeitsplätze und Ersparnisse, während sich die Topmanager kurz vor dem Zusammenbruch noch Millionenboni auszahlen ließen. Letztlich entzogen Enrons Täuschungsmanöver dem Unternehmen Milliardenbeträge, was zu einer der größten Insolvenzen in der US-Geschichte führte und das Vertrauen der Öffentlichkeit in die Unternehmensführung und Rechnungslegung erschütterte. Der Skandal gilt bis heute als mahnendes Beispiel für die Gefahren, die entstehen, wenn der Profit über die Ethik gestellt wird – und verdeutlicht die dringende Notwendigkeit größerer Verantwortlichkeit innerhalb von Unternehmensstrukturen.

✓ Parasitische Dynamiken:

- **Ausnutzung von Vertrauen:** Investoren verließen sich auf irreführende Informationen.
- **Ressourcenverzehr:** Mitarbeitende und Aktionäre erlitten irreparable Verluste.
- **Zusammenbruch des Wirts:** Enrons Untergang führte zu massiver Arbeitslosigkeit und erschütterte die Finanzmärkte.

Parasitismus in persönlichen Beziehungen: Emotionaler und finanzieller Raubbau

In persönlichen Beziehungen kann sich parasitäres Verhalten auf vielfältige und oft subtile Weise zeigen. Solche Beziehungen können Freundschaften, familiäre Bindungen oder romantische Partnerschaften betreffen. Im Kern parasitären Verhaltens liegt ein Ungleichgewicht: Eine Person nimmt dauerhaft, während die andere fortwährend gibt – was auf lange Sicht zu erheblichen emotionalen Belastungen führt.

In Freundschaften zum Beispiel kann sich eine einseitige Beziehung dadurch zeigen, dass eine Person ständig Unterstützung einfordert, ohne selbst etwas zurückzugeben. Mit der Zeit kann dies zu Gefühlen der Verbitterung führen, da sich die unterstützende Person ausgenutzt und nicht wertgeschätzt fühlt. In romantischen Beziehungen kann emotionaler oder finanzieller Parasitismus entstehen, wenn ein Partner stark auf den anderen angewiesen ist – sei es zur emotionalen Stabilisierung oder zur finanziellen Absicherung. Für den gebenden Partner führt dies oft zu einem Gefühl von Ohnmacht oder Unzufriedenheit.

Auch familiäre Beziehungen können ein Nährboden für solche Muster sein. Es kommt häufig vor, dass bestimmte Familienmitglieder dauerhaft auf andere angewiesen sind – sei es emotional oder finanziell. Dadurch entsteht ein Ungleichgewicht, in dem sich einige überfordert fühlen, während andere ein Anspruchsdenken entwickeln. Diese Dysbalance kann familiäre Bindungen untergraben und langfristige Brüche verursachen. Das Erkennen parasitärer Verhaltensweisen ist entscheidend für den Erhalt gesunder Beziehungen. Warnzeichen sind unter anderem Gefühle von Erschöpfung, Groll sowie ein ständiges Pflichtgefühl ohne Anerkennung. Mit der Zeit können solche Beziehungen das Selbstwertgefühl und die Lebensfreude untergraben – und in Isolation und das Gefühl münden, in einem einseitigen Geben-und-Nehmen-Gefüge gefangen zu sein.

Um diesen Problemen zu begegnen, ist offene Kommunikation unerlässlich. Das Setzen klarer Grenzen und das Ausdrücken eigener Bedürfnisse können helfen, das Gleichgewicht in der Beziehung wiederherzustellen – sodass beide Seiten auf sinnvolle Weise zum Miteinander beitragen. In manchen Fällen kann es jedoch notwendig sein, die Beziehung grundsätzlich zu überdenken, insbesondere wenn Wiederherstellungsversuche auf anhaltenden Widerstand oder Verweigerung stoßen. Gesunde Beziehungen basieren auf einem gegenseitigen Verständnis der jeweiligen Bedürfnisse sowie dem gemeinsamen Willen, sich zu unterstützen. So entsteht eine Partnerschaft, die für beide Seiten bereichernd und erfüllend ist. Das Erkennen und Ansprechen parasitären Verhaltens ist ein entscheidender Schritt hin zu gesünderen und gerechteren Verbindungen in unserem Leben.

✅ **Anzeichen parasitärer persönlicher Beziehungen:**

- **Unausgewogenes Engagement:** Eine Person gibt ständig, während die andere nur nimmt.
- **Emotionale Manipulation:** Die nehmende Person nutzt Schuldgefühle oder Druck, um Kontrolle zu behalten.
- **Fehlende Verantwortlichkeit:** Es mangelt an gegenseitigem Einsatz und gemeinsamer Weiterentwicklung.

1.2.2 Ausnutzung: Manipulation zum eigenen Vorteil

Ausnutzung beschreibt eine Situation, in der eine Partei eine andere systematisch manipuliert, um daraus persönlichen Nutzen zu ziehen – oft durch Täuschung, Zwang oder emotionale Manipulation. Im Gegensatz zum Parasitismus, der unbewusst oder schleichend entstehen kann, ist Ausnutzung durch bewusste, kalkulierte Handlungen gekennzeichnet, die einer Person gezielt Vorteile verschaffen – auf Kosten der anderen.

Diese Form gestörter Beziehung beruht häufig auf einem erheblichen Machtungleichgewicht: Eine Partei besitzt mehr Einfluss oder Kontrolle und nutzt dadurch gezielt die verletzliche Position der anderen aus. Faktoren wie Gier, fehlende ethische Grenzen und das Streben nach Dominanz treiben ein solches Verhalten oft an. Die Folgen von Ausnutzung können gravierend sein – sie reichen von emotionalem und psychischem bis hin zu finanziellem Schaden für die betroffene Person. Gleichzeitig verstärken sie Ungleichheit und Leid in Beziehungen und Gemeinschaften und setzen destruktive Zyklen in Gang.

Ausnutzung in der Führung: Der Niedergang von Theranos

Theranos, ein hochkarätiges Biotech-Startup, das 2003 von Elizabeth Holmes gegründet wurde, dient als warnendes Beispiel für Ausnutzung und fehlgeleitete Führung in der Technologieszene. Holmes, von vielen als visionäre Unternehmerin gefeiert, behauptete, ihr Unternehmen habe eine revolutionäre Bluttesttechnologie entwickelt, die in der Lage sei, eine Vielzahl medizinischer Tests mit nur wenigen Tropfen Blut durchzuführen. Dieses extravagante Versprechen fesselte die Aufmerksamkeit von Investoren, Mitarbeitenden und Medien, die sich nach bahnbrechenden Innovationen im Gesundheitswesen sehnten.

Holmes nutzte diese Begeisterung geschickt, indem sie ihre Vision überzeugend vermarktete – oft mit übertriebenen Darstellungen der Leistungsfähigkeit der Technologie und des Fortschritts des Unternehmens. Dadurch gelang es Theranos, nahezu eine Milliarde US-Dollar an Investitionen von namhaften Unterstützern einzuwerben, darunter Risikokapitalgeber sowie einflussreiche Persönlichkeiten aus Wirtschaft und Politik. Das Versprechen, das Gesundheitswesen zugänglicher und kostengünstiger zu machen, traf auf eine Gesellschaft, die sich zunehmend nach medizinischem Fortschritt sehnte.

Doch hinter der Fassade des Erfolgs verbarg sich ein komplexes Netz aus Täuschung. Investigative Recherchen brachten ans Licht, dass die Technologie nicht nur unbewiesen, sondern grundlegend fehlerhaft war. Mit zunehmender öffentlicher und behördlicher Prüfung kam die Wahrheit ans Licht, was eine Reihe rechtlicher Auseinandersetzungen und einen öffentlichen Aufschrei nach sich zog. Letztlich brach Theranos unter dem Gewicht seiner Lügen zusammen – mit erheblichen finanziellen Verlusten für Investoren und einem tiefgreifenden Vertrauensverlust gegenüber Gesundheits-Start-ups. Dieses Scheitern verdeutlicht nicht nur die Gefahren von ungezügeltem Ehrgeiz und manipulativer Führung, sondern erinnert auch an die ethische Verantwortung, die Innovationen – insbesondere im Gesundheitswesen – begleiten muss.

✅ **Dynamiken der Ausbeutung:**

- **Täuschende Praktiken:** Stakeholder werden durch irreführende Informationen manipuliert, um persönlichen Nutzen zu erzielen.
- **Machtungleichgewicht:** Andere werden ausgenutzt, ohne Rücksicht auf die Folgen für sie.
- **Verlust von Vertrauen:** Glaubwürdigkeit geht verloren und Beziehungen werden zerstört.

Ausbeutung in den internationalen Beziehungen: Kolonialismus und Ressourcenkontrolle

Der Kolonialismus stellt eine tiefgreifende und weitverbreitete Form der Ausbeutung dar, die die globalen Machtverhältnisse über Jahrhunderte hinweg entscheidend geprägt hat. Im Kern verfolgten koloniale Mächte das Ziel, große Gebiete zu beherrschen und wertvolle Ressourcen wie Bodenschätze, Agrarprodukte und andere Rohstoffe aus den kolonisierten Regionen zu extrahieren. Diese Ausbeutung beruhte häufig auf dem Einsatz von Zwangsarbeit durch die einheimische Bevölkerung, die unter extremen Bedingungen arbeiten musste – meist ohne angemessene Entlohnung oder grundlegende Rechte. Die kolonialen Profite wurden in erster Linie zur Stärkung der imperialen Wirtschaften genutzt, während die Lebensbedingungen der unterworfenen Völker systematisch verschlechtert wurden.

Im Gegenzug für die ausgebeuteten Ressourcen boten die Kolonialmächte in der Regel nur minimale Infrastrukturmaßnahmen und kaum gesellschaftliche Leistungen an – ihr Hauptaugenmerk lag auf der Maximierung eigener Profite. Dieses massive Ungleichgewicht führte zu einer enormen Bereicherung der Kolonisatoren, während die kolonisierten Gesellschaften wirtschaftlich und kulturell tief verletzt wurden. Die Folgen dieser Ausbeutung sind bis heute spürbar: Viele der ehemals kolonisierten Regionen kämpfen noch immer mit Unterentwicklung, sozialer Ungleichheit und kultureller Entfremdung. Darüber hinaus führten die langfristigen Auswirkungen des Kolonialismus häufig zu zerstörten sozialen Strukturen und dem Verlust lokaler Traditionen. Dies erschwert die Aufarbeitung historischer Ungerechtigkeiten und stellt eine erhebliche Herausforderung für nachhaltige Entwicklung und gesellschaftlichen Zusammenhalt dar.

✅ **Dynamiken der Ausbeutung:**

- **Rohstoffausbeutung:** Kolonialmächte bereicherten sich, während indigene Bevölkerungen litten.
- **Kulturelle Erosion:** Unterdrückung einheimischer Traditionen und Identitäten.
- **Langfristige Folgen:** Generationenübergreifende wirtschaftliche Ungleichheit und gesellschaftliche Instabilität.

1.2.3 Unkontrollierter Wettbewerb: Wie Rivalität Beziehungen zerstört

Wettbewerb kann ein kraftvoller Motor für Wachstum und Innovation sein. Er motiviert Einzelpersonen und Organisationen dazu, Grenzen zu überschreiten und nach Exzellenz zu streben. Doch wenn Wettbewerb außer Kontrolle gerät, entsteht schnell ein Klima von Feindseligkeit, Misstrauen und Spaltung. In solchen Fällen werden persönliche, organisatorische oder internationale Beziehungen oft ausschließlich durch Rivalität bestimmt. Der alleinige Fokus darauf, den „Gegner" zu besiegen, untergräbt Kooperation und gegenseitigen Nutzen – zwei zentrale Voraussetzungen für nachhaltigen Erfolg. Statt gemeinsam an Lösungen zu arbeiten, wird jede Interaktion zu einem Machtkampf, was langfristig sowohl Beziehungen als auch Ergebnisse schwächt.

Darüber hinaus führt diese gegnerische Denkweise zu einer Form von Gegensymbiose – einem Zustand, in dem Parteien nicht mehr gemeinsam auf ein gemeinsames Ziel hinarbeiten, sondern in ihrem Streben nach individueller Vorherrschaft verharren. Mit der Zeit zerstört dieses unnachgiebige Konkurrenzdenken die grundlegenden Elemente jeder stabilen Beziehung: Vertrauen, Verlässlichkeit und kooperative Kommunikation. Wenn Vertrauen schwindet, leidet der Dialog, Zusammenarbeit wird blockiert – und das hemmt Fortschritt und Wohlstand für alle Beteiligten. Deshalb ist es entscheidend, ein Gleichgewicht zwischen gesundem Wettbewerb und kooperativen Ansätzen zu finden. Nur so lassen sich Umgebungen schaffen, in denen gegenseitiges Wachstum, Innovation und nachhaltiger Erfolg gedeihen können.

Unkontrollierter Wettbewerb in der Wirtschaft: Die Cola-Kriege

Die erbitterte Rivalität zwischen Coca-Cola und Pepsi – oft als „Cola-Kriege" bezeichnet – veranschaulicht eindrücklich die Komplexität eines unkontrollierten Wettbewerbs in der Getränkeindustrie. Dieser Konflikt trieb zwar Innovationen in der Produktentwicklung sowie kreative Marketingstrategien voran, führte jedoch auch zu einer Reihe aggressiver Taktiken, bei denen ethische Grenzen zunehmend verwischt wurden. Beide Unternehmen lieferten sich erbarmungslose Preiskämpfe und senkten ihre Kosten drastisch, um sich gegenseitig im Kampf um Marktanteile zu überbieten.

Gleichzeitig setzten beide Konzerne auf eindrucksvolle PR-Kampagnen, um eigenständige Markenidentitäten zu etablieren und Konsument:innen mit dem Versprechen eines verbesserten Produkterlebnisses zu gewinnen. Doch während sich Coca-Cola und Pepsi zunehmend auf Markenführerschaft konzentrierten, gerieten die Auswirkungen auf die tatsächliche Kundenzufriedenheit häufig in den Hintergrund. Der ungebremste Wettbewerb überdeckte oft die Bedeutung von Qualität und langfristiger Kundenbindung. Stattdessen entstanden Strategien, die zwar Aufmerksamkeit erzeugten, jedoch nicht immer mit den tatsächlichen Bedürfnissen der Verbraucher:innen übereinstimmten. Dieser Fall dient als warnendes Beispiel: Rivalität kann Innovation fördern – aber ebenso zu einem zersplitterten Markt führen, in dem der Fokus auf unternehmerischem Erfolg den echten Dialog mit den Kund:innen verdrängt.

✅ **Dynamiken unkontrollierten Wettbewerbs:**

- **Kurzfristige Gewinne, langfristige Verluste:**
  Preiskriege untergruben die Rentabilität nachhaltig.
- **Marken-Polarisierung:** Markentreue entstand zulasten konstruktiver Innovationen.
- **Marktsättigung:** Ein übersättigter Markt erschwerte die Differenzierung und führte zu stagnierendem Wachstumspotenzial.

Unkontrollierter Wettbewerb in der Politik: Athen & Sparta – Der Peloponnesische Krieg

Die langjährige Rivalität zwischen Athen und Sparta, die im verheerenden Peloponnesischen Krieg (431–404 v. Chr.) gipfelte, veranschaulicht eindrucksvoll, wie unkontrollierter Wettbewerb auf geopolitischer Ebene zu katastrophalen Folgen führen kann. Getrieben von einem erbitterten Streben nach Vorherrschaft, verstrickten sich beide Stadtstaaten in einen langwierigen Konflikt, der nicht nur ihre militärischen und wirtschaftlichen Ressourcen erschöpfte, sondern auch ihre sozialen Strukturen tiefgreifend erschütterte.

Athen, mit seiner mächtigen Flotte und seinen demokratischen Idealen, strebte danach, seinen Einfluss über die Ägäis auszudehnen. Sparta hingegen, bekannt für seine schlagkräftige Landarmee und seine oligarchische Regierungsform, verfolgte das Ziel, seine Vorherrschaft über die Peloponnes zu festigen. Diese tief verwurzelte Feindschaft wurde durch zahlreiche Allianzen und Verrate zusätzlich verschärft – darunter die Gründung des Delisch-Attischen Seebunds unter der Führung Athens sowie des Peloponnesischen Bundes, angeführt von Sparta.

Da sich der Krieg über nahezu drei Jahrzehnte hinzog, war die Belastung für beide Bevölkerungen enorm – unzählige Menschen verloren in Schlachten ihr Leben, und weite Teile der Region litten unter Hungersnöten. Die andauernde Auseinandersetzung schwächte sowohl die militärische Schlagkraft als auch die gesellschaftliche Moral beider Stadtstaaten erheblich und machte sie zunehmend anfällig für äußere Bedrohungen. Die letztliche Niederlage Athens bedeutete nicht nur den Niedergang der athenischen Demokratie, sondern leitete auch eine Phase politischer Instabilität ein, die ausländische Invasionen begünstigte – darunter den Aufstieg der makedonischen Macht unter Philipp II. Der Peloponnesische Krieg steht somit exemplarisch dafür, wie ungebremste Rivalität und übersteigerter Ehrgeiz in die Selbstzerstörung führen und die Stabilität einer ganzen Region ins Wanken bringen können.

✅ **Dynamiken unkontrollierten Wettbewerbs:**

- **Erosion der Diplomatie:** Das Versäumnis, friedliche Lösungen anzustreben.
- **Wechselseitige Zerstörung:** Der langwierige Konflikt schwächte beide Stadtstaaten erheblich.
- **Verlust an Einfluss:** Sowohl Athen als auch Sparta gingen geschwächt aus dem Krieg hervor und wurden anfällig für äußere Mächte.

1.2.4 Die Folgen gegen-symbiotischer Beziehungen

Wenn Beziehungen in Muster von Parasitismus, Ausbeutung oder ungezügeltem Wettbewerb abgleiten, reichen die Folgen weit über das unmittelbare Miteinander hinaus – sie verursachen oftmals langfristige Schäden. In solchen gegensymbiotischen Konstellationen beginnen die grundlegenden Elemente von Vertrauen und gegenseitigem Respekt zu zerfallen, wodurch ein toxisches Umfeld entsteht, in dem Kooperation durch Eigennutz ersetzt wird. Ob emotional, finanziell oder ökologisch – Ressourcen werden überbeansprucht und erschöpft, sodass kaum Raum für Erholung oder nachhaltiges Wachstum bleibt. Der kompromisslose Fokus auf kurzfristige Vorteile lässt Beteiligte oft die langfristigen Konsequenzen ihres Handelns übersehen, wodurch die Stabilität und Gesundheit der Beziehung zugunsten flüchtiger Erträge geopfert wird. Sobald das Geflecht aus Vertrauen und Balance sich auflöst, schwindet die Fähigkeit zur echten Partnerschaft. Zurück bleiben Konfliktmuster, Enttäuschung und Misstrauen – eine destruktive Spirale, deren Umkehr äußerst schwierig ist.

Beziehungszusammenbruch

- Emotionale Erschöpfung und Enttäuschung.
- Verlust von Vertrauen und gegenseitigem Respekt..

Organisatorischer Kollaps

- Vertrauensverlust bei Stakeholdern.
- Finanzielle Instabilität und Reputationsschäden.

Geopolitische Instabilität

- Langfristige wirtschaftliche und gesellschaftliche Folgen.
- Gesteigerte Anfälligkeit für äußere Bedrohungen.

Fazit: Schutz vor Gegen-Symbiose

Das Verständnis der zerstörerischen Kräfte, die einer Symbiose entgegenwirken, ist für Führungskräfte, Einzelpersonen und Organisationen von entscheidender Bedeutung. Dieses Bewusstsein befähigt Menschen dazu, ungesunde Beziehungsmuster frühzeitig zu erkennen und anzugehen, bevor sie sich verfestigen. Die Schaffung eines Umfelds, das den gegenseitigen Nutzen betont, ist in unterschiedlichsten Kontexten unerlässlich – sei es in persönlichen Beziehungen, geschäftlichen Partnerschaften oder in der internationalen Diplomatie.

Dies bedeutet, gemeinsame Verantwortlichkeit zu schaffen und ethisches Verhalten als grundlegendes Prinzip zu fördern. Auf diese Weise können Beteiligte Vertrauen und Zusammenarbeit aufbauen – zentrale Elemente für den Erhalt symbiotischer Beziehungen. Führungskräfte sollten offene Kommunikation und Transparenz aktiv unterstützen, damit sich alle Parteien wertgeschätzt und gehört fühlen. Darüber hinaus trägt eine Kultur des Respekts und der Empathie wesentlich zur Zusammenarbeit bei und erleichtert es, Konflikte und Herausforderungen gemeinsam zu meistern. Das konsequente Bekenntnis zu diesen Prinzipien ist entscheidend, um langfristige, produktive Beziehungen aufzubauen, die anpassungsfähig bleiben und über die Zeit hinweg gedeihen können.

Wenn wir uns nun mit Abschnitt 1.3 – Die Vorteile einer symbiotischen Beziehung befassen, werden wir untersuchen, wie die Ausrichtung von Beziehungen an symbiotischen Prinzipien Umgebungen schafft, in denen Vertrauen, Wachstum und langfristiger Erfolg gedeihen können. ⚘☐

1.3 Die Vorteile einer symbiotischen Beziehung

Symbiotische Beziehungen, die durch bewusste Gestaltung und einen Geist der Gegenseitigkeit geprägt sind, bringen sowohl im persönlichen als auch im beruflichen Kontext erhebliche Vorteile mit sich. Sie schaffen Umgebungen, in denen gegenseitiges Wachstum gefördert, Vertrauen gestärkt und langfristige Stabilität unterstützt wird. Indem Symbiose zur Priorität gemacht wird, können Einzelpersonen und Organisationen eine kooperative Atmosphäre schaffen, in der gemeinsame Ziele verfolgt und gewürdigt werden.

In solchen Konstellationen bringt jede Partei einzigartige Stärken und Perspektiven ein, was innovative Lösungen fördert und die Kreativität steigert. Diese Zusammenarbeit vertieft nicht nur die Beziehungen, sondern schafft auch ein belastbares Fundament, das sich an Herausforderungen und Chancen flexibel anpassen kann. Die langfristigen Vorteile solcher Beziehungen – etwa gesteigerte Loyalität, gemeinsame Ressourcennutzung und erweiterte Netzwerke – übertreffen oft bei Weitem das, was jede Partei für sich allein erreichen könnte. In symbiotische Beziehungen zu investieren, verwandelt Interaktionen in florierende Partnerschaften, von denen alle Beteiligten profitieren.

1.3.1 Gegenseitiges Wachstum und gemeinsame Entwicklung

Im Kern der Symbiose liegt das grundlegende Prinzip des gegenseitigen Wachstums: Beide Parteien investieren aktiv in den Erfolg des jeweils anderen. Diese wechselseitige Beziehung schafft ein Umfeld kontinuierlicher Verbesserung und

Entwicklung, in dem sowohl Einzelpersonen als auch Organisationen gemeinsam gedeihen können. In solchen Verbindungen werden die Stärken jeder Seite verstärkt und anerkannt, während Schwächen identifiziert und gemeinsam bewältigt werden – was zu einer belastbaren und stabilen Partnerschaft führt. Das Ergebnis ist ein tiefgreifendes, gemeinsames Wachstum, bei dem die gebündelten Fähigkeiten beider Seiten genutzt werden, um Innovationen voranzutreiben, sich anzupassen und Herausforderungen zu meistern. Solche lebendigen Beziehungen fördern eine Kultur der Zusammenarbeit, die Fortschritt ermöglicht und dauerhafte, vertrauensvolle Bindungen entstehen lässt.

Gegenseitiges Wachstum im Geschäftsbereich: Microsoft und Intel

Die langjährige Partnerschaft zwischen Microsoft und Intel, allgemein bekannt als die Wintel-Allianz, ist ein herausragendes Beispiel dafür, wie kollaborative Synergie Innovation fördern und Wachstum im Technologiesektor anregen kann. Seit den Anfängen der Personal-Computer-Ära wurde Microsofts Software – insbesondere die Windows-Betriebssysteme – gezielt darauf ausgelegt, die Leistungsfähigkeit von Intels Prozessoren optimal zu nutzen. Im Gegenzug hat Intels fortschrittliche Hardware die Leistungsgrenzen immer weiter verschoben, was Microsoft ermöglichte, seine Software kontinuierlich effizienter und leistungsstärker zu gestalten.

Diese symbiotische Beziehung hat nicht nur dazu beigetragen, dass beide Unternehmen über Jahrzehnte hinweg den Markt für Personal Computer dominierten, sondern auch eine entscheidende Rolle bei der Gestaltung der heutigen Technologielandschaft gespielt. Durch die strategische

Ausrichtung und gegenseitige Investitionen haben Microsoft und Intel bedeutende Fortschritte in Bereichen wie Rechenleistung, Benutzeroberflächendesign und allgemeiner Funktionalität erzielt. Das Ergebnis war eine breite Marktdurchdringung und hohe Akzeptanz bei den Konsumenten, wodurch beide Unternehmen maßgeblich zur Digitalisierung unseres Alltags beigetragen haben.

Gemeinsam ist es ihnen gelungen, sich erfolgreich in der sich rasant entwickelnden Technologiebranche zu behaupten, indem sie aufkommende Trends und Herausforderungen frühzeitig erkannten und sich entsprechend anpassten. Diese Zusammenarbeit zeigt eindrucksvoll, wie zwei Branchenführer ihre jeweiligen Stärken nutzen können, um Innovationen voranzutreiben. Sie haben ein starkes Ökosystem aufgebaut, das den technologischen Fortschritt nachhaltig fördert und den Weg für neue Entwicklungen in der digitalen Welt ebnet.

✅ Dynamiken gegenseitigen Wachstums:

- **Komplementäre Expertise:** Microsofts Innovationskraft im Softwarebereich ergänzte Intels führende Hardwaretechnologie.

- **Ko-Evolution:** Beide Unternehmen entwickelten ihre Produkte im gegenseitigen Austausch weiter und profitierten von gemeinsamen Erkenntnissen.

- **Marktexpansion:** Ihre Partnerschaft trieb die PC-Revolution voran, brachte Verbraucher*innen große Vorteile und prägte die technologische Entwicklung maßgeblich.

Gegenseitiges Wachstum durch Mentoring: Warren Buffett und Bill Gates

Die Beziehung zwischen Warren Buffett, einem der erfolgreichsten Investoren aller Zeiten, und Bill Gates, dem Mitbegründer von Microsoft, ist ein eindrucksvolles Beispiel dafür, wie gegenseitiges Wachstum durch Mentoring gedeiht. Ihre Freundschaft begann Mitte der 1990er-Jahre und wurde durch eine gemeinsame Leidenschaft für lebenslanges Lernen sowie das Bestreben, die Welt positiv zu beeinflussen, gefestigt.

Buffett, bekannt für seine scharfsinnigen Einblicke in Value Investing und seine Fähigkeit, Markttrends vorauszusehen, teilte sein umfassendes Wissen über Philanthropie und Geschäftsstrategie mit Gates. Diese Anleitung beeinflusste Gates' Ansatz für wohltätiges Engagement maßgeblich und half ihm dabei, seine Vision für wirkungsvolle Philanthropie zu schärfen. Im Gegenzug eröffnete Gates Buffett neue Perspektiven auf die transformative Kraft von Technologie und Innovation und erweiterte dessen Verständnis für die sich rasant verändernde digitale Welt.

Ihre gemeinsame Zusammenarbeit führte im Jahr 2000 zur Gründung der Bill & Melinda Gates Foundation, die sich seither zu einer der größten und einflussreichsten philanthropischen Organisationen der Welt entwickelt hat. Die Stiftung widmet sich vielfältigen Initiativen, darunter globale Gesundheit, Bildung und Armutsbekämpfung – alles Ausdruck des gemeinsamen Engagements beider Persönlichkeiten für die Lösung einiger der dringendsten Herausforderungen unserer Zeit. Diese symbiotische Beziehung unterstreicht die Bedeutung von Mentoring für persönliches und berufliches Wachstum und zeigt, wie visionäre Führungspersönlichkeiten durch die

Verbindung ihrer einzigartigen Stärken und Perspektiven ihre Wirkung maßgeblich steigern können.

✅ **Dynamiken des gegenseitigen Wachstums:**

- **Wissensaustausch:** Kombination von Investmentwissen und technologischem Know-how.
- **Philanthropischer Einfluss:** Gemeinsame Nutzung von Ressourcen zur Lösung globaler Herausforderungen.
- **Philanthropischer Einfluss:** Gemeinsame Nutzung von Ressourcen zur Lösung globaler Herausforderungen.

1.3.2 Zunahme von Vertrauen und emotionaler Sicherheit

Vertrauen ist das Fundament aller symbiotischen Beziehungen – ob zwischen Einzelpersonen oder Organisationen. Es entsteht und wächst über die Zeit hinweg durch bewusst gelebte Transparenz, Integrität und Verlässlichkeit. In Umgebungen, in denen Vertrauen eine zentrale Rolle spielt, erleben die Beteiligten ein erhöhtes Maß an emotionaler Sicherheit und psychologischer Geborgenheit. Dieses Klima ermutigt Menschen dazu, Risiken einzugehen, sich verletzlich zu zeigen und sich mit echten, wertvollen Beiträgen einzubringen – ohne Angst vor Verurteilung oder negativen Konsequenzen.

Wenn Organisationen Vertrauen fördern, entsteht eine Kultur, in der offene Kommunikation zur Selbstverständlichkeit wird und Zusammenarbeit aufblüht. Teammitglieder fühlen sich ermutigt, ihre Ideen und Anliegen offen zu äußern, und sind überzeugt davon, dass ihre Beiträge geschätzt und respektiert werden. Dieses gemeinsame Gefühl von Sicherheit begünstigt Innovation, denn Menschen sind eher bereit, kreative Lösungen vorzuschlagen und neue Wege zu erkunden, wenn sie sich der Unterstützung ihrer Kolleginnen und Kollegen sicher sein können.

Darüber hinaus stärkt der Aufbau von Vertrauen die Resilienz in Beziehungen. Herausforderungen und Konflikte sind zwar unvermeidlich, doch ein vertrauensvolles Umfeld motiviert die Beteiligten, Meinungsverschiedenheiten konstruktiv anzugehen. Sie betrachten Probleme mit dem Verständnis, dass ihr gegenseitiges Engagement über vorübergehende Rückschläge hinausgeht. Letztlich fördert dieses Vertrauen tiefere Bindungen, stärkere Loyalität und eine gemeinsame Vision – allesamt grundlegende Voraussetzungen für den langfristigen Erfolg und die Nachhaltigkeit von Beziehungen und Organisationen.

Vertrauen schaffen im Geschäftsleben: Die Unternehmenskultur von Southwest Airlines

Southwest Airlines hat sich in der Luftfahrtbranche einen herausragenden Ruf erworben – vor allem dank seiner stark kundenorientierten Unternehmenskultur und dem konsequenten Streben nach operativer Exzellenz. Im Mittelpunkt dieses Erfolgs steht das tiefe Vertrauen, das zwischen Management, Mitarbeitenden und Kund:innen aufgebaut wurde. Dieses Vertrauen wird gezielt gefördert, indem Mitarbeitende auf allen Ebenen dazu ermutigt werden, eigenverantwortlich und fundiert Entscheidungen zu treffen. Dadurch steigt nicht nur die Arbeitszufriedenheit, sondern es entsteht auch ein ausgeprägtes Gefühl von Eigenverantwortung und persönlichem Engagement.

Darüber hinaus legt Southwest Airlines großen Wert auf Transparenz in der internen und externen Kommunikation. Durch einen offenen Dialog zwischen Management und

Mitarbeitenden stellt das Unternehmen sicher, dass alle Teammitglieder mit den zentralen Werten und Zielen der Airline übereinstimmen. Diese Transparenz prägt auch den Umgang mit den Kund:innen: Ehrlichkeit und Klarheit stehen im Vordergrund – und genau das stärkt langfristig das Vertrauen und die Bindung der Passagiere an das Unternehmen.

Die Ergebnisse dieser Unternehmenskultur sind bemerkenswert: Southwest Airlines übertrifft seine Wettbewerber regelmäßig in zentralen Leistungskennzahlen wie Kundenzufriedenheit, Mitarbeiterbindung und Gesamtrentabilität. Dieser Ansatz schafft nicht nur ein positives Arbeitsklima innerhalb des Unternehmens, sondern führt auch zu einem außergewöhnlichen Serviceerlebnis für die Kund:innen. Das Ergebnis ist eine treue Stammkundschaft, die sich immer wieder bewusst für Southwest Airlines entscheidet.

✅ **Vertrauensdynamiken:**

- **Mitarbeiterbefähigung:** Förderung von Eigenverantwortung und Entscheidungsfreiheit.
- **Offene Kommunikation:** Transparenz und gegenseitigen Respekt gezielt stärken.
- **Kundentreue:** Vertrauen durch verlässlichen Service und Beständigkeit aufbauen.

1.3.3 Nachhaltige Stabilität und Resilienz

Symbiotische Beziehungen bilden eine entscheidende Grundlage für nachhaltige Stabilität, indem sie Gleichgewicht, Anpassungsfähigkeit und Resilienz fördern. Sowohl in Organisationen als auch in zwischenmenschlichen Beziehungen ermöglichen diese wechselseitig vorteilhaften Partnerschaften

Einzelpersonen und Gruppen, Herausforderungen wirksamer zu bewältigen.

Das grundlegende Wesen der Symbiose ist durch wechselseitige Abhängigkeit und gemeinsame Ziele gekennzeichnet, was die Verbindung zwischen den Beteiligten stärkt.

Infolgedessen sind Organisationen, die auf symbiotischen Prinzipien basieren, besser darauf vorbereitet, Widrigkeiten zu begegnen, da sie auf kollektive Ressourcen und Fähigkeiten zurückgreifen können. Dieser kooperative Ansatz fördert die Resilienz, indem er es den Beteiligten ermöglicht, sich leichter an veränderte Rahmenbedingungen anzupassen. Darüber hinaus tragen solche Beziehungen maßgeblich zur langfristigen Bindung bei, da jede Partei den Wert erkennt, den sie füreinander schafft. Indem sie auf gemeinsames Wachstum und Interdependenz setzen, gedeihen diese symbiotischen Verbindungen nicht nur in stabilen Zeiten, sondern gehen auch gestärkt aus Krisen hervor.

Stabilität in globalen Allianzen: Die kollektive Sicherheit der NATO

Die Organisation des Nordatlantikvertrags (NATO) ist ein herausragendes Beispiel für die wechselseitige Verbundenheit in den internationalen Beziehungen – insbesondere durch ihr Bekenntnis zu kollektiver Sicherheit und gegenseitiger Verteidigung. Seit ihrer Gründung im Jahr 1949 besteht die NATO aus Mitgliedstaaten, die sich verpflichtet haben, einander im Falle eines Angriffs beizustehen. Dadurch wird Stabilität und Resilienz in einer vielfältigen globalen Landschaft gefördert, die von zahlreichen externen Bedrohungen geprägt ist.Im Zentrum der Wirksamkeit der NATO steht das Prinzip der kollektiven Verteidigung, wie es in Artikel 5 des

Nordatlantikvertrags festgeschrieben ist: Ein Angriff auf ein Mitglied wird als Angriff auf alle gewertet. Dieses gegenseitige Sicherheitsversprechen stärkt nicht nur den Schutz jedes einzelnen Staates, sondern schafft auch ein starkes Gefühl gemeinsamer Verantwortung unter den Mitgliedern. Es festigt ihre Beziehungen und erhöht ihre kollektive Handlungsfähigkeit im Sinne einer stabilen und kooperativen internationalen Sicherheitsordnung.

Der Erfolg der NATO beruht auf ihrer Fähigkeit, sich an veränderte geopolitische Rahmenbedingungen anzupassen. Ursprünglich als militärisches Bündnis zur Abschreckung der Sowjetunion während des Kalten Krieges gegründet, hat sich die NATO zu einer flexiblen Organisation gewandelt, die heutigen Herausforderungen wie Terrorismus, Cyberbedrohungen und regionalen Konflikten begegnet. Darüber hinaus pflegt das Bündnis Partnerschaften über seine Mitgliedstaaten hinaus und fördert den Dialog sowie die Zusammenarbeit mit verschiedenen Ländern und internationalen Organisationen. Durch gemeinsame Militärübungen, den Austausch von Geheimdienstinformationen und strategische Planung stellt die NATO sicher, dass ihre Mitglieder auf neue Bedrohungen vorbereitet und entsprechend ausgerüstet sind. Auf diese Weise trägt sie wesentlich zur langfristigen Stabilität im nordatlantischen Raum und darüber hinaus bei. Die NATO schützt somit nicht nur die Sicherheit ihrer Mitgliedsstaaten, sondern fungiert auch als grundlegende Säule für internationalen Frieden und Kooperation.

✅ **Stabilitätsdynamiken:**

- **Gemeinsame Verteidigung:** Gewährleistung kollektiver Sicherheit für alle Mitgliedsstaaten.
- **Ressourcenteilung:** Bündelung militärischer und nachrichtendienstlicher Kapazitäten

- **Resilienz und Anpassungsfähigkeit**: Entwicklung dynamischer Strategien zur Bewältigung globaler Herausforderungen.

1.3.4 Verbesserte Kreativität und Innovation

Symbiotische Beziehungen fördern Kreativität und Innovation, indem sie Zusammenarbeit und den Austausch vielfältiger Ideen ermöglichen. Wenn Menschen mit unterschiedlichen Hintergründen und Fachgebieten zusammenkommen, können ihre verschiedenen Perspektiven neue Einsichten und Herangehensweisen hervorrufen – und so zu bahnbrechenden Lösungen führen, die allein nur schwer zu erreichen wären. Diese Art der Zusammenarbeit schafft ein lebendiges Umfeld für gemeinsames Brainstorming und stärkt die Anpassungsfähigkeit, da alle Beteiligten voneinander lernen und sich mit neuen Denkweisen auseinandersetzen. Auf diese Weise legen symbiotische Beziehungen das Fundament für Fortschritt, der ganze Branchen transformieren und Entwicklungen vorantreiben kann – in einem Ausmaß, das über individuelle Leistungen weit hinausgeht.

Kreativität im Geschäftsbereich: Google und Androidnd

Die Partnerschaft zwischen Google und Android revolutionierte den Mobilfunksektor durch die Einführung eines Open-Source-Betriebssystems, das die Funktionalität von Geräten und die Art der Nutzerinteraktion grundlegend veränderte. Google entwickelte als Hauptverantwortlicher eine leistungsstarke Plattform, die den Weg für kontinuierliche Innovation ebnete. Gleichzeitig trug eine vielfältige Gemeinschaft externer Entwickler maßgeblich zur Erweiterung bei, indem sie eine breite Palette an Anwendungen schuf.

Diese Zusammenarbeit bereicherte das Nutzererlebnis durch kreative und individuell zugeschnittene Apps und trug erheblich zur weltweiten Verbreitung von Android bei. Indem Entwicklern die Möglichkeit gegeben wurde, das Betriebssystem zu modifizieren und weiterzuentwickeln, entstand ein dynamisches Ökosystem, das technologische Fortschritte förderte. Dies führte zu einem Innovationsschub bei mobilen Anwendungen, Benutzeroberflächen und Funktionen, die auf unterschiedlichste Nutzerbedürfnisse zugeschnitten sind. Infolgedessen wurde Android für seine Vielseitigkeit und Zugänglichkeit bekannt und zog eine breite Nutzerbasis an, was seine Position als führendes Betriebssystem in der Mobilbranche nachhaltig festigte.

✅ **Innovationsdynamik:**

- **Offenes Ökosystem:** Externe Entwickler wurden aktiv einbezogen und zur Mitgestaltung eingeladen.
- **Geteilte Vision:** Gemeinsame Zielsetzung zur Verbesserung des Nutzererlebnisses.
- **Marktveränderung:** Schaffung einer dynamischen Plattform, die das Branchenwachstum vorantrieb.

1.3.5 Vermächtnis und langfristige Wirkung

Symbiotische Beziehungen schaffen Vermächtnisse, die weit über die unmittelbar Beteiligten hinausreichen und künftige Generationen nachhaltig beeinflussen. Solche Verbindungen – ob innerhalb von Familien, Unternehmen oder anderen Interaktionen – bringen häufig Vorteile hervor, die den einzelnen Beteiligten weit überdauern. Die Früchte dieser Kooperationen, die durch Teamarbeit und gegenseitige Unterstützung geprägt sind, können ganze Gemeinschaften stärken und mitunter sogar den Lauf der Geschichte verändern.

Zum Beispiel schaffen die in symbiotischen Beziehungen geförderten Werte von Zusammenarbeit und geteilter Verantwortung in familiären Strukturen ein starkes Fundament für kommende Generationen. Diese Werte prägen deren Beziehungen und Lebensentscheidungen nachhaltig. In der Wirtschaft können Partnerschaften, die auf diesen Prinzipien beruhen, innovative Arbeitsweisen und nachhaltiges Wachstum fördern – mit langfristigem Erfolg für die Unternehmen, ihre Mitarbeitenden und die gesamte Wirtschaft. Ebenso können im kirchlichen Bereich oder sozialen Engagement gemeinschaftliche Initiativen die Reichweite von Projekten erweitern und das Gemeinschaftsgefühl stärken, was tiefgreifende Auswirkungen auf gesellschaftliche Werte und die spirituelle Entwicklung haben kann.

Die Wechselwirkung zwischen Beziehungen schafft ein bleibendes Vermächtnis, das über die Zeit hinweg nachhallt, kulturelle Werte formt und zukünftige Führungspersönlichkeiten sowie Innovatoren inspiriert. Die Stärke kollaborativer Partnerschaften liegt in ihrer Fähigkeit, Wellen positiver Wirkung zu erzeugen, die über Generationen hinausreichen. Im Kern tragen solche Verbindungen entscheidend dazu bei, das Fundament unserer Gemeinschaften zu gestalten.

Vermächtnis in der Wirtschaft: Hewlett-Packard (HP) und die Kultur des Silicon Valley

Die Zusammenarbeit zwischen Bill Hewlett und Dave Packard spielte eine entscheidende Rolle bei der Prägung von Innovation, Teamarbeit und Unternehmergeist, wie sie heute mit dem Silicon Valley assoziiert werden. Als Gründer von Hewlett-

Packard in einer Garage im Jahr 1939 entwickelten die beiden nicht nur bahnbrechende Technologien, sondern schufen auch eine einzigartige Unternehmenskultur. Ihr unerschütterliches Bekenntnis zu ethischer Führung förderte ein Arbeitsumfeld, das Integrität, Transparenz und den respektvollen Umgang mit allen Mitarbeitenden in den Mittelpunkt stellte.

Hewlett und Packard setzten sich entschieden für die Stärkung ihrer Mitarbeitenden ein. Sie waren überzeugt, dass Kreativität und Produktivität wachsen, wenn Mitarbeitende ihre Ideen einbringen und aktiv mitgestalten dürfen. Diese Philosophie schuf einen starken Gemeinschaftsgeist innerhalb des Unternehmens und förderte die Zusammenarbeit auf allen Ebenen. Ihr Fokus auf technologischen Fortschritt und kontinuierliche Verbesserung inspirierte zahllose Start-ups und Innovatoren weltweit. Bekannt als „The HP Way", setzte ihr Führungsansatz einen Maßstab für Unternehmen, die wirtschaftlichen Erfolg mit Sinnhaftigkeit verbinden wollen. Ihr Vermächtnis wirkt bis heute fort und inspiriert Unternehmer und Technologieführer dazu, Prinzipien zu leben, die Innovation fördern und gleichzeitig hohen ethischen Standards treu bleiben.

✓ Vermächtnisdynamik:

- **Kultureller Einfluss:** Etablierung eines Modells für ethisches Wirtschaften.
- **Mentorenschaftlicher Einfluss:** Inspiration für nachfolgende Generationen von Unternehmern.
- **Technologisches Erbe:** Förderung von Innovationen in der Technologiebranche.

Schlussfolgerung: Die transformierende Kraft der Symbiose

Symbiotische Beziehungen besitzen eine transformierende Kraft, die vielfältige Lebensbereiche nachhaltig bereichern kann – sei es durch die Förderung von Vertrauen, Wachstum, Stabilität, Kreativität oder dem Aufbau eines bleibenden Vermächtnisses. Solche Beziehungen – ob im Geschäftsleben, in persönlichen Verbindungen oder im Dienst an der Gemeinschaft – beruhen auf grundlegenden Prinzipien wie gegenseitigem Nutzen, gemeinsamer Zielverfolgung und gegenseitiger Verantwortung. Sie schaffen eine Synergie, die nicht nur die einzelnen Beteiligten stärkt, sondern auch den gemeinsamen Erfolg deutlich verstärkt.

Symbiose basiert im Kern auf dem Prinzip des gegenseitigen Nutzens. Wenn Einzelpersonen oder Organisationen gemeinsam auf ein gemeinsames Ziel hinarbeiten, entsteht eine Form der Verantwortlichkeit, die ihr gegenseitiges Engagement stärkt. Diese Zusammenarbeit steigert nicht nur die Produktivität, sondern fördert auch Innovation und Kreativität, da unterschiedliche Perspektiven zusammenkommen und neue Ideen entstehen lassen. Um eine symbiotische Verbindung in persönlichen und beruflichen Beziehungen zu entwickeln, ist es entscheidend, offene Kommunikation und Empathie zu priorisieren. Diese Herangehensweise schafft ein unterstützendes Netzwerk, in dem sich Menschen wertgeschätzt und sicher fühlen – was wiederum zu tieferen Beziehungen und bedeutungsvolleren gemeinsamen Erfahrungen führt.

Darüber hinaus ermöglichen vertrauensvolle Umgebungen den Einzelnen, kalkulierte Risiken einzugehen – in dem Wissen, dass sie auf die Unterstützung ihrer Partner zählen können. Dieses Vertrauen bildet ein starkes Fundament für

Stabilität und erlaubt es Beziehungen, Herausforderungen zu überstehen und sich an veränderte Umstände anzupassen. Indem solche vernetzten Partnerschaften gefördert werden, können Individuen und Organisationen ihr volles Potenzial entfalten und Ergebnisse erzielen, die weit über das hinausgehen, was sie allein erreichen könnten. Auf diese Weise schaffen symbiotische Beziehungen nicht nur unmittelbare Vorteile, sondern hinterlassen auch ein dauerhaftes Vermächtnis – eines, in dem die Wirkung von Zusammenarbeit über Generationen hinweg nachhallt und zukünftige Führungspersönlichkeiten dazu inspiriert, die Kraft des Miteinanders zu nutzen.

Die Förderung von Zusammenarbeit innerhalb einer Gemeinschaft – durch das Verfolgen gemeinsamer Ziele und das Engagement im Dienst am Nächsten – kann zu wirkungsvoller Outreach-Arbeit und nachhaltiger Veränderung führen. Wenn Menschen gemeinsam an einer geteilten Mission arbeiten, entsteht ein Vermächtnis der Positivität und Transformation, das sowohl den Einzelnen als auch die gesamte Gemeinschaft bereichert. Letztlich erschließen Individuen und Organisationen durch die Prinzipien der Symbiose ihr volles Potenzial und erreichen gemeinsam mehr, als sie es je allein könnten – und ebnen damit den Weg für echten, nachhaltigen Erfolg.

Wenn wir zu Abschnitt 1.4 „Symbiose in der Natur" übergehen, werfen wir einen Blick auf die vielfältigen symbiotischen Beziehungen in der natürlichen Welt. Diese natürlichen Partnerschaften bieten ein eindrucksvolles Spiegelbild der Prinzipien, die wir auch in menschlichen Beziehungen anwenden möchten – sie veranschaulichen auf anschauliche Weise, wie gegenseitiger Nutzen, Zusammenarbeit und Anpassungsfähigkeit das Fundament für nachhaltigen Erfolg und Entwicklung bilden. ⚥ ☐

1.4 Symbiose der Natur

Die Natur bietet einige der tiefgreifendsten und eindrucksvollsten Beispiele für Symbiose, in denen verschiedenste Organismen zusammenarbeiten, koexistieren und durch wechselseitig vorteilhafte Beziehungen gedeihen. Diese komplexen Partnerschaften haben sich über Millionen von Jahren hinweg entwickelt und verdeutlichen die bemerkenswerte Kraft der gegenseitigen Abhängigkeit innerhalb von Ökosystemen. Ein anschauliches Beispiel findet sich in Korallenriffen, wo winzige Algen und Korallen eng zusammenwirken: Die Algen liefern durch Photosynthese lebenswichtige Nährstoffe, während die Korallen Schutz und ein stabiles Umfeld bieten. Dieses fragile Gleichgewicht zeigt eindrucksvoll, wie essenziell Geben und Nehmen für den Erhalt des Lebens sind.

Ebenso gedeihen menschliche Beziehungen – ob persönlich, beruflich oder spirituell – dann am besten, wenn sie auf den Prinzipien der Gegenseitigkeit, des Vertrauens und eines gemeinsamen Zieles basieren. So wie Ökosysteme auf das komplexe Zusammenspiel verschiedener Arten angewiesen sind, um zu florieren, profitieren auch unsere Beziehungen von einem kontinuierlichen Austausch von Unterstützung, Verständnis und Zusammenarbeit. Indem wir gesunde, symbiotische Verbindungen in unserem Leben pflegen, spiegeln wir die Ordnung der Natur wider und verdeutlichen, dass Kooperation und gegenseitiger Nutzen wesentliche Voraussetzungen für Wachstum und Erfüllung sind. Wenn wir diese Prinzipien verinnerlichen, können wir lebendige Gemeinschaften schaffen, die das harmonische Gleichgewicht der Natur widerspiegeln.

1.4.1 Mutualismus: Ein Modell für Win-win-Beziehungen

Mutualismus ist eine faszinierende und weit verbreitete Form der Symbiose, die durch Interaktionen zwischen zwei Arten gekennzeichnet ist, von denen beide profitieren. In diesen wechselseitig vorteilhaften Beziehungen übernimmt jedes Organismus eine entscheidende Rolle, indem es etwas Wertvolles beisteuert, das die Partnerschaft stärkt. Diese Verbindung schafft ein Umfeld, in dem Überleben, Wachstum und Fortpflanzung nicht nur erleichtert, sondern häufig gefördert werden, da beide Arten gemeinsam ihr Ökosystem erfolgreich meistern. Ob durch den Austausch von Nährstoffen, Schutz vor Fressfeinden oder Unterstützung bei der Nahrungssuche – der Mutualismus verdeutlicht die komplexe gegenseitige Abhängigkeit, die in der Natur vorherrscht.

1. Mykorrhiza-Netzwerke: Bäume und Pilze in Harmonie

Eines der komplexesten Beispiele für Mutualismus in der Natur zeigt sich in der Beziehung zwischen Bäumen und Mykorrhiza-Pilzen. Diese außergewöhnlichen Pilze bilden weitreichende unterirdische Netzwerke, die sich mit den Wurzeln der Bäume verflechten und eine symbiotische Partnerschaft schaffen, die deren Überleben und Wachstum fördert. Über diese Verbindungen erleichtern Mykorrhiza-Pilze den Austausch essenzieller Nährstoffe und Wasser. Sie vergrößern die Oberfläche des Wurzelsystems erheblich, sodass die Bäume lebenswichtige Mineralstoffe wie Phosphor und Stickstoff effizienter aus dem Boden aufnehmen können. Im Gegenzug nutzen die Bäume ihre Fähigkeit zur Photosynthese, um Kohlenhydrate zu produzieren, die den Pilzen als Nahrungsquelle dienen.

Die mutualistische Beziehung zwischen Bäumen und Pilzen verbessert nicht nur die Gesundheit einzelner Bäume, sondern stärkt auch das gesamte Ökosystem. Diese Zusammenarbeit verbessert die Bodenstruktur und -fruchtbarkeit und fördert gleichzeitig die Biodiversität. Gemeinsam veranschaulichen sie die faszinierende Schönheit und Komplexität ökologischer Wechselbeziehungen.

✅ Dynamik des Mutualismus:

- **Nährstoffaustausch:** Pilze erweitern das Wurzelsystem der Bäume und verbessern so die Aufnahme von Nährstoffen.

- **Kommunikationsnetzwerk:** Bäume kommunizieren über Pilznetzwerke, um vor Gefahren zu warnen und Ressourcen zu teilen.

- **Widerstandsfähigkeit und Wachstum:** Beide Organismen profitieren von erhöhter Resilienz und Stabilität.

Führungslektion:

In organisatorischen Kontexten spielen Führungskräfte, die aktiv ein Ökosystem des Wissensaustauschs und der gemeinsamen Ressourcennutzung fördern, eine entscheidende Rolle bei der Schaffung von Umgebungen, in denen Einzelne und Teams gedeihen können. Ähnlich wie in der symbiotischen Beziehung zwischen Bäumen und Pilzen – bei der jede Partei das Wachstum und die Resilienz der anderen stärkt – setzen effektive Führungskräfte auf Zusammenarbeit und Innovation, indem sie eine Kultur gegenseitiger Investition und gemeinsamen Erfolgs etablieren.

Diese Führungskräfte erkennen, dass der offene Austausch von Fachwissen und Ressourcen unter Teammitgliedern sowohl die kollektive Problemlösung als auch die zwischenmenschlichen Beziehungen stärkt. Indem sie Plattformen für offene Kommunikation schaffen und bereichsübergreifende Zusammenarbeit fördern, bauen sie Silos ab und ermöglichen vielfältige Perspektiven.

Dieser Ansatz steigert nicht nur die individuelle Leistungsfähigkeit, sondern fördert auch Innovation, da Teams ihre einzigartigen Stärken nutzen, um kreative Lösungen für Herausforderungen zu entwickeln. Durch den Aufbau eines unterstützenden und kooperativen Umfelds befähigen Führungskräfte ihre Organisationen, sich flexibel an Veränderungen anzupassen und nachhaltig zu wachsen. Letztlich stellen sie sicher, dass jedes Mitglied zum gemeinsamen Erfolg beiträgt – und gleichermaßen davon profitiert.

2. Bestäubung: Bienen und Blumen – Ein Tanz der Gegenseitigkeit

Die Beziehung zwischen Bienen und Blütenpflanzen ist eines der bedeutendsten Beispiele für eine mutualistische Partnerschaft in der Natur. Bienen werden hauptsächlich vom Nektar der Blüten angezogen – einer zuckerhaltigen Lösung, die ihnen als wichtige Energiequelle dient. Auf ihrer Nahrungssuche sammeln die Bienen zudem Pollen, die reich an Proteinen und essenziellen Nährstoffen sind und für ihr Wachstum sowie die Entwicklung ihrer Nachkommen unerlässlich sind.

Während Bienen von Blüte zu Blüte fliegen, um Nektar zu sammeln, übernehmen sie unbeabsichtigt eine entscheidende Rolle im Fortpflanzungsprozess der Pflanzen. Klebrige Pollenkörner haften an den Körpern der Bienen und werden auf die Narben anderer Blüten übertragen, was die Kreuzbestäubung ermöglicht. Dieser Vorgang unterstützt nicht nur die Befruchtung der Pflanzen, sondern fördert auch die genetische Vielfalt innerhalb der Pflanzenpopulationen – ein wesentlicher Faktor für deren Anpassungsfähigkeit und Widerstandskraft.

Die Interaktion zwischen Bienen und Blütenpflanzen veranschaulicht ein bemerkenswertes Gleichgewicht gegenseitiger Vorteile: Die Pflanzen steigern ihren Fortpflanzungserfolg, während die Bienen wertvolle Nahrungsressourcen erhalten. Dieser komplexe Tanz der Gegenseitigkeit sichert das Überleben beider Arten und unterstreicht die Bedeutung solcher Beziehungen innerhalb von Ökosystemen. Das Verständnis dieser symbiotischen Verbindung macht die zentrale Rolle von Bestäubern für den Erhalt der biologischen Vielfalt und die Nahrungsmittelproduktion deutlich – und betont zugleich die Notwendigkeit von Schutzmaßnahmen, um diese unentbehrlichen Lebewesen zu bewahren.

✅ Dynamiken des Mutualismus:

- **Bestäubung und Fortpflanzung:** Bienen ermöglichen die Befruchtung von Pflanzen, während sie Nektar sammeln.

- **Nachhaltiges Ökosystem:** Die Bestäubung fördert die Biodiversität und trägt zur ökologischen Stabilität bei.

- **Wechselseitiger Nutzen:** Beide Arten sind für ihr Überleben aufeinander angewiesen.

Führungslektion:

So wie Bienen und Blumen durch eine wechselseitig vorteilhafte Beziehung gedeihen, fördern effektive Führungskräfte ihre Teams, indem sie ein Umfeld schaffen, in dem die Beiträge jedes Einzelnen anerkannt und wertgeschätzt werden. Solche Führungspersönlichkeiten verstehen, dass die Wertschätzung individueller Beiträge ein Gefühl der Zugehörigkeit und Sinnhaftigkeit erzeugt. Diese Kultur der Gegenseitigkeit stärkt nicht nur die zwischenmenschlichen Beziehungen, sondern fördert auch Loyalität, inspiriert zu innovativem Denken und schafft Vertrauen im Team. Wenn sich Mitarbeitende mit ihren Leistungen gesehen und geschätzt fühlen, engagieren sie sich aktiver, arbeiten offener zusammen und bringen sich kreativer in die gemeinsamen Ziele ein – was letztlich zu einem stärkeren Zusammenhalt und einer höheren Leistungsfähigkeit des Teams führt.

3. Putzerfische und größere Fische: Vertrauen und Dienstleistung

In Korallenriff-Ökosystemen spielt die symbiotische Beziehung zwischen Putzerfischen, Putzergarnelen und größeren Fischen eine entscheidende Rolle für die Gesundheit des marinen Lebens. Putzerfische wie der Putzerlippfisch sowie verschiedene Arten von Putzergarnelen erbringen eine essenzielle Dienstleistung, indem sie Parasiten, abgestorbenes Gewebe und andere Rückstände von der Haut und aus den Kiemen größerer Fische entfernen. Dieser Prozess versorgt die Putzerarten nicht nur mit lebenswichtiger Nahrung, sondern verbessert auch deutlich das Wohlbefinden ihrer größeren Partner.

Größere Fische wie Zackenbarsche und Papageienfische profitieren erheblich von dieser Interaktion, da sie ihre Anfälligkeit für Krankheiten und Infektionen, die durch Parasitenbefall entstehen können, verringert. Indem sie gezielt nach diesen Putzorganismen suchen, zeigen die größeren Fische ein bemerkenswertes Maß an Vertrauen – sie setzen sich bewusst möglichen Gefahren aus, ohne gegenüber ihren winzigen Helfern aggressiv zu reagieren. Diese Beziehung ist ein eindrucksvolles Beispiel für Mutualismus, bei dem beide Seiten profitieren: Die Putzer erhalten Nahrung, während die größeren Fische von verbesserter Gesundheit und Vitalität profitieren.

Die Komplexität dieser Beziehung erstreckt sich auch auf Verhaltenssignale: Größere Fische nutzen häufig spezifische Gesten oder Bewegungen, um Putzorganismen anzulocken – ein Beweis für die Feinabstimmung ihrer Interaktion. Dieses fein abgestimmte Zusammenspiel unterstreicht die zentrale Bedeutung von Vertrauen in ihrem Austausch. Zudem verdeutlicht es das empfindliche Gleichgewicht im Korallenriff-Ökosystem, in dem jede Art zur Vielfalt und zum Gedeihen der Unterwasserwelt beiträgt.

✅ **Dynamiken des Mutualismus:**

- **Risiko und Vertrauen:** Größere Fische vertrauen darauf, dass die Putzerfische ihre Verletzlichkeit nicht ausnutzen.

- **Gesundheit und Ernährung:** Putzerfische erhalten Nahrung, während sie das Wohlbefinden ihrer Partner verbessern.

- **Nachhaltige Beziehung:** Die Partnerschaft trägt zu langfristiger ökologischer Stabilität bei.

Führungslektion:

Vertrauen und Dienstbereitschaft sind grundlegende Säulen wirksamer Führung und starker Beziehungen. Führungskräfte, die bewusst ein Umfeld schaffen, in dem Vertrauen gefördert und der Dienst am Anderen wertgeschätzt wird, bauen Kulturen auf, die von Loyalität, Engagement und kontinuierlichem Wachstum geprägt sind. Durch offene Kommunikation, Transparenz und Verantwortlichkeit ermöglichen sie ihren Teams, sich sicher und geschätzt zu fühlen – was wiederum dazu führt, dass sich Mitarbeitende mit voller Leidenschaft einbringen.

So wie Putzerfische wesentlich zur Gesundheit größerer Fische beitragen, indem sie Parasiten entfernen und eine Form von Pflegebeziehung bieten, übernehmen auch Führungskräfte die Verantwortung für das Wohlergehen ihrer Teams. Sie hören aktiv zu, bieten Orientierung und Unterstützung und stärken Einzelpersonen darin, ihre Fähigkeiten zu entfalten und persönliche wie berufliche Ziele zu erreichen. Dieser fürsorgliche Führungsstil fördert nicht nur Zusammenarbeit und Innovationskraft, sondern schafft auch ein tiefes Gefühl der Zugehörigkeit. Das Ergebnis ist eine resiliente, florierende Gemeinschaft. Kurz gesagt: Die bewusste Verpflichtung zu Vertrauen und Dienst am Team verwandelt Organisationen in Orte, an denen jedes Mitglied aufblühen und sein volles Potenzial entfalten kann.

1.4.2 Kommensalismus: Einer profitiert, ohne dem anderen zu schaden

Kommensalismus ist eine Form symbiotischer Beziehung, bei der ein Organismus aus der Interaktion profitiert – etwa durch Nahrung oder Schutz –, während der andere weder einen Nutzen noch einen Schaden davonträgt. Dieser einseitige Vorteil zeigt, wie enge räumliche Nähe und Assoziationen zwischen Arten neue Chancen für Wachstum, Überleben und Weiterentwicklung schaffen können. Ein anschauliches Beispiel dafür sind epiphytische Pflanzen wie Orchideen, die auf Bäumen wachsen, um besser an Sonnenlicht zu gelangen – ohne dem Baum selbst zu schaden. Solche Beziehungen verdeutlichen, wie bestimmte Arten in unterschiedlichsten Lebensräumen gedeihen können, indem sie sich nicht-intrusiv an andere Lebewesen anpassen. Kommensalismus spielt eine wichtige Rolle in Ökosystemen, da er die komplexen Netzwerke des Lebens unterstreicht und zeigt, wie vielfältige Wechselwirkungen zum ökologischen Gleichgewicht beitragen.

1. Seepocken und Wale: Mitreisen zum Überleben

Seepocken sind faszinierende kleine Krebstiere und bieten ein anschauliches Beispiel für Kommensalismus – eine Form der Symbiose, bei der ein Organismus profitiert, während der Wirt weitgehend unbeeinträchtigt bleibt. Diese Tiere haften sich geschickt an die Haut großer Meeressäuger, insbesondere an Wale, und bilden so eine Verbindung, die für die Seepocken vorteilhaft ist, den Walen jedoch kaum schadet. Durch das Anhaften an ihren massiven Wirten verschaffen sich Seepocken einen strategischen Vorteil bei der Nahrungssuche. Während die Wale durch weite Ozeane schwimmen, wirbeln sie nährstoffreiche Strömungen auf, die voller Plankton und anderer mikroskopischer Organismen sind. In dieser günstigen Position können die Seepocken effizient filtrieren und sich von diesen reichhaltigen Nahrungsquellen ernähren. Das steigert ihre Überlebens- und Wachstumschancen erheblich – insbesondere in einem ansonsten hart umkämpften marinen Lebensraum.

Die Beziehung kommt in erster Linie den Seepocken zugute: Ihre Anhaftung an den Walen verschafft ihnen Zugang zu einer Fülle von Nährstoffen, die in isolierten oder weniger aktiven Lebensräumen nur schwer zu erreichen wären. Die Wale hingegen, obwohl sie das zusätzliche Gewicht der Seepocken mit sich tragen, erleiden kaum bis keine nachteiligen Auswirkungen auf ihre Gesundheit oder Mobilität. Ihre allgemeine Fitness sowie ihre Fähigkeit, sich durch offene Gewässer zu bewegen, bleiben trotz der Anwesenheit dieser Krebstiere weitgehend unbeeinträchtigt. Diese Form der Beziehung ist ein eindrucksvolles Beispiel dafür, wie bestimmte Arten innerhalb einzigartiger ökologischer Nischen gedeihen können, indem sie die Anwesenheit größerer Organismen wie Wale nutzen, ohne ihnen zu schaden. So veranschaulichen Seepocken die Komplexität mariner Ökosysteme, in denen ein Zusammenleben möglich ist, das einer Art Vorteile bringt, während die andere davon unberührt bleibt.

✅ Dynamiken des Kommensalismus:

- **Erhöhte Überlebenschancen:** Seepocken erhalten Zugang zu wertvollen Nahrungsquellen.
- **Minimale Auswirkung:** Wale erfahren keine nennenswerten Beeinträchtigungen.
- **Koexistenz:** Die Beziehung ermöglicht beiden Organismen das Fortbestehen in ihren jeweiligen ökologischen Nischen.

Führungslektion:

In der Führungspraxis zeigen sich kommensale Beziehungen häufig in Form von Mentoring- und Sponsoringmodellen. Diese Verbindungen ermöglichen es aufstrebenden Führungskräften, durch den engen Austausch mit erfahrenen Fachleuten wertvolle Einblicke, praktische Erfahrungen und umfassendes Wissen zu gewinnen. Auch wenn die Mentoren nicht unmittelbar von diesen Beziehungen profitieren, ist ihr Einfluss dennoch bedeutend und langfristig: Sie spielen eine entscheidende Rolle bei der Entwicklung der nächsten Führungsgeneration. Durch das Weitergeben von Erkenntnissen, Erfahrungen und Netzwerken schaffen Mentoren ein Umfeld, das Wachstum und Innovation fördert – was letztlich dem Erfolg der gesamten Organisation oder Branche zugutekommt. Dieser selbstlose Beitrag zur Förderung anderer stärkt nicht nur das Potenzial der Mentees, sondern etabliert auch eine Kultur der Unterstützung und Zusammenarbeit. So entsteht ein nachhaltiger Kreislauf aus Führungskräfteentwicklung und positivem Einfluss.

2. Epiphytische Pflanzen und Wirtsbäume: Leben mit minimalem Einfluss

Epiphyten, eine faszinierende Pflanzengruppe, zu der vielfältige Arten wie Orchideen und Bromelien gehören, haben sich so entwickelt, dass sie auf den Ästen größerer Bäume in tropischen und subtropischen Lebensräumen gedeihen können. Im Gegensatz zu parasitischen Pflanzen, die ihre Nährstoffe vom Wirt beziehen, haben Epiphyten bemerkenswerte Anpassungen entwickelt, mit denen sie Feuchtigkeit und essentielle Nährstoffe direkt aus der Luft und dem Regenwasser aufnehmen können. Zu diesen Anpassungen gehören spezialisierte Strukturen wie Trichome und Wurzeln, die Wasser und Nährstoffe besonders effizient aus der Umgebung aufnehmen. Die Fähigkeit, hoch oben im Blätterdach zu leben, verschafft den Epiphyten einen entscheidenden Vorteil: Sie erhalten mehr Sonnenlicht, das für die Photosynthese notwendig ist, und profitieren von einer höheren Luftfeuchtigkeit, die Pflanzen in bodennäheren

Schichten aufgrund von Konkurrenz oder Beschattung oft nicht zur Verfügung steht.

Darüber hinaus tragen Epiphyten zur Gesundheit ihrer Ökosysteme bei, indem sie die Biodiversität fördern. Sie bieten Lebensraum für verschiedene kleine Organismen wie Insekten und Vögel, die auf sie als Schutz- und Nahrungsquelle angewiesen sind. Diese symbiotische Beziehung ermöglicht es den Epiphyten, zu gedeihen, ohne die Gesundheit des Wirtsbaums negativ zu beeinflussen, da sie keine Ressourcen vom Baum entziehen. Stattdessen existieren Epiphyten und Wirtsbäume in einem empfindlichen Gleichgewicht nebeneinander und erhöhen so die Komplexität und Widerstandsfähigkeit ihres gemeinsamen Lebensraums. Diese komplexe Partnerschaft veranschaulicht die faszinierenden Wechselwirkungen innerhalb von Ökosystemen und unterstreicht die Bedeutung des Erhalts solcher einzigartigen Beziehungen.

✅ Dynamiken des Kommensalismus:

- **Strategische Positionierung:** Epiphyten verschaffen sich Zugang zu Sonnenlicht und Nährstoffen.
- **Minimale Auswirkung:** Die Wirtsbäume bleiben von der Anwesenheit der Epiphyten unbeeinträchtigt.
- **Ökologisches Gleichgewicht:** Kommensale Beziehungen fördern die Biodiversität.

Führungslektion:

Epiphyten dienen als eindrucksvolle Metapher für die Bedeutung von Positionierung und der effektiven Nutzung bestehender Strukturen, um in verschiedenen beruflichen

Kontexten erfolgreich zu sein. So wie Epiphyten gedeihen, indem sie sich an Wirtspflanzen anheften, ohne ihnen Nährstoffe zu entziehen, können auch Menschen durch das Suchen nach unterstützenden Umfeldern und das Pflegen sinnvoller Mentoren Beziehungen ihr Wissen, ihre Erfahrungen und ihre Chancen erweitern. Diese symbiotische Beziehung fördert das berufliche Wachstum, ohne dass der eigene Fortschritt auf Kosten anderer erfolgt. Durch die Förderung von Zusammenarbeit und die Nutzung vorhandener Ressourcen können diese Personen ihren Karriereweg effizienter gestalten und gleichzeitig zu einer florierenden Gemeinschaft beitragen, von der alle profitieren.

1.4.3 Parasitismus: Einer profitiert auf Kosten des anderen

Parasitismus steht in starkem Kontrast zur Symbiose und beschreibt eine komplexe ökologische Wechselwirkung, bei der ein Organismus – der Parasit – erhebliche Vorteile auf Kosten eines anderen Organismus – des Wirts – erlangt. Dieses Phänomen tritt in verschiedensten Ökosystemen auf, von Wäldern bis hin zu Ozeanen, und spiegelt in bemerkenswerter Weise auch bestimmte zwischenmenschliche Verhaltensmuster wider. In ökologischen Zusammenhängen haften sich parasitäre Lebensformen wie Zecken, Bandwürmer oder bestimmte Pilzarten an ihre Wirte, um Nährstoffe und andere Ressourcen zu entziehen. Diese Entnahme verursacht beim Wirt häufig physische Schäden, beeinträchtigt die Gesundheit und verringert dessen Vitalität. Dies kann sich in Form von Wachstumshemmung, verminderter Fortpflanzungsfähigkeit oder einer erhöhten Anfälligkeit für Krankheiten äußern. So entzieht beispielsweise eine Zecke, die sich vom Blut eines Säugetiers ernährt, ihrem Wirt nicht nur lebenswichtige Nährstoffe, sondern kann auch Krankheiten wie Borreliose übertragen – und verstärkt dadurch die schädlichen Auswirkungen dieser parasitären Beziehung.

Die Folgen des Parasitismus gehen über den unmittelbaren Schaden für den Wirt hinaus. In einem größeren ökologischen Zusammenhang können Parasiten die Energiereserven des Wirts erheblich erschöpfen und dadurch Ungleichgewichte im Ökosystem verursachen. Bleibt die parasitäre Beziehung über längere Zeit unbehandelt, kann dies zum Verfall oder gar Aussterben des Wirts führen – mit weitreichenden Konsequenzen für andere Arten und die allgemeine Stabilität des Ökosystems. Ein Rückgang der Wirtspopulation infolge schwerer parasitärer Befälle kann beispielsweise Nahrungsnetze unterbrechen und das Gleichgewicht ganzer Lebensräume nachhaltig verändern.

Das Verständnis von Parasitismus erweitert nicht nur unser Wissen über biologische Wechselwirkungen, sondern regt auch zu einer tieferen Reflexion über menschliche Beziehungen an. So wie Parasiten ihre Wirte zum eigenen Überleben ausnutzen, können sich auch in sozialen Situationen ähnliche Muster zeigen – etwa wenn eine Person eine andere manipuliert oder ausbeutet, um persönliche Vorteile zu erlangen. Solche Ausbeutung kann schwerwiegende gesellschaftliche Folgen nach sich ziehen, darunter Ungleichheit, Konflikte und den Verlust von Vertrauen. Dies unterstreicht, wie wichtig es ist, solche Dynamiken frühzeitig zu erkennen und ihnen entgegenzuwirken – sowohl im persönlichen Umfeld als auch auf gemeinschaftlicher Ebene. In diesem Sinne ist die Auseinandersetzung mit dem Parasitismus eine eindringliche Erinnerung an das fragile Gleichgewicht – sowohl in natürlichen Ökosystemen als auch in zwischenmenschlichen Beziehungen.

1. Bandwürmer und ihre Wirte: Der Verbrauch lebenswichtiger Ressourcen

Eines der bekanntesten Beispiele für Parasitismus in der Natur ist die Beziehung zwischen Bandwürmern und ihren Wirten. Bandwürmer sind flache, segmentierte Parasiten, die typischerweise im Darm verschiedener Tiere – einschließlich des Menschen – leben. Sie verfügen über spezialisierte Strukturen, mit denen sie sich fest an der Innenwand des Verdauungstrakts, meist im Dünndarm, verankern können.

Sobald sie sich verankert haben, nehmen Bandwürmer Nährstoffe direkt aus der bereits verdauten Nahrung ihres Wirts auf und umgehen damit die Notwendigkeit eines eigenen Verdauungssystems. Sie können dabei beachtliche Längen erreichen und manchmal mehrere Meter lang werden. Diese parasitäre Beziehung wirkt sich nachteilig auf den Wirt aus, da Bandwürmer essenzielle Nährstoffe wie Vitamine und Mineralien in erheblichem Maße entziehen, was zu Mangelernährung führen kann.

Mit der Zeit kann der Wirt Symptome wie Müdigkeit, Gewichtsverlust, Bauchschmerzen und – bei unbehandeltem Verlauf – möglicherweise schwerwiegende gesundheitliche Komplikationen entwickeln. In bestimmten Fällen können starke Bandwurmbefälle sogar zu Darmverschlüssen oder Infektionen führen. Die Auswirkungen von Bandwürmern verdeutlichen die komplexe und häufig schädliche Natur parasitärer Beziehungen und unterstreichen die Bedeutung, diese Organismen zu erkennen und zu kontrollieren, um die Gesundheit des Wirts zu schützen.

✅ **Dynamik des Parasitismus:**

- **Ressourcenentzug:** Parasiten entziehen dem Wirt Energie und Nährstoffe, wodurch dieser geschwächt und anfälliger für Krankheiten wird.

- **Geschwächter Wirt:** Oft erkennt der Wirt das Vorhandensein des Parasiten erst, wenn die Symptome bereits stark ausgeprägt sind – was eine Behandlung erschwert.

- **Schleichender Zusammenbruch:** Langanhaltende parasitäre Befälle können zu Mangelernährung, Blutarmut, Organschäden und unbehandelt sogar zum Tod führen.

Führungslektion:

In der Führung können sich parasitäre Beziehungen innerhalb von Organisationen entwickeln, wenn Einzelpersonen oder Abteilungen ihre eigenen Interessen über das Wohl und die Beiträge ihrer Kolleginnen und Kollegen stellen. Ebenso können Führungskräfte oder Organisationen Mitarbeitende ausbeuten, indem sie deren Energie, Kreativität und Produktivität ausschöpfen, ohne angemessene Unterstützung oder Anerkennung zu bieten. Darüber hinaus zeigen Führungskräfte, die mikromanagen, sich mit den Erfolgen des Teams schmücken oder Mitarbeitende zu ihrem eigenen Vorteil manipulieren, ein Verhalten, das einem Bandwurm gleicht – sie untergraben nach und nach die Moral, das Vertrauen und die Vitalität der gesamten Organisation.

Dieses eigennützige Verhalten kann ein toxisches Arbeitsumfeld schaffen, in dem die Zusammenarbeit abnimmt und das Risiko von Burnout bei Teammitgliedern steigt, die sich überarbeitet und nicht wertgeschätzt fühlen. In der Folge sinken die Effizienz und die Motivation, was die Fähigkeit der Organisation beeinträchtigt, ihre Ziele zu erreichen. Solche parasitären Strukturen wirken sich nicht nur negativ auf die individuelle Leistung aus, sondern führen auch zu einer höheren Fluktuation und zu einem Vertrauensverlust innerhalb der Teams – mit langfristigen Schäden für die Unternehmenskultur und Produktivität. Um diesen Herausforderungen zu begegnen, ist es entscheidend, eine Kultur der gegenseitigen Unterstützung zu fördern, in der kollektive Erfolge anerkannt und individuelle Beiträge wertgeschätzt werden.

2. Kuhstärlinge und Wirtsvögel: Manipulation zum Überleben

Ein eindrucksvolles Beispiel für Parasitismus im Tierreich zeigt sich beim Kuhstärling, insbesondere durch sein charakteristisches Verhalten des Brutparasitismus. Anders als die meisten Vogelarten, die sorgfältig eigene Nester bauen und ihren Nachwuchs selbst aufziehen, verfolgt der Kuhstärling eine andere Strategie: Er legt seine Eier in die Nester anderer Vogelarten. Durch diesen raffinierten Schachzug übernimmt der Wirtsvogel unwissentlich die Aufgabe, die Eier des Kuhstärlings auszubrüten.

Die Wirtsvögel, die den Betrug meist nicht erkennen, investieren Zeit und Energie in die Aufzucht der fremden Eier – oft zum Nachteil ihres eigenen Nachwuchses. Wenn die Kuhstärlingsküken schlüpfen, zeigen sie häufig ein dominantes Verhalten, das ihnen hilft, Ressourcen zu kontrollieren. Sie wachsen schnell und verdrängen die biologischen Küken des Wirts im Wettbewerb um Nahrung. Dies führt oft zu tragischen Folgen: Die eigenen Küken der Wirtsvögel leiden unter Mangelernährung oder sterben sogar, weil die elterliche Fürsorge fast ausschließlich dem fremden Nachwuchs gilt. Diese parasitäre Beziehung verdeutlicht die Komplexität und mitunter grausame Realität des Überlebenskampfes in der Natur – und wie weit manche Arten gehen, um ihren Fortpflanzungserfolg zu sichern.

✓ Parasitäre Dynamiken:

- **Ausbeutung der Ressourcen des Wirts:** Wirtsvögel investieren unwissentlich Zeit und Energie in die Aufzucht des parasitären Kükens.
- **Manipulation und Täuschung:** Die Eier des Kuhstärlings ähneln denen des Wirts, wodurch eine Ablehnung verhindert und die Bebrütung sichergestellt wird.
- **Verdrängung des Wirtsnachwuchses:** Kuhstärlingsküken fordern überdurchschnittlich viel Nahrung, wodurch die eigenen Küken des Wirts geschwächt oder gar verdrängt werden.

Parasitäre Beziehungen im menschlichen Kontext:

In zwischenmenschlichen Beziehungen zeigt sich parasitäres Verhalten häufig darin, dass eine Person geschickt die Emotionen, Bemühungen oder das Wohlwollen einer anderen ausnutzt, ohne selbst einen echten Beitrag zur Beziehung zu leisten. Solche Beziehungen kennzeichnen sich dadurch, dass eine Partei fortwährend vom Entgegenkommen der anderen profitiert – etwa durch Ausnutzung von Zeit, Energie oder finanzieller Unterstützung – ohne selbst nennenswerte Gegenleistungen zu erbringen. Dieses Verhalten erinnert stark an das Prinzip des Brutparasitismus, bei dem eine Partei auf Kosten der anderen gedeiht und damit die komplexe Dynamik von Abhängigkeit und Ausbeutung verdeutlicht.

Dieses Ungleichgewicht kann bei der ausgebeuteten Person zu emotionaler Erschöpfung führen, da sie sich zunehmend entwertet und manipuliert fühlt. Der parasitäre Part hingegen bleibt sich der verursachten Schäden oft nicht bewusst und setzt die schädlichen Dynamiken ungehindert fort. Das Erkennen solcher Muster ist entscheidend, um gesündere, wechselseitig bereichernde Beziehungen zu fördern, in denen beide Seiten aktiv zum Wohlbefinden des jeweils anderen beitragen und sich gegenseitig unterstützen.

Fallstudie: Emotionaler Parasitismus in Beziehungen

Stellen Sie sich eine Beziehung vor, in der ein Partner fortlaufend emotionale Unterstützung, finanzielle Hilfe und Bestätigung sucht. Dies kann ein deutliches Ungleichgewicht erzeugen. Der betreffende Partner wendet sich in schwierigen Zeiten regelmäßig an den anderen, bittet um Geld für persönliche Bedürfnisse oder Projekte und erwartet Anerkennung für seine Erfolge und Gefühle. Doch diese Form der Abhängigkeit wird nur selten mit einem vergleichbaren Maß an Fürsorge, Empathie oder Einsatz erwidert. Der gebende Partner fühlt sich langfristig emotional ausgelaugt und möglicherweise ausgenutzt, während der nehmende Partner oftmals wenig Einsicht zeigt – ein klassisches Beispiel für eine parasitäre Beziehung auf emotionaler Ebene.

Mit der Zeit beginnt der Partner, der kontinuierlich gibt, die Belastung dieser unausgeglichenen Beziehung zu spüren. Seine emotionalen Reserven erschöpfen sich, da er ständig Unterstützung leistet, ohne im Gegenzug selbst welche zu erhalten. Zudem kann die ständige finanzielle Beanspruchung zu einer spürbaren Belastung führen, die Stress verursacht und die eigene wirtschaftliche Stabilität gefährdet.

Dieser fortwährende Kreislauf einseitiger Unterstützung kann zu einem Gefühl der Erschöpfung führen, bei dem sich der gebende Partner nicht wertgeschätzt und als selbstverständlich angesehen fühlt. Mit wachsendem Groll vertieft sich die emotionale Distanz zwischen den Partnern, wodurch ein Riss entsteht, der das Fundament der Beziehung schwächen kann. Letztlich kann dieses Ungleichgewicht tiefgreifende Folgen haben – von anhaltender Unzufriedenheit bis hin zur Infragestellung der langfristigen Tragfähigkeit der Partnerschaft.

✅ Dynamiken parasitärer Beziehungen:

- **Emotionale Manipulation:** Ein Partner nutzt gezielt das Einfühlungsvermögen und die Bindungsbereitschaft des anderen aus.

- **Ressourcenentzug:** Der gebende Partner leidet unter Erschöpfung, Stress und emotionaler Auszehrung.

- **Beziehungszusammenbruch:** Anhaltender Parasitismus führt zum Vertrauensverlust und zur Erosion der emotionalen Verbundenheit.

1.4.4 Die Konsequenzen des Parasitismus: Der Preis des Ungleichgewichts

Parasitische Beziehungen, sowohl in der Natur als auch im menschlichen Miteinander beobachtet, können tiefgreifende und weitreichende Folgen haben, die über die unmittelbare Ausnutzung von Ressourcen hinausgehen. In der Natur schwächen Parasiten ihre Wirte im Laufe der Zeit, was deren allgemeine Gesundheit und Überlebensfähigkeit beeinträchtigt.

Dies verringert nicht nur die Überlebenschancen des Wirts, sondern stört auch das größere Ökosystem, da gesundheitlich angeschlagene Wirtsorganismen eine geringere Fortpflanzungsrate und eine reduzierte Widerstandskraft gegenüber Umweltbelastungen aufweisen.

In zwischenmenschlichen Beziehungen kann Parasitismus in verschiedenen Formen auftreten, etwa in toxischen Partnerschaften oder ausbeuterischen sozialen Interaktionen. Mit der Zeit entziehen Personen, die parasitäres Verhalten an den Tag legen, ihren Mitmenschen emotionale, finanzielle oder soziale Ressourcen. Dies führt häufig zu Groll, Erschöpfung und einem Vertrauensverlust. Die langfristigen Folgen für das „Wirtssystem" – sei es eine einzelne Person oder eine Gemeinschaft – können ein vermindertes Selbstbestimmungsgefühl, eine erhöhte Anfälligkeit für weitere Ausbeutung sowie eine Erosion sozialer Bindungen umfassen. Sowohl in der Natur als auch in der menschlichen Gesellschaft gehen die Auswirkungen parasitärer Beziehungen somit weit über kurzfristige Konsequenzen hinaus – sie bedrohen letztlich die Stabilität und Gesundheit ganzer Systeme.

- **Emotionale Erschöpfung:** Anhaltender emotionaler Parasitismus zehrt am mentalen und seelischen Wohlbefinden des Betroffenen.

- **Verlust von Vertrauen und Sicherheit:** Parasitische Beziehungen untergraben das Vertrauen und erschweren es dem „Wirt", wieder echte, tragfähige Bindungen aufzubauen.

- **Zusammenbruch und Auflösung:** Wenn Parasitismus unbehandelt bleibt, führt er letztlich zum Zerfall von Beziehungen, Organisationen oder ganzen Ökosystemen.

Schlussfolgerung: Parasitische Beziehungen erkennen und auflösen

Das Erkennen und Beenden parasitischer Beziehungen ist entscheidend, um lebendige und nachhaltige Verbindungen zu fördern – sei es im privaten, organisatorischen oder gemeinschaftlichen Kontext. Führungskräfte, Familien und Mitglieder einer Gemeinschaft müssen aktiv ein Bewusstsein dafür entwickeln, um Muster von Ausbeutung und Manipulation zu identifizieren, die Ressourcen erschöpfen und Stabilität gefährden können. Solches parasitäres Verhalten zeigt sich oft in einem Mangel an Gegenseitigkeit, bei dem eine Partei fortwährend profitiert, während die andere auf deren Kosten lebt.

Um diesen schädlichen Verhaltensmustern entgegenzuwirken, ist es entscheidend, Beziehungen zu fördern, die auf Vertrauen, Verantwortungsbewusstsein und gegenseitigem Nutzen basieren. Dies erfordert die Förderung offener Kommunikation, das Festlegen klarer Erwartungen und die Entwicklung einer respektvollen Kultur, in der sich alle Beteiligten wertgeschätzt und gehört fühlen. Durch die Schaffung eines solchen Umfelds entsteht ein Fundament, das Ökosysteme begünstigt, in denen Zusammenarbeit und gegenseitige Unterstützung wachsen – was letztlich zu größerem Wachstum und mehr Stabilität für alle Beteiligten führt. Letztendlich ermöglichen wechselseitige Beziehungen es Einzelpersonen und Gruppen, ihr Potenzial voll zu entfalten, wobei Ressourcen klug und effizient zum Wohle aller eingesetzt werden.

Wenn wir zu Abschnitt 1.5 Symbiose im Universum übergehen, werden wir untersuchen, wie kosmische Wechselwirkungen dieselben Prinzipien widerspiegeln. Sie bieten tiefere Einblicke in das universelle Prinzip von

Verbundenheit und Gleichgewicht, das dem Aufbau und der Dynamik des Universums zugrunde liegt. ☄✦

1.5 Symbiose im Universum

Symbiose ist ein Konzept, das zwar häufig in der natürlichen Welt beobachtet wird, dessen Prinzipien sich jedoch weit über irdische Ökosysteme hinaus erstrecken. Das Universum funktioniert nach grundlegenden Ideen wie Gleichgewicht, gegenseitiger Abhängigkeit und Harmonie und bildet ein komplexes Geflecht von Wechselwirkungen, das verschiedenste Formen von Existenz erhält. Ein Beispiel dafür sind die Gravitationskräfte, die Galaxien in komplexe Tänze binden – sie verdeutlichen, wie Himmelskörper voneinander abhängig sind, um über gewaltige kosmische Distanzen hinweg strukturelle Stabilität zu gewährleisten.

Der Lebenszyklus von Sternen ist ein faszinierender Prozess, der ihre Entstehung, den Verbrauch nuklearer Energie und letztlich ihr explosives Ende umfasst. Wenn Sterne in Supernovae explodieren, setzen sie essenzielle Elemente frei, die das interstellare Medium anreichern. Diese Anreicherung schafft die Voraussetzung für die Entstehung neuer Sterne und Planeten – ein eindrucksvolles Beispiel für die bemerkenswerte Vernetzung und Wechselbeziehung kosmischer Ereignisse.

So gewaltig und oft unbegreiflich sie auch erscheinen mögen – diese großen kosmischen Phänomene vermitteln bedeutsame Lektionen, die auch für unser Leben auf der Erde von Relevanz sind. Sie erinnern uns daran, dass Beziehungen durch gegenseitige Abhängigkeit und Unterstützung gedeihen – sei es im privaten Umfeld, in Gemeinschaften oder am Arbeitsplatz. Wenn wir diese Prinzipien verinnerlichen, können wir bedeutungsvollere Verbindungen schaffen, die das harmonische Gleichgewicht widerspiegeln, das wir im Universum beobachten – und so gesündere, widerstandsfähigere Beziehungen fördern.

1.5.1 Die Sonne und die Erde: Lebensspendende Wechselwirkung

Eines der bemerkenswertesten Beispiele kosmischer Symbiose ist die komplexe Beziehung zwischen der Sonne und der Erde. Die Sonne – eine gewaltige, leuchtende Kugel aus Wasserstoff und Helium – stellt die Hauptenergiequelle unseres Planeten dar. Durch einen Prozess namens Kernfusion, der in ihrem Inneren stattfindet, strahlt sie enorme Mengen an Licht und Wärme ab. Diese Energie ist für das Leben auf der Erde unverzichtbar: Sie treibt das Klimasystem an, ermöglicht die Photosynthese in Pflanzen und beeinflusst Wettermuster. Ohne die lebensspendende Energie der Sonne wäre das Erdklima unbewohnbar, und die heute existierenden vielfältigen Ökosysteme könnten nicht bestehen.

Die einzigartige Position der Erde im Sonnensystem spielt eine entscheidende Rolle bei der Aufrechterhaltung des empfindlichen Gleichgewichts, das für das Gedeihen des Lebens notwendig ist. In optimaler Entfernung zur Sonne gelegen, befindet sich die Erde in der sogenannten „habitablen Zone" oder „Goldlöckchen-Zone", in der die Temperaturen weder zu heiß noch zu kalt sind. Diese ideale Lage ermöglicht das Vorhandensein von flüssigem Wasser – eine grundlegende Voraussetzung für das Leben, wie wir es kennen. Darüber hinaus sorgen die Neigung der Erdachse und ihre Rotation für den Wechsel der Jahreszeiten, was zur Vielfalt der Lebensräume und biologischen Rhythmen auf dem Planeten beiträgt. Die wirkenden Gravitationskräfte stabilisieren zudem die Umlaufbahn der Erde und gewährleisten damit gleichbleibende

Umweltbedingungen, die notwendig sind, um verschiedenste Lebensformen zu erhalten.

✓ **Symbiotische Dynamiken:**

- **Energieübertragung:** Die Sonne liefert Strahlungsenergie, die die Photosynthese antreibt, Ökosysteme erhält und das Klima der Erde reguliert.
- **Orbitale Stabilität:** Die gravitative Beziehung zwischen Erde und Sonne sorgt für eine stabile Umlaufbahn und verhindert, dass die Erde in die kalte Leere des Weltraums abdriftet.
- **Klimaregulierung:** Die Atmosphäre der Erde schützt das Leben, indem sie schädliche Sonnenstrahlung filtert und eine bewohnbare Temperatur aufrechterhält.

Bezug zu zwischenmenschlichen Beziehungen:

So wie Sonne und Erde ein empfindliches Gleichgewicht bewahren, das Leben ermöglicht, beruhen auch erfolgreiche menschliche Beziehungen auf einem ausgewogenen Geben und Nehmen. Führungskräfte, die kontinuierlich Zeit, Energie und Ressourcen in ihre Teams investieren, schaffen ein förderliches Umfeld, in dem Einzelne wirklich aufblühen können. Diese Investition geht über reine Aufsicht hinaus – sie umfasst gezielte Anleitung, Mentoring sowie das Teilen wertvoller Ressourcen, die Teammitglieder befähigen, ihr volles Potenzial zu entfalten.

Wenn Führungskräfte sich persönlich engagieren und ihre Teams aktiv unterstützen, fördern sie eine Kultur des Vertrauens und der psychologischen Sicherheit. In einem solchen Umfeld fühlen sich Teammitglieder wertgeschätzt und gehört, was sie dazu motiviert, mit Loyalität, Einsatzbereitschaft und innovativen Ideen zurückzugeben, die das Unternehmen voranbringen. Diese wechselseitige Dynamik schafft einen kraftvollen Kreislauf gegenseitigen Wachstums, von dem sowohl die Einzelnen als auch die Organisation profitieren. Das Ergebnis ist ein stärkeres, widerstandsfähigeres Team, das sich flexibel auf Veränderungen einstellen und in einem dynamischen Umfeld erfolgreich agieren kann.

Fallstudie: Mentoring in der Führung

Die Beziehung zwischen Oprah Winfrey und Maya Angelou veranschaulicht eine tiefe, symbiotische Verbindung – vergleichbar mit der zwischen Sonne und Erde. Maya Angelou, bekannt für ihr literarisches Talent und ihre tiefgründigen Einsichten, war in entscheidenden Phasen von Winfreys Leben und Karriere eine Mentorin für sie. Durch ihre Führung vermittelte Angelou wertvolle Weisheit, Ermutigung und emotionalen Rückhalt, die Winfreys Identität und berufliche Laufbahn nachhaltig prägten. In dieser unterstützenden Beziehung inspirierten Angelous Lehren Winfrey dazu, ihre eigene Stimme als Geschichtenerzählerin und Verfechterin des sozialen Wandels zu finden und zu nutzen.

Oprah Winfreys außergewöhnliche Erfolge und ihr weitreichender Einfluss belebten das Interesse an Maya Angelous literarischem Werk und ihren Lebensphilosophien neu. Über ihre Plattform machte Winfrey Angelous Schriften einem breiten Publikum zugänglich und stellte sicher, dass deren Vermächtnis auch in zukünftigen Generationen weiterlebt. Indem sie Angelous Erkenntnisse durch Interviews, Buchclubs und öffentliche Empfehlungen würdigte, erwies Winfrey ihrer Mentorin nicht nur Respekt, sondern unterstrich zugleich Angelous Bedeutung für die moderne Kultur. Ihre Beziehung verdeutlicht somit einen kraftvollen Kreislauf aus Inspiration und Vermächtnisbildung, bei dem beide Frauen einander auf bedeutende und transformative Weise erhoben..

✅ Dynamiken der zwischenmenschlichen Symbiose:

- **Gemeinsames Wachstum:** Angelous Mentorschaft ermöglichte es Winfrey, sich zu einer einflussreichen Medienpersönlichkeit zu entwickeln.
- **Gestärktes Vermächtnis:** Durch Winfreys Plattform erhielten Angelous Werke und Beiträge neue Anerkennung.
- **Nachhaltiger Einfluss:** Ihre Beziehung zeigt, wie gegenseitige Investition eine langfristige Wirkung entfalten kann.

1.5.2 Der Mond und die Erde: Gravitationsharmonie und Stabilität

Der Mond, der einzige natürliche Satellit der Erde, ist nicht nur für die Stabilität des Planeten von entscheidender Bedeutung, sondern auch für die Erhaltung des Lebens selbst. Seine Gravitationskraft löst die Gezeiten aus und reguliert sie, wodurch komplexe und rhythmische Zyklen entstehen, die einen erheblichen Einfluss auf marine Ökosysteme und Küstenregionen haben. Diese Gezeitenbewegungen spielen eine wesentliche Rolle bei der Verteilung von Nährstoffen, dem Transport von Sedimenten und den Laichzyklen verschiedener Meeresarten und fördern so die Biodiversität in ozeanischen Lebensräumen.

Darüber hinaus stabilisiert der Mond durch seine Gravitationskraft die Neigung der Erdachse – ein entscheidender Faktor, um den konstanten Winkel der Erdachse während ihrer

Umlaufbahn um die Sonne aufrechtzuerhalten. Diese Stabilität reguliert die jahreszeitlichen Schwankungen und Klimamuster und sorgt dafür, dass lebensfreundliche Bedingungen bestehen bleiben. Ohne den ausgleichenden Einfluss des Mondes würde die Erde vermutlich drastische Veränderungen in ihrer Rotation erleben, was zu unvorhersehbaren Wetterbedingungen, extremen Temperaturschwankungen und längeren Phasen von Dürre oder übermäßigen Regenfällen führen könnte. Eine derartige Instabilität könnte Lebensräume massiv gefährden, die Artenvielfalt bedrohen und die Widerstandsfähigkeit ganzer Ökosysteme schwächen.

Im Wesentlichen ist der Mond ein entscheidender Bestandteil zur Aufrechterhaltung des Gleichgewichts in den Systemen der Erde. Er beeinflusst Meeresströmungen, Wettergeschehen und atmosphärische Bedingungen. Durch die Förderung eines stabilen Klimas und die Unterstützung zahlreicher ökologischer Prozesse spielt der Mond eine zentrale Rolle bei der Schaffung und Erhaltung einer lebensfreundlichen Umgebung für vielfältige Lebensformen. Seine Bedeutung geht weit über seine ästhetische Erscheinung hinaus – der Mond erweist sich als unverzichtbarer Verbündeter im fortwährenden Kreislauf des Lebens auf unserem Planeten.

✅ Dynamiken der Symbiose:

- **Gezeitenwirkung:** Die Gravitationskraft des Mondes erzeugt die Ozeangezeiten, die marine Ökosysteme regulieren.
- **Axiale Stabilität:** Der Mond stabilisiert die Erdachse und verhindert extreme Klimaschwankungen.
- **Rhythmische Zyklen:** Mondzyklen beeinflussen die biologischen Rhythmen zahlreicher Arten.

Wie sich das auf emotionale und zwischenmenschliche Stabilität bezieht:

Ganz so wie der Mond eine entscheidende Rolle bei der Stabilisierung der Erdachse und -rotation spielt, sind emotionale Unterstützung, Verantwortungsbewusstsein und Beständigkeit unerlässlich für die Stabilität zwischenmenschlicher Beziehungen. Wenn Menschen verlässlich präsent sind und emotionale Sicherheit bieten, entsteht ein nährendes Umfeld, in dem Vertrauen wachsen, Sicherheit entstehen und Resilienz sich entfalten kann. Emotionale Unterstützung bedeutet, aktiv zuzuhören und die Gefühle des anderen ernst zu nehmen – das fördert Zugehörigkeit und gegenseitiges Verständnis. Verantwortungsbewusstsein zeigt sich darin, für die eigenen Worte und Taten einzustehen und so eine verlässliche Vertrauensbasis zu schaffen. Beständigkeit wiederum festigt diese Basis, da sie Verlässlichkeit in Höhen wie in Krisenzeiten gewährleistet. Gemeinsam bilden diese Elemente ein starkes Beziehungsgeflecht, das es ermöglicht, Herausforderungen gemeinsam zu bewältigen und die Verbindung auch in wechselhaften Lebensphasen aufrechtzuerhaltenns.

Fallstudie: Emotionale Stabilität in der Ehe

Die Ehe des ehemaligen US-Präsidenten Barack Obama und Michelle Obama veranschaulicht eindrucksvoll, welche stabilisierende Kraft emotionale Unterstützung in einer Partnerschaft entfalten kann. Während der Amtszeit von Präsident Obama war Michelles beständige Unterstützung und ihre einfühlsame Präsenz ein entscheidendes Fundament, das ihm half, den enormen Druck und die Herausforderungen seiner Führungsrolle zu bewältigen.

Durch ihre Fähigkeit, Ausgeglichenheit und Bodenständigkeit zu bewahren, ermöglichte sie Barack, sich mit voller Konzentration seinen Aufgaben zu widmen – in dem Wissen, dass ihm zu Hause eine verlässliche Quelle der Ermutigung zur Seite stand.

Auf der anderen Seite förderte Präsident Barack Obamas tief empfundener Respekt für Michelle und seine Anerkennung ihrer Fähigkeiten ihren Aufstieg zu einer starken Führungspersönlichkeit und engagierten Fürsprecherin. Gemeinsam formten sie eine Partnerschaft, in der gegenseitige Unterstützung nicht nur ihre persönliche Verbindung stärkte, sondern auch ihren individuellen gesellschaftlichen Einfluss vergrößerte. Ihre Beziehung steht exemplarisch dafür, wie Liebe, Respekt und emotionale Stabilität Resilienz fördern und sowohl persönliches als auch berufliches Wachstum anregen – und somit das Fundament für ihr gemeinsames Vermächtnis als dynamisches Duo legten, das sich dem Fortschritt und positiven Wandel verschrieben hat.

✅ **Dynamiken relationaler Stabilität:**

- **Mutual Support:** Both partners consistently offered emotional strength to one another during difficult times.
- **Shared Accountability:** They encouraged each other's personal and professional development through mutual responsibility.
- **Resilience in Adversity:** Their deep emotional bond served as an anchor during political and personal turmoil.

1.5.3 Sternenlebenszyklus: Geburt, Tod und Regeneration

Der Lebenszyklus der Sterne symbolisiert Wandel, Erneuerung und das bleibende Vermächtnis der Existenz. Er beginnt in gewaltigen Nebeln – riesigen, wirbelnden Wolken aus Gas und Staub, die reich an Wasserstoff und Helium sind. Diese Wolken kollabieren schließlich unter ihrer eigenen Schwerkraft, was zur Bildung von Protosternen führt. Während ein Protostern weiter Materie ansammelt, steigt seine Kerntemperatur so weit an, dass schließlich die Kernfusion einsetzt – der Moment, in dem ein neuer Stern geboren wird. Im Laufe ihres Lebens durchlaufen Sterne den bemerkenswerten Prozess der Kernfusion, bei dem Wasserstoff in Helium umgewandelt wird und dabei enorme Mengen an Energie in Form von Licht und Wärme freigesetzt werden. Dieser Prozess erhält nicht nur den Stern selbst, sondern bereichert auch das umliegende Universum: Es entstehen dabei schwerere Elemente wie Kohlenstoff, Sauerstoff und Eisen – grundlegende Bausteine für die Entstehung von Planeten und die Entwicklung von Leben.

Wenn Sterne altern und ihren nuklearen Brennstoff aufgebraucht haben, nehmen ihre Lebenswege unterschiedliche Verläufe. Kleinere Sterne – wie unsere Sonne – dehnen sich allmählich zu Roten Riesen aus, bevor sie ihre äußeren Hüllen abstoßen. Zurück bleibt ein dichter Kern, bekannt als Weißer Zwerg. Im Gegensatz dazu enden massereiche Sterne in gewaltigen Explosionen, den sogenannten Supernovae. Diese dramatischen Ereignisse schleudern Elemente in den Kosmos und säen dadurch neue Sterne und Planetensysteme – der Schöpfungskreislauf setzt sich fort.

Letztlich spiegelt der Lebenszyklus der Sterne nicht nur die komplexen Prozesse des Universums wider, sondern verdeutlicht auch die tiefe Verbundenheit aller Materie: Die Überreste uralter Sterne tragen zur Geburt neuer Welten bei – und ermöglichen so die Fortsetzung des Lebens selbst.

✅ Symbiotische Dynamik:

- **Elementbildung:** Sterne erzeugen lebenswichtige Elemente wie Kohlenstoff, Sauerstoff und Eisen, die nach ihrem Tod in das Universum freigesetzt werden.
- **Kosmisches Recycling:** Supernovae bereichern das All mit Rohstoffen, aus denen neue Himmelskörper entstehen.
- **Vererbte Verbundenheit:** Jede Sterngeneration trägt zur Bildung zukünftiger Planetensysteme bei.

Bezug zu Führung und Vermächtnis:

So wie Sterne im Universum durch Kernfusion neue Elemente erschaffen – essenziell für die Erhaltung zukünftigen Lebens –, schaffen wirkungsvolle Führungspersönlichkeiten ein Umfeld, das Nachfolger befähigt, ausstattet und inspiriert, die Mission der Organisation weiterzuführen. Durch vorausschauende Nachfolgeplanung investieren Führungskräfte nicht nur in die aktuellen Bedürfnisse ihrer Teams, sondern auch in die langfristige Gesundheit und Vitalität der Organisation selbst. Indem sie Nachwuchsführungskräfte begleiten und fördern, stellen sie sicher, dass ihre Vision und Werte tief in der Unternehmenskultur verankert sind – und ihr Einfluss weit über ihre eigene Amtszeit hinaus Bestand hat. Dieser proaktive Ansatz stärkt nicht nur die Widerstandsfähigkeit der Organisation, sondern hinterlässt auch ein bedeutendes und nachhaltiges Vermächtnis, das zukünftigen Generationen ermöglicht, im Einklang mit der ursprünglichen Mission zu wachsen und innovativ zu wirken.

Fallstudie: Bill Gates und der Führungswechsel bei Microsoft

Bill Gates, der visionäre Mitbegründer von Microsoft, verkörperte in seinem Führungsstil eine herausragende Form der „stellar symbiosis", indem er einen reibungslosen Übergang zu Satya Nadella als CEO ermöglichte. In dem Bewusstsein, wie wichtig die Förderung künftiger Führungskräfte ist, spielte Gates eine aktive Rolle in Nadellas Entwicklung, indem er seine umfassenden Erfahrungen aus der Unternehmensleitung weitergab. Dieses gezielte Engagement in die Führungskräfteentwicklung bereitete Nadella nicht nur auf kommende Herausforderungen vor, sondern legte auch das Fundament für eine transformative Ära bei Microsoft.

Unter Nadellas Führung erlebte Microsoft einen tiefgreifenden kulturellen Wandel, geprägt von einem neuen Fokus auf Empathie, Innovation und Resilienz. Er schuf ein Umfeld, das Zusammenarbeit und Inklusivität förderte und in dem vielfältige Ideen gedeihen konnten. Diese kulturelle Transformation würdigte nicht nur Gates' Vermächtnis der Innovation, sondern definierte auch Microsofts Identität neu und stärkte die Position des Unternehmens in einer sich rasant wandelnden Technologielandschaft. Nadellas Führungsstrategie verband erfolgreich die traditionsreiche Vergangenheit mit einer vielversprechenden Zukunft – und zeigte eindrucksvoll, welche Wirkung durchdachte Übergänge und visionäre Führung entfalten können.

✓ **Dynamik des Führungserbes:**

- **Nachfolgeplanung:** Gates bereitete Nadella gezielt auf eine wirkungsvolle Führungsrolle vor.
- **Kultureller Wandel:** Nadella baute auf Gates' Fundament auf und führte zugleich neue Werte ein.
- **Nachhaltige Innovation:** Microsofts anhaltendes Wachstum spiegelt den Erfolg ihres Symbiotic Leadership™-Übergangs wider.

1.5.4 Planetenbahnen und Gravitationsgleichgewicht: Ordnung im Chaos

Planetensysteme werden durch die fundamentalen Kräfte der Gravitation auf komplexe Weise zusammengehalten – in einem empfindlichen Gleichgewicht, das nicht nur Chaos verhindert, sondern auch eine tiefgreifende kosmische Ordnung aufrechterhält. Die Umlaufbahn jedes Planeten wird durch die Gravitationskraft größerer Himmelskörper wie Sterne oder benachbarte Planeten geformt und trägt zur Stabilität und Harmonie des gesamten Sonnensystems bei. Dieses dynamische Zusammenspiel gravitativer Kräfte erzeugt eine regelrechte Symphonie der Bewegung, in der die Bahn jedes Himmelskörpers sowohl vorhersagbar als auch essenziell für den Erhalt der Ordnung im System ist.

Die wechselseitigen Gravitationswechselwirkungen zwischen den Himmelskörpern tragen entscheidend dazu bei, das Risiko katastrophaler Kollisionen zu minimieren – und schaffen so ein stabiles Umfeld, in dem Planeten gedeihen können. Dieses gravitative Ballett ist von zentraler Bedeutung, denn selbst geringfügige Veränderungen in der Umlaufbahn eines Planeten könnten weitreichende Folgen haben – nicht nur für den betreffenden Planeten, sondern potenziell für das gesamte Sonnensystem. So bestimmen die komplexen Beziehungen zwischen den Gravitationskräften nicht nur die Bewegungen der Planeten, sondern tragen auch die kosmische Ordnung und bewahren den Frieden im All.

✅ Symbiotische Dynamik:

- **Orbitale Stabilität:** Planeten halten ein Gleichgewicht aufrecht, das katastrophale Störungen verhindert.
- **Vorhersehbare Bewegung:** Das Gravitationsgleichgewicht erhält gleichmäßige kosmische Rhythmen.
- **Verbundene Sicherheit:** Die Gravitationskraft größerer Planeten schützt kleinere Planeten vor potenziellen Einschlägen.

Bezug zum organisatorischen Gleichgewicht:

So wie planetare Umlaufbahnen für die Stabilität des Kosmos entscheidend sind, gedeihen auch Organisationen dann, wenn ihre Führungskräfte ein ausgewogenes Verhältnis von Autorität, Verantwortung und Autonomie innerhalb der Teams schaffen. Dieses fein austarierte Gleichgewicht ermöglicht es, dass Abteilungen und Teams nicht nur eigenständig, sondern auch gemeinschaftlich agieren – geleitet von einem gemeinsamen Sinn und gegenseitiger Verantwortung. Wenn jedes Mitglied seine Rolle und Aufgaben klar versteht und sich zugleich ermutigt fühlt, Eigeninitiative zu ergreifen, entsteht eine Kultur der Innovation und Kreativität..

Darüber hinaus fördert dieses kollaborative Rahmenwerk eine transparente Kommunikation und ein vertrauensvolles

Miteinander – beides wesentliche Voraussetzungen, um Herausforderungen zu meistern und Chancen zu nutzen. Wenn Abteilungen ihre Ziele mit den übergeordneten Unternehmenszielen in Einklang bringen, entsteht eine gemeinsame Strategie, die sowohl Stabilität als auch Anpassungsfähigkeit stärkt. Letztlich führt dieser bewusst gestaltete Ansatz zu nachhaltigem Erfolg, geprägt von kontinuierlicher Weiterentwicklung und Widerstandsfähigkeit in einem sich ständig wandelnden Geschäftsumfeld.

Fallstudie: Die Organisationsstruktur von Google

Googles Ansatz zur Wahrung des organisatorischen Gleichgewichts veranschaulicht die Prinzipien der Symbiose im Unternehmenskontext. Das Unternehmen setzt auf eine Matrixstruktur, die nicht nur die Zusammenarbeit zwischen verschiedenen Abteilungen fördert, sondern gleichzeitig sicherstellt, dass auf allen Ebenen Verantwortlichkeit besteht. Diese Struktur ermöglicht es Teams, Ideen und Ressourcen effektiv zu teilen, wodurch ein innovationsförderndes Umfeld entsteht – bei gleichzeitiger Wahrung der kreativen Autonomie der einzelnen Teammitglieder.

Darüber hinaus ist Googles bewusstes Gleichgewicht zwischen Innovation, Verantwortlichkeit und Struktur ein entscheidender Faktor für den nachhaltigen Erfolg des Unternehmens als globaler Technologieführer. Durch die Herstellung dieses Gleichgewichts gelingt es Google, sich schnell an Marktveränderungen anzupassen, neue Technologien zu integrieren und seine Produkte und Dienstleistungen kontinuierlich weiterzuentwickeln. Dieses besondere Modell fördert eine dynamische Arbeitsplatzkultur, in der sich Mitarbeitende ermutigt fühlen, Risiken einzugehen und innovative Projekte zu verfolgen – was letztlich das Wachstum des Unternehmens antreibt und seinen Wettbewerbsvorteil in der Technologiebranche stärkt.

✅ **Dynamik organisatorischer Symbiose:**

- **Ausgerichtete Autonomie:** Abteilungen agieren eigenverantwortlich und zugleich im Einklang mit den übergeordneten Unternehmenszielen.
- **Gegenseitige Verantwortlichkeit:** Zusammenarbeit und offene Kommunikation sorgen für ein stabiles Gleichgewicht
- **Nachhaltiger Erfolg:** Die Organisation gedeiht durch eine Kultur der Innovation und des Vertrauens.

1.5.5 Schwarze Löcher und Ereignishorizonte: Die Folgen von Ungleichgewicht

Das Universum beruht auf Prinzipien des Gleichgewichts und des gegenseitigen Nutzens – doch Schwarze Löcher verdeutlichen eindrucksvoll die gravierenden Folgen eines Ungleichgewichts. Sie entstehen aus dem katastrophalen Kollaps massereicher Sterne am Ende ihres Lebenszyklus und besitzen eine derart enorme Gravitationskraft, dass selbst Licht ihrem Ereignishorizont nicht entkommen kann. Dadurch zählen sie zu den rätselhaftesten Erscheinungen im Kosmos. Diese Phänomene stehen sinnbildlich für die zerstörerische Kraft unkontrollierter Macht und unnachhaltigen Verbrauchs.

Wenn ein Stern seinen nuklearen Brennstoff vollständig aufgebraucht hat, fehlt ihm der nötige innere Druck, um der nach innen wirkenden Gravitationskraft standzuhalten – er kollabiert. Aus diesem Zusammenbruch entsteht ein Schwarzes Loch, das umliegende Materie anzieht und dabei oft benachbarte

Sternensysteme stört sowie Gas und Staub in rasantem Tempo verschlingt. Dieser Prozess verdeutlicht nicht nur die gewaltige Kraft solcher Himmelsobjekte, sondern mahnt zugleich vor den Folgen von Ausbeutung und Ungleichgewicht – sei es in natürlichen Systemen oder in menschlichen Gesellschaften. Die Existenz Schwarzer Löcher regt zu tiefgreifender Reflexion über die Bedeutung von Balance in unseren eigenen Handlungen an – und über die Notwendigkeit eines verantwortungsvollen Umgangs mit Ressourcen.

✅ **Dynamik des Ungleichgewichts:**

- **Ressourcenverbrauch:** Schwarze Löcher verschlingen umliegende Materie und destabilisieren dadurch benachbarte Systeme.

- **Kollaps und Isolation:** Der Ereignishorizont hält alle nahegelegene Materie gefangen und verhindert jegliche Flucht.

- **Verlust symbiotischen Potenzials:** Schwarze Löcher stören das Gleichgewicht benachbarter Himmelskörper und verhindern wechselseitige Wechselwirkungen.

Bezug zu toxischer Führung und zwischenmenschlichen Beziehungen:

Ähnlich wie Schwarze Löcher im All können toxische Führungskräfte und ungesunde Beziehungen ihr Umfeld stark beeinträchtigen, indem sie wertvolle Ressourcen, Energie und Vertrauen entziehen. Menschen, die in ihren „Gravitationssog" geraten, fühlen sich häufig erschöpft, entmutigt und desillusioniert. Wenn Ehrgeiz, Machtstreben oder Kontrollbedürfnis außer Kontrolle geraten, entsteht ein toxisches

Umfeld, das tiefgreifende emotionale und psychologische Schäden verursachen kann.

Dieser unkontrollierte Einfluss kann dazu führen, dass Organisationen und zwischenmenschliche Beziehungen allmählich zerfallen – letztlich kollabieren sie unter dem enormen Gewicht von Ungleichgewicht und Negativität. Solches Verhalten untergräbt nicht nur Produktivität und Motivation, sondern löst auch eine Kettenreaktion aus, die das gesamte Umfeld beeinträchtigt: Vertrauen wird zerstört, Zusammenarbeit erschwert. Es ist daher entscheidend, diese destruktiven Muster frühzeitig zu erkennen und gezielt entgegenzuwirken, bevor sie irreparablen Schaden anrichten.

Fallstudie: Toxische Führung in der frühen Unternehmenskultur von Uber

Die frühe Führung bei Uber war geprägt von einem kompromisslosen Streben nach Marktdominanz, wobei aggressive Wettbewerbsstrategien häufig über ethische Grundsätze gestellt wurden. Dieser Führungsstil begünstigte eine von Angst geprägte Unternehmenskultur, in der Mitarbeitende unter enormem Druck standen, unrealistische Ziele zu erreichen – oft zulasten ihres eigenen Wohlbefindens. Obwohl das schnelle Wachstum des Unternehmens in dieser Phase beeindruckend war, wurde es durch Fälle von Ausbeutung und mangelnder Verantwortlichkeit überschattet – sowohl intern im Umgang mit Mitarbeitenden als auch extern gegenüber Aufsichtsbehörden und Wettbewerbern.

Berichte über unethische Praktiken bei Uber – darunter aggressive Vorgehensweisen gegenüber Fahrern und Wettbewerbern – kamen zunehmend ans Licht. In Kombination mit einer abwehrenden Haltung gegenüber behördlicher Aufsicht führte dies zu einem spürbaren Wandel im Betriebsklima des Unternehmens. Hinzu kamen wachsende Bedenken hinsichtlich Belästigung und Ungleichbehandlung am Arbeitsplatz, die die Unzufriedenheit innerhalb der Belegschaft weiter verschärften.

Letztlich wurden die Folgen dieser toxischen Unternehmenskultur unübersehbar: Es kam zu tiefgreifenden Veränderungen in der Führungsebene und zu einem erheblichen Imageschaden in der Öffentlichkeit. Die daraus resultierende Krise zwang das Unternehmen dazu, sich mit seinen internen Praktiken auseinanderzusetzen und Reformen einzuleiten, die auf den Wiederaufbau von Vertrauen und die Förderung eines gerechteren Arbeitsumfelds abzielten. Auch wenn Uber weiterhin nach Erfolg strebt, bleiben die Lehren aus den turbulenten Anfangsjahren ein wesentlicher Bestandteil seiner fortlaufenden Entwicklung.

✅ **Dynamik toxischer Führung:**

- **Unkontrollierte Macht:** Führungskräfte stellten Wachstum über ethische Prinzipien und das Wohlbefinden der Mitarbeitenden.
- **Kultureller Zusammenbruch:** Mitarbeitermoral und Vertrauen gingen spürbar zurück.
- **Wiederherstellende Maßnahmen:** Führungswechsel wurden notwendig, um Gleichgewicht und Vertrauen neu aufzubauen.

Fazit: Kosmische Lehren für gelingende Beziehungen

Die komplexen Systeme des Universums – geprägt von Gleichgewicht, wechselseitiger Abhängigkeit und Erneuerung –

vermitteln tiefgreifende Erkenntnisse über die Grundlagen symbiotischer Beziehungen. Die Sonne liefert durch ihre lebensspendende Energie die Voraussetzung für die Photosynthese und unterstützt damit Nahrungsketten, die unzählige Arten erhalten. Der Mond wiederum spielt eine entscheidende Rolle bei der Regulierung der Gezeiten, die marine Ökosysteme und ihre Bewohner beeinflussen. Über diese Himmelskörper hinaus erinnert uns der Lebenszyklus der Sterne – von Geburt über Entwicklung bis hin zum Tod – daran, wie alles im Kosmos miteinander verbunden ist.

Diese kosmischen Vorgänge sind Sinnbilder menschlicher Beziehungen und verdeutlichen, dass gegenseitige Investition, Vertrauen und Verantwortungsbewusstsein essenziell für gesunde Verbindungen sind. So wie Ökosysteme dann gedeihen, wenn jedes Element seine Rolle erfüllt, können auch unsere Gemeinschaften aufblühen, wenn Menschen einander aktiv unterstützen – und so ein Umfeld schaffen, das von Wachstum, Stabilität und Widerstandskraft geprägt ist. Indem wir diese universellen Prinzipien verinnerlichen, können wir tiefere Beziehungen aufbauen und ein harmonisches Miteinander gestalten, das die innewohnende Weisheit der Natur widerspiegelt.

Wenn wir nun zu 1.6 Die Rolle der Gegenseitigkeit übergehen, untersuchen wir, wie das Prinzip des wechselseitigen Austauschs zur Langlebigkeit von Beziehungen, Organisationen und Ökosystemen beiträgt. 𝒯

1.6 Die Rolle der Gegenseitigkeit: Gegenseitigen Nutzen in Beziehungen fördern

Gegenseitigkeit ist ein zentrales Element der Symbiose und wirkt als treibende Kraft hinter Beziehungen, die für beide Seiten von Nutzen sind – in unterschiedlichsten Kontexten. In der Natur zeigt sich Gegenseitigkeit auf vielfältige Weise: Organismen tauschen Ressourcen, Dienstleistungen oder Unterstützung aus und schaffen so Bedingungen, unter denen beide Partner gedeihen können. Ein bekanntes Beispiel ist die Beziehung zwischen Bestäubern und Blütenpflanzen: Bienen sammeln Nektar, während sie gleichzeitig durch die Bestäubung zur Fortpflanzung der Pflanzen beitragen. Diese wechselseitige Abhängigkeit erhöht nicht nur die Überlebenschancen einzelner Arten, sondern stärkt auch die Gesundheit ganzer Ökosysteme.

In zwischenmenschlichen Beziehungen – ob persönlich, beruflich oder spirituell – schafft Gegenseitigkeit einen ausgewogenen Austausch, der beide Seiten dazu ermutigt, in die Verbindung zu investieren und daraus Nutzen zu ziehen. In persönlichen Beziehungen kann dies bedeuten, dass sich Freunde emotional unterstützen oder in schwierigen Zeiten füreinander da sind. Im beruflichen Kontext teilen Kolleginnen und Kollegen ihr Wissen und ihre Ressourcen, um gemeinsame Ziele zu erreichen. Solche wechselseitigen Beziehungen fördern Vertrauen, vertiefen Bindungen und stärken das Gemeinschaftsgefühl.

Fehlt es hingegen an Gegenseitigkeit, können Beziehungen einseitig werden – was häufig zu Gefühlen von Ausnutzung und Groll führt. Ein solches Ungleichgewicht untergräbt das Vertrauen, zehrt an emotionalen und praktischen

Ressourcen und gefährdet letztlich die Beständigkeit der Verbindung. In schwerwiegenden Fällen kann dies sogar zum Bruch führen, wenn sich eine Partei zurückzieht oder innerlich distanziert, weil die ungesunde Dynamik nicht mehr tragbar ist. Daher ist das Fördern von Gegenseitigkeit nicht nur für das Wohlergehen von Beziehungen entscheidend, sondern auch für deren langfristige Stabilität – in allen Lebensbereichen.

1.6.1 Gegenseitigkeit verstehen: Das Fundament des wechselseitigen Austauschs

Gegenseitigkeit bedeutet, auf positive Handlungen mit positiven Reaktionen zu antworten – und so eine für beide Seiten lohnende Beziehung zwischen Individuen oder Organisationen zu fördern. Dieses Prinzip schafft einen vorteilhaften Kreislauf, in dem beide Parteien von ihren Beiträgen profitieren und motiviert sind, unterstützendes Verhalten fortzusetzen. Im Kern stärkt Gegenseitigkeit Vertrauen und Zusammenarbeit und ermutigt dazu, Beziehungen auf der Grundlage von Fairness, Integrität und gegenseitigem Respekt zu gestalten.

Diese Form der Interaktion ist in zahlreichen Lebensbereichen unverzichtbar – sei es in persönlichen Beziehungen, im beruflichen Umfeld oder im gesellschaftlichen Miteinander. Durch die Förderung einer Kultur der Gegenseitigkeit können Einzelpersonen und Organisationen ein Gefühl von Gemeinschaft und Zusammenarbeit aufbauen, das Innovation, Loyalität und nachhaltiges Wachstum begünstigt. Gegenseitigkeit zu leben bedeutet dabei nicht nur, kurzfristige Vorteile zu erzielen, sondern sich langfristig für Partnerschaft und gemeinsamen Erfolg zu engagieren.

Arten der Gegenseitigkeit:

1. **Direkte Gegenseitigkeit:** Ein unmittelbarer Austausch, bei dem eine Partei eine Gefälligkeit oder Dienstleistung direkt an die andere zurückgibt.
   - *Beispiel: Ein Mentor, der Zeit und Wissen in die Entwicklung eines Mentees investiert, erhält im Gegenzug Loyalität, Engagement und Dankbarkeit.*

2. **Indirekte Gegenseitigkeit:** Ein System, in dem positive Handlungen eine Kettenreaktion auslösen und andere dazu ermutigen, über Dritte hinweg Gegenseitigkeit zu zeigen.
   - *Beispiel: Eine Führungskraft, die ein Klima der Großzügigkeit und Unterstützung schafft, motiviert Mitarbeitende dazu, diese Werte auch gegenüber Kolleginnen, Kollegen und der Gemeinschaft weiterzugeben.*

3. **Generalisierte Gegenseitigkeit:** Ein fortwährendes Engagement, einen Beitrag zu leisten, ohne eine unmittelbare Gegenleistung zu erwarten – im Vertrauen darauf, dass positive Handlungen langfristig und auf unerwartete Weise Früchte tragen.
   - *Beispiel: Eine gemeinnützige Organisation, die benachteiligte Gemeinschaften unterstützt, ohne kurzfristigen Nutzen anzustreben, erhält häufig langfristige Unterstützung von Spendern und Freiwilligen.*

Führungsimpuls:

In der Führung spielt das Prinzip der Gegenseitigkeit eine zentrale Rolle beim Aufbau einer Unternehmenskultur, in der sich Mitarbeitende wirklich wertgeschätzt fühlen und motiviert sind, ihr Bestes zu geben. Wenn Führungskräfte aktiv in ihre Teams investieren – etwa durch Mentoring-Programme, regelmäßige Anerkennung von Leistungen und gezielte Möglichkeiten zur Selbstentfaltung – entsteht ein Umfeld, das persönliches und berufliches Wachstum fördert. Dieses Engagement stärkt nicht nur die Motivation, sondern auch das Zugehörigkeitsgefühl innerhalb des Teams.

Als Folge daraus erleben Führungskräfte, die wechselseitige Beziehungen aktiv fördern, häufig eine gesteigerte Loyalität ihrer Mitarbeitenden – was sich in höherer Produktivität und einer Welle innovativer Ideen niederschlagen kann. In einem Arbeitsumfeld, in dem Beiträge wertgeschätzt werden, gedeiht Kreativität, Zusammenarbeit wird gefördert, und Problemlösungen werden zu einer gemeinsamen Aufgabe. Letztlich schafft die Investition in positive Beziehungen zwischen Führungskraft und Mitarbeitenden einen Kreislauf aus gegenseitigem Respekt und Nutzen – und steigert damit die Gesamtleistung der Organisation erheblich.

1.6.2 Gegenseitigkeit im Geschäftsleben: Vertrauen und Loyalität aufbauen

Gegenseitigkeit ist im Unternehmenskontext unerlässlich, um Vertrauen aufzubauen und effektive Zusammenarbeit zu fördern – beides entscheidende Faktoren für nachhaltiges Wachstum. Unternehmen, die wechselseitige Beziehungen zu Mitarbeitenden, Kundinnen und Partnern pflegen, entwickeln dynamische Ökosysteme, die Loyalität,

Innovation und Widerstandskraft stärken. Durch transparente Kommunikation und gegenseitigen Respekt entsteht eine Unternehmenskultur, in der sich alle wertgeschätzt und eingebunden fühlen. Diese Form der Gegenseitigkeit steigert nicht nur die Mitarbeitermotivation und -bindung, sondern stärkt auch die Beziehung zwischen Kundinnen und Marke – was langfristig zu höherer Kundentreue und positiver Weiterempfehlung führt.

Darüber hinaus können auf Gegenseitigkeit basierende Kooperationen innovative Partnerschaften hervorbringen, da alle Beteiligten bereit sind, Wissen und Ressourcen zum beiderseitigen Nutzen zu teilen. Dieser Ansatz stärkt nicht nur die Problemlösungskompetenz, sondern fördert auch eine Kultur der kontinuierlichen Verbesserung und Anpassungsfähigkeit. Durch die konsequente Anwendung wechselseitiger Prinzipien schaffen Organisationen ein unterstützendes Umfeld, das Beziehungen festigt und sowohl individuellen als auch gemeinsamen Erfolg begünstigt – und zugleich langfristige Nachhaltigkeit in einem sich ständig wandelnden Markt sicherstellt.

*Fallstudie: Costcos Engagement für Mitarbeitende und Kund*innen*

Costco Wholesale zeigt beispielhaft, wie das Prinzip der Gegenseitigkeit zum Geschäftserfolg führen kann. Durch die Priorisierung fairer Löhne und umfassender Sozialleistungen schafft das Unternehmen ein Arbeitsumfeld, das von gegenseitigem Respekt und Wertschätzung geprägt ist. Diese Strategie ist besonders bemerkenswert im stark umkämpften Einzelhandelssektor, in dem viele Unternehmen die Mitarbeitendenvergütung zugunsten von Kostensenkungen vernachlässigen.

Costcos Engagement in die Investition in die Belegschaft bringt greifbare Vorteile mit sich. Durch wettbewerbsfähige Gehälter, Krankenversicherung, Altersvorsorge und großzügigen bezahlten Urlaub steigert das Unternehmen die Zufriedenheit seiner Mitarbeitenden und senkt die Fluktuationsrate. Diese personelle Stabilität fördert ein erfahreneres und kompetenteres Team – was sich wiederum in höherer Produktivität widerspiegelt.

Darüber hinaus motiviert Costcos positive Arbeitskultur die Mitarbeitenden dazu, exzellenten Kundenservice zu leisten. Wenn sich Mitarbeitende wertgeschätzt fühlen, zeigen sie in der Regel eine stärkere Loyalität und ein höheres Engagement gegenüber dem Unternehmen – und tragen so aktiv zur Verankerung von Costcos Kernwerten bei. Dies schafft einen vorteilhaften Kreislauf: Zufriedene Mitarbeitende führen zu zufriedenen Kund*innen, was letztlich die Rentabilität steigert und die Reputation des Unternehmens in der Einzelhandelsbranche stärkt.

✅ Wechselseitige Dynamik:

- **Mitarbeiterorientierte Investition:** Costcos Fokus auf faire Löhne und Sozialleistungen fördert eine motivierte und engagierte Belegschaft.
- **Kundentreue**: Hervorragender Kundenservice fördert wiederkehrende Käufe und stärkt die Markenbindung.
- **Nachhaltiges Wachstum:** Die Gegenseitigkeit zwischen Unternehmen, Mitarbeitenden und Kund*innen sichert langfristigen Erfolg.

Führungslektion:

Führungskräfte, die eine Kultur der Gegenseitigkeit fördern, spielen eine entscheidende Rolle bei der Schaffung eines Umfelds, in dem sich Teammitglieder wertgeschätzt und unterstützt fühlen. Durch Investitionen in die berufliche Entwicklung, Anerkennung von Leistungen und offene Kommunikation steigern sie nachhaltig das Engagement der Mitarbeitenden. Dieses gestärkte Gefühl von Zugehörigkeit und Sinn hebt nicht nur die Stimmung im Team, sondern fördert auch Produktivität und Innovation. Zudem führt die erlebte Wertschätzung und die daraus entstehende Bereitschaft, Unterstützung zurückzugeben, ganz natürlich zu einer höheren Kundenzufriedenheit.

Effektive Teamarbeit und gegenseitiges Vertrauen verbessern das Verständnis für die Bedürfnisse der Kundinnen und ermöglichen eine gezieltere Reaktion darauf – was langfristig Loyalität und stärkere Kundenbeziehungen fördert. Diese Kultur des gemeinsamen Erfolgs und Wachstums treibt die Weiterentwicklung der Organisation maßgeblich voran. Vertrauen, das durch Gegenseitigkeit entsteht, stärkt das kollektive Engagement für gemeinsame Ziele und schafft ein stabiles Fundament für nachhaltigen Erfolg. Letztlich fördert die bewusste Betonung von Gegenseitigkeit innerhalb einer Organisation ein dynamisches Umfeld, in dem sich sowohl Mitarbeitende als auch Kundinnen intensiver mit der Mission und Vision des Unternehmens identifizieren.

1.6.3 Gegenseitigkeit in persönlichen Beziehungen: Emotionale Bindungen stärken

Gegenseitigkeit ist in persönlichen Beziehungen von zentraler Bedeutung, da sie emotionale Sicherheit, Vertrauen und

Nähe stärkt. Wenn Menschen Zeit, Energie und aufrichtige Fürsorge in ihre Beziehungen investieren, entsteht ein Umfeld, das von gegenseitiger Unterstützung und Ermutigung geprägt ist. Dieses wechselseitige Geben und Nehmen vertieft nicht nur die Verbindung zwischen den Partnern, sondern fördert auch das persönliche Wachstum beider Beteiligten.

Indem Gegenseitigkeit sicherstellt, dass beide Personen sinnvoll zur Beziehung beitragen, entsteht ein gesundes Gleichgewicht, das das Risiko einseitiger Dynamiken deutlich reduziert. Ein solches Ungleichgewicht kann zu emotionaler Erschöpfung, Groll und einem Vertrauensverlust führen – deshalb ist es entscheidend, dass beide Partner aktiv an einem Kreislauf aus Geben und Nehmen teilnehmen. Letztlich stärkt dieses gemeinsame Engagement zur Pflege der Beziehung nicht nur die emotionale Verbundenheit, sondern fördert auch die Resilienz – und ermöglicht es beiden, den Herausforderungen des Lebens mit mehr Stärke und Verständnis zu begegnen.

Beziehungsimpuls:

In jeder Art von Beziehung – ob Ehe, Freundschaft oder familiäre Bindung – spielt das Prinzip der Gegenseitigkeit eine zentrale Rolle für emotionale Stabilität und persönliches Wachstum. Wenn beide Personen aktiv an der Beziehung teilhaben – durch Freundlichkeit, Empathie und Ermutigung – entsteht ein starkes Fundament aus Vertrauen und Resilienz. Diese gemeinsame Investition vertieft nicht nur die Verbindung, sondern schafft auch ein warmes Umfeld, in dem sich alle wertgeschätzt und verstanden fühlen. Indem man Herausforderungen gemeinsam meistert und Erfolge miteinander feiert, wächst die Bindung – mit der Zeit zu tieferem Verständnis und emotionaler Nähe. Letztlich ist es dieses ausgewogene

Geben und Nehmen, das gesunde Beziehungen lebendig hält und allen Beteiligten nachhaltige Freude schenkt.

1.6.4 Gegenseitigkeit in der Führung: Teams und Organisationen stärken

Reziproke Führung ist ein flexibler und transformativer Ansatz, der auf dem Aufbau wechselseitig vorteilhafter Beziehungen zwischen Führungskräften und ihren Teams basiert. Dieses Modell geht über traditionelle Führungsstile hinaus, indem es kontinuierliche Geben-und-Nehmen-Interaktionen in den Mittelpunkt stellt – wobei Führungskräfte aktiv Zeit, Ressourcen und Unterstützung in die persönliche und berufliche Entwicklung ihrer Teammitglieder investieren. Solche Investitionen schaffen nicht nur ein Umfeld, das individuelles Wachstum und Innovation begünstigt, sondern fördern zugleich sinnstiftende Beiträge zum Gesamterfolg der Organisation.

In dieser wechselseitigen Beziehung reagieren Teammitglieder in der Regel mit gesteigerter Loyalität, Engagement und einer starken Identifikation mit der Mission der Organisation. Es entsteht ein kraftvoller Rückkopplungseffekt: Motivierte Mitarbeitende fühlen sich ermächtigt, Eigeninitiative zu zeigen, innovative Ideen einzubringen und aktiv zur Problemlösung beizutragen – in dem Wissen, dass ihre Führungskräfte ihren Beitrag wertschätzen und sich für ihren Erfolg einsetzen. Führungskräfte, die diese Form der Gegenseitigkeit in den Mittelpunkt stellen, spielen eine entscheidende Rolle beim Aufbau einer Teamkultur, die von Vertrauen, Verantwortungsbewusstsein und gegenseitigem Respekt geprägt ist. Sie schaffen offene Kommunikationswege, die Transparenz und Dialog fördern, unterstützen die Zusammenarbeit, indem sie die unterschiedlichen Perspektiven und Fähigkeiten ihrer Teammitglieder gezielt einbinden, und würdigen regelmäßig die individuellen Beiträge jedes Einzelnen.

Ein unterstützendes und inklusives Umfeld steigert die Team-Moral, stärkt die Leistung und erhöht die organisatorische Widerstandsfähigkeit. Wenn Teammitglieder sich für ihre Beiträge wertgeschätzt und anerkannt fühlen, sind sie eher bereit, in ihren Rollen über sich hinauszuwachsen – was zu höherer Produktivität und mehr Innovationskraft führt. Dieses Bekenntnis zu gegenseitiger Führung fördert eine lebendige Unternehmenskultur, in der sowohl Führungskräfte als auch Mitarbeitende gemeinsam aufblühen können.

Fallstudie: Satya Nadellas Führung bei Microsoft

Als Satya Nadella 2014 die Leitung von Microsoft übernahm, leitete er einen tiefgreifenden Wandel ein, um die Unternehmenskultur neu auszurichten – hin zu mehr Empathie, Zusammenarbeit und Selbstermächtigung unter den Mitarbeitenden. In dem Bewusstsein, dass Anpassungsfähigkeit im sich rasant wandelnden Technologiemarkt entscheidend ist, führte Nadella die Philosophie des Growth Mindset ein. Er ermutigte die Mitarbeitenden, Herausforderungen anzunehmen, aus Fehlern zu lernen und ihre Fähigkeiten kontinuierlich weiterzuentwickeln. Dieser Ansatz schuf ein inklusiveres und innovativeres Arbeitsumfeld und führte zu einem spürbaren Anstieg von Mitarbeiterengagement und -zufriedenheit.

Unter Nadellas Führung investierte Microsoft gezielt in Programme zur Mitarbeiterentwicklung, erweiterte Weiterbildungsangebote und förderte eine Kultur des lebenslangen Lernens. Dieses konsequente Engagement für Wachstum und Zusammenarbeit führte zu einer bemerkenswerten Wiederbelebung der Innovationskraft des

Unternehmens – sichtbar in der erfolgreichen Einführung neuer Produkte und Dienstleistungen, die auf dem Markt großen Anklang fanden. Letztlich hat Nadellas kultureller Wandel nicht nur die internen Dynamiken bei Microsoft grundlegend erneuert, sondern das Unternehmen auch strategisch für nachhaltigen Markterfolg positioniert – ein eindrucksvolles Beispiel dafür, wie wirkungsvolle Führung ein Unternehmen von innen heraus transformieren kann.

✅ **Dynamik reziproker Führung:**

- **Ermächtigung und Vertrauen:** Nadella stärkte die Mitarbeitenden, indem er eine Kultur des Lernens und der Zusammenarbeit förderte.

- **Gesteigerte Innovation:** Die Mitarbeitenden erwiderten dies durch technologische Fortschritte und eine offene Haltung gegenüber Veränderungen.

- **Nachhaltiges Wachstum:** Microsofts Wiederaufstieg spiegelte die Stärke eines reziproken Führungsmodells wider.

Führungsimpuls:

Reziproke Führung verändert unsere Sichtweise auf Führungskräfte: Sie werden nicht länger nur als Autoritätspersonen wahrgenommen, sondern als engagierte Wegbereiter, die das Wachstum und Wohlergehen ihrer Teams in den Mittelpunkt stellen. Dieser Führungsansatz betont den Aufbau vertrauensvoller Beziehungen und die Schaffung eines Umfelds, in dem sich Teammitglieder wertgeschätzt und unterstützt fühlen.Indem Führungskräfte gezielt die persönliche und berufliche Entwicklung ihrer Mitarbeitenden fördern, schaffen sie eine Kultur, die Loyalität stärkt, Kreativität freisetzt und Verantwortungsbewusstsein fördert. Ein solches Umfeld steigert nicht nur die individuelle Leistungsfähigkeit, sondern auch die Zusammenarbeit und Innovationskraft – und ebnet damit den Weg für gemeinsamen Erfolg. Durch die gezielte Förderung der Stärken und Potenziale ihres Teams befähigen reziproke Führungskräfte die Einzelnen, Verantwortung zu übernehmen und aktiv zur Erreichung der Organisationsziele beizutragen.

1.6.5 Die Folgen mangelnder Gegenseitigkeit

In persönlichen, beruflichen oder organisatorischen Beziehungen führt ein Mangel an Gegenseitigkeit zu einem erheblichen Ungleichgewicht, das verschiedene negative Folgen nach sich ziehen kann. Bleibt der wechselseitige Austausch aus, fühlt sich eine Partei möglicherweise ausgenutzt, da sie mehr gibt, als sie zurückerhält. Dieses Ungleichgewicht kann insbesondere bei jenen, deren Beiträge oder Opfer nicht anerkannt oder gewürdigt werden, zu Groll und Frustration führen.

In der Folge beginnt das Vertrauen – ein grundlegender Pfeiler jeder gesunden Beziehung – zu erodieren. Vertrauen braucht Zeit, um aufgebaut zu werden, kann jedoch schnell zerstört werden, wenn eine Partei das Gefühl hat, dass ihre Bemühungen nicht anerkannt oder wertgeschätzt werden. In solchen Konstellationen verschlechtert sich häufig auch die Kommunikation: Menschen zögern, ihre Gedanken oder Anliegen zu äußern, aus Angst, dass ihr Beitrag weiterhin ignoriert oder abgewertet wird.

Darüber hinaus kann der emotionale Einfluss erheblich sein. Menschen in einseitigen Beziehungen fühlen sich häufig vernachlässigt und isoliert – was zu innerem Rückzug und sinkender Motivation führen kann. Im beruflichen Umfeld äußert sich dies oft in geringerer Produktivität und steigender Fluktuation, da Mitarbeitende nach gerechteren und unterstützenderen Arbeitsbedingungen suchen. Letztlich kann das Fehlen von Gegenseitigkeit Beziehungen dauerhaft schädigen und zu einem Zusammenbruch von Verbindung und Zusammenarbeit führen.

Folgen fehlender Gegenseitigkeit:

- **Emotionale Erschöpfung:** Einseitige Beziehungen führen zu Überlastung und emotionalem Ausbrennen.

- **Vertrauensverlust:** Fehlt die Gegenseitigkeit, wird das Vertrauen untergraben – was den Wiederaufbau der Beziehung erheblich erschwert.

- **Beziehungszusammenbruch:** Ohne gegenseitige Investition verlieren Beziehungen an Stabilität und zerfallen schließlich.

Führungsimpuls:

Organisationen, die den Profit über das Wohlergehen ihrer Mitarbeitenden stellen, fördern häufig eine toxische Kultur, in der es an Gegenseitigkeit und gegenseitigem Respekt mangelt. In solchen Umfeldern fühlen sich Mitarbeitende oft ausgenutzt oder nicht wertgeschätzt – was zu emotionaler Distanz gegenüber ihrer Arbeit und dem Unternehmen führt.

Diese innere Abkopplung hat weitreichende Folgen: Hohe Fluktuationsraten entstehen, da qualifizierte Fachkräfte sich nach unterstützenderen Arbeitsplätzen umsehen. Gleichzeitig sinkt die Moral, was die Begeisterung, Zusammenarbeit und Kreativität hemmt – und letztlich zu einem Rückgang der Produktivität sowie der Gesamtleistung der

Organisation führt. Wer diese Warnsignale ignoriert, riskiert einen Teufelskreis, der sowohl die Zufriedenheit der Mitarbeitenden als auch den langfristigen Geschäftserfolg ernsthaft gefährdet.

1.6.6 Eine Kultur der Gegenseitigkeit fördern: Praktische Schritte

Um Umgebungen zu schaffen, in denen Gegenseitigkeit gedeihen kann, braucht es bewusste Absicht, Empathie und ein starkes Engagement für gemeinsamen Nutzen. In persönlichen Beziehungen bedeutet dies, aktiv zuzuhören, die Perspektiven des Gegenübers wertzuschätzen und sicherzustellen, dass sich beide Seiten gesehen und anerkannt fühlen. Im Führungskontext fördert eine Kultur der Gegenseitigkeit ein inklusives Umfeld, in dem Teammitglieder ermutigt werden, ihre Gedanken und Beiträge einzubringen – was zu höherem Engagement und besserer Zusammenarbeit führt. Auch in organisatorischen Strukturen stärkt das gezielte Fördern von Gegenseitigkeit das Gefühl, dass jede Stimme zählt. Das hebt die Stimmung, fördert Innovation und steigert die Produktivität. Indem wir diese Prinzipien zur Priorität machen, schaffen wir Räume, in denen sich alle Menschen wertgeschätzt, gehört und gestärkt fühlen – und legen damit den Grundstein für tiefere Verbindungen und ein harmonischeres Miteinande.

Praktische Strategien zur Förderung von Gegenseitigkeit:

1. **Aktives Zuhören praktizieren:** Zeige aufrichtiges Interesse daran, die Perspektiven und Bedürfnisse anderer zu verstehen. Stelle offene Fragen und gib Rückmeldung, um deine

Aufmerksamkeit und Beteiligung sichtbar zu machen.
2. **Beiträge anerkennen:** Würdige und feiere die Leistungen und Erfolge anderer – sei es durch mündliches Lob, schriftliche Nachrichten oder öffentliche Anerkennung im Team- oder Gruppenkontext.
3. **Unterstützung ohne Erwartung geben:** Zeige Großzügigkeit und Hilfsbereitschaft im Vertrauen darauf, dass positive Handlungen eine Kettenreaktion auslösen. Stelle deine Zeit oder Ressourcen zur Verfügung, um anderen zu helfen – ohne eine direkte Gegenleistung zu erwarten.
4. **Klare Erwartungen formulieren:** Setze klare Grenzen und stelle sicher, dass alle Beteiligten ihre Rollen und Verantwortlichkeiten verstehen. Mache deutlich, welche gemeinsamen Ziele angestrebt werden und wie jeder Einzelne dazu beitragen kann.
5. **Gegenseitigkeit vorleben:** Gehe mit gutem Beispiel voran, indem du Fairness, Empathie und das Engagement für gemeinsames Wachstum zeigst. Wenn andere sehen, dass du mit Integrität und Freundlichkeit handelst, steigt die Wahrscheinlichkeit, dass sie diesem Verhalten folgen.
6. **Gelegenheiten zur Zusammenarbeit schaffen:** Fördere Teamarbeit, indem du gemeinsame Projekte oder Gruppenaktivitäten initiierst, bei denen alle ihre Fähigkeiten einbringen und voneinander profitieren können.
7. **Wissen und Ressourcen teilen:** Sei offen im Umgang mit deinem Fachwissen und deinen

Ressourcen. Ob es sich um Informationen, Werkzeuge oder Kontakte handelt – das Teilen stärkt eine Kultur der Unterstützung und Gegenseitigkeit.

8. **Offene Kommunikation fördern:** Schaffe ein Umfeld, in dem sich Menschen sicher fühlen, ihre Gedanken und Anliegen zu äußern. Transparente Kommunikation stärkt Vertrauen und gegenseitigen Respekt.

9. **Feedback einholen:** Bitte regelmäßig um Rückmeldungen zu deinem Verhalten und deinen Entscheidungen. Das signalisiert Wertschätzung für die Meinungen anderer und fördert einen Raum für wechselseitigen Dialog.

10. **Achte auf nonverbale Signale:** Beobachte aufmerksam Körpersprache und Emotionen – sowohl deine eigenen als auch die der anderen. Nonverbale Kommunikation hat großen Einfluss auf Beziehungen und darauf, wie Gegenseitigkeit wahrgenommen wird.

11. **Geduld entwickeln:** Verstehe, dass Gegenseitigkeit nicht immer sofort erfolgt. Übe dich in Geduld und gib Beziehungen die Zeit, sich organisch und nachhaltig zu entwickeln.

12. **Gemeinsame Erfolge feiern:** Nimm dir regelmäßig Zeit, um Meilensteine oder Erfolge im Team zu würdigen und zu feiern. Das stärkt den Zusammenhalt und macht die wechselseitige Abhängigkeit der gemeinsamen Leistungen sichtbar.

13. **Flexibilität bewahren:** Sei anpassungsfähig in deinem Handeln und bereit, Kompromisse einzugehen. Diese Offenheit ermutigt andere,

deine Flexibilität zu erwidern und dich ebenfalls zu unterstützen.
14. **Nachfassen:** Nachdem du Unterstützung oder Hilfe geleistet hast, erkundige dich, wie es der anderen Person geht. Diese Geste unterstreicht deine Fürsorge und dein Engagement für das gegenseitige Wohlergehen.
15. **Eine Kultur der Dankbarkeit fördern:** Schaffe ein Umfeld, in dem das Ausdrücken von Dankbarkeit selbstverständlich ist. Wenn Menschen sich wertgeschätzt fühlen, steigt ihre Bereitschaft, sich weiterhin auf wechselseitige Beziehungen einzulassen..

Durch die Anwendung dieser Strategien lässt sich ein tiefes Gefühl von Gegenseitigkeit in Beziehungen entwickeln, das Zusammenarbeit und gemeinsames Wachstum fördert. Dieser Ansatz stärkt nicht nur bestehende Bindungen, sondern schafft auch ein unterstützendes Umfeld, in dem alle gemeinsam erfolgreich sein können.

Fazit: Gegenseitigkeit als Lebenselixier gelingender Beziehungen

Gegenseitigkeit bildet eine wesentliche Grundlage für das Gedeihen von Beziehungen in allen Lebensbereichen – ob persönlich, beruflich oder spirituell. Dieses Prinzip des wechselseitigen Austauschs schafft ein lebendiges Umfeld, in dem Vertrauen, Verantwortungsbewusstsein und gegenseitiger Respekt wachsen können. Wenn Einzelpersonen und Organisationen Gegenseitigkeit bewusst leben, fördern sie Umgebungen, die beständige Loyalität stärken, Innovationen anregen und nachhaltiges Wachstum ermöglichen..

In persönlichen Beziehungen bedeutet Gegenseitigkeit, sich aktiv an einem aufrichtigen Geben und Nehmen zu beteiligen, das emotionale Bindungen stärkt. Diese Offenheit schafft ein Umfeld, in dem Kommunikation frei fließen kann – Menschen fühlen sich sicher, Unterstützung zu geben und anzunehmen, was eine tiefere Verbundenheit fördert.Im beruflichen Kontext zeigt sich Gegenseitigkeit in einem Geist der Zusammenarbeit, bei dem jedes Teammitglied die einzigartigen Beiträge der anderen anerkennt und wertschätzt. Diese gegenseitige Wertschätzung steigert Produktivität und Kreativität und verwandelt den Arbeitsplatz in ein dynamisches Zentrum für Inspiration und Fortschritt..

Gegenseitigkeit fördert ein bereicherndes Gefühl der Verbundenheit und eines gemeinsamen Sinns. Sie unterstützt das Entstehen einer lebendigen Gemeinschaft, in der sich Menschen gegenseitig stärken – getragen von gemeinsamen Werten und Zielen. Dieses kollektive Wachstum bereichert die persönliche Entwicklung und vermittelt ein tiefes Gefühl von Zugehörigkeit und Erfüllung.

Indem wir wechselseitige Beziehungen bewusst in den Mittelpunkt stellen, schaffen wir eine stabile Grundlage für dauerhafte Partnerschaften, die kontinuierliches Wachstum fördern und bedeutende Veränderungen ermöglichen. Solche Verbindungen bilden das Fundament eines erfüllten Lebens – sie befähigen uns, Herausforderungen mit Resilienz zu begegnen und Erfolge gemeinsam zu feiern. Durch gegenseitige Unterstützung und echtes Verständnis entsteht ein Umfeld, in dem jeder Mensch aufblühen kann – und unsere gemeinsame Reise sich zu einem vielschichtigen Geflecht aus geteilten Erfahrungen und gemeinsamen Hoffnungen entfaltet.

Wenn wir nun zu 1.7 Gegenseitiges Wachstum und Verantwortlichkeit übergehen, werden wir untersuchen, wie diese Prinzipien die Grundlagen symbiotischer Beziehungen weiter festigen – und dabei kontinuierliche Weiterentwicklung sowie gemeinsamen Erfolg vorantreiben. 🌱✵

1.7 Gegenseitiges Wachstum und Verantwortlichkeit: Symbiotische Beziehungen dauerhaft stärken

Gedeihende symbiotische Beziehungen beruhen auf den zentralen Prinzipien des gegenseitigen Wachstums und der gemeinsamen Verantwortlichkeit – sie bilden das Fundament für dauerhafte Verbindungen. Diese Prinzipien schaffen ein Umfeld, in dem beide Seiten gemeinsam erfolgreich sein können, und fördern eine Kultur der kontinuierlichen Entwicklung, die auf gemeinsamen Werten und Zielen aufbaut. Indem man in gegenseitiges Wachstum investiert, unterstützt man aktiv die Ziele, Talente und Ambitionen des jeweils anderen – im Bewusstsein, dass Erfolg kein Nullsummenspiel ist. Die Erfolge einer Partei stärken die Widerstandskraft und Stabilität beider und schaffen so eine solide Grundlage, auf der die Partnerschaft gedeihen kann.

Verantwortlichkeit ist in diesem Kontext von zentraler Bedeutung, da sie ein Umfeld schafft, in dem beide Partner hohe Standards an Integrität und Exzellenz wahren. Dazu gehören ehrliche, offene Kommunikation, konstruktives Feedback und die Bereitschaft, Herausforderungen gemeinsam anzugehen. Angesichts weit verbreiteter Beziehungsprobleme wie Gleichgültigkeit, Missverständnissen oder fehlender Orientierung wirkt dieses konsequente Engagement für gegenseitiges Wachstum und Verantwortung als

Schutzmechanismus – gegen Stillstand und Konflikte gleichermaßen.

Diese Prinzipien fördern nicht nur die persönliche Weiterentwicklung, sondern stärken zugleich die Widerstandsfähigkeit der gesamten Beziehung. Eine auf Vertrauen, Transparenz und geteilter Verantwortung basierende Grundlage ermöglicht es beiden Partnern, gegenseitiges Wachstum und Verantwortlichkeit zu leben – und Herausforderungen mit Zuversicht zu begegnen. Diese Form der Zusammenarbeit hält Beziehungen lebendig, anpassungsfähig und auf nachhaltigen Erfolg ausgerichtet, da sich beide Partner gegenseitig dazu inspirieren, neue Höhen zu erreichen. Indem sie Zeit und Energie in die Pflege dieser Werte investieren, entsteht eine tiefere und erfüllendere Verbindung, die sich flexibel an individuelle wie gemeinsame Erfahrungen anpasst.

1.7.1 Gegenseitiges Wachstum verstehen: Ein Bekenntnis zu gemeinsamer Entwicklung

Gegenseitiges Wachstum ist mehr als nur ein einfaches Konzept – es ist eine fortlaufende Reise, die dann gedeiht, wenn beide Seiten einer Beziehung aktiv zur Entwicklung des jeweils anderen beitragen. Diese Form der Zusammenarbeit schafft ein unterstützendes Umfeld, in dem Lernen, Anpassungsfähigkeit und Fortschritt gefördert werden. Mutuales Wachstum geht über bloße Beteiligung hinaus: Es ist eine gemeinsame Expedition, bei der Einzelpersonen, Teams und Organisationen eng zusammenarbeiten, um voranzukommen – im Bewusstsein, dass ihre Erfolge miteinander verbunden sind.

In einem solchen kollaborativen Umfeld bringt jede*r Beteiligte individuelle Stärken, vielfältige Erfahrungen und persönliche Ziele ein. Wenn diese Elemente mit gemeinsamen

Zielen in Einklang stehen, entsteht eine Synergie, die nicht nur die Fähigkeiten des Einzelnen erweitert, sondern auch eine kollektive Vision fördert, die die gesamte Gruppe trägt. Diese gemeinsame Vision ist von zentraler Bedeutung – sie schafft Klarheit über Sinn und Richtung und motiviert alle, nach Exzellenz zu streben.

Zentral für diesen Prozess sind fortlaufende Feedback-Kanäle, transparente Kommunikation und eine beständige Bereitschaft, sich an veränderte Gegebenheiten anzupassen. Diese Elemente fördern eine Kultur der Kreativität und Innovation, in der neue Ideen und Lösungsansätze entstehen können. Wenn Menschen sich sicher fühlen, ihre Gedanken und Vorschläge offen zu teilen, stärkt das ihr Gefühl der Mitverantwortung und ihr Engagement für die Beziehung.

Letztlich verkörpert gegenseitiges Wachstum ein tiefes Bekenntnis zum Erfolg des jeweils anderen. Es fördert bedeutsame Interaktionen, die auf Vertrauen, Respekt und Empathie beruhen – stärkt Beziehungen und verbessert die Ergebnisse sowohl auf persönlicher als auch auf beruflicher Ebene. Wenn beide Seiten aktiv an dieser gemeinsamen Entwicklung teilnehmen, erreichen sie nicht nur ihre individuellen Ziele, sondern leisten auch einen wertvollen Beitrag zum Gesamterfolg ihrer gemeinsamen Vorhaben.

Zentrale Elemente gegenseitigen Wachstums:

1. **Kontinuierliches Lernen:** Aktive Weiterbildung und stetige Weiterentwicklung von Fähigkeiten.
2. **Konstruktives Feedback:** Geben und Annehmen von Rückmeldungen, die zur Verbesserung beitragen.

3. **Zielausrichtung:** Sicherstellen, dass persönliche und organisatorische Ziele sich gegenseitig unterstützen.
4. **Anpassungsfähigkeit und Innovation:** Förderung von Offenheit, Erkundung und Experimentierfreude, um auf Veränderungen reagieren zu können.

Führungsimpuls:

Führungskräfte, die gemeinsames Wachstum in den Mittelpunkt stellen, spielen eine entscheidende Rolle bei der Schaffung eines Umfelds, das Teams dazu befähigt, Verantwortung für ihre berufliche Entwicklung zu übernehmen. Durch die Förderung von Autonomie und Verantwortlichkeit entsteht eine Kultur, die Neugier weckt, Innovation anregt und ein starkes Streben nach Exzellenz vermittelt. Wenn Führungskräfte in ihre Teams investieren – sei es durch Weiterbildung, Mentoring oder gezielte Ressourcenbereitstellung – schaffen sie einen Arbeitsplatz, an dem sich Mitarbeitende wertgeschätzt, respektiert, gefordert und motiviert fühlen, über sich hinauszuwachsen. Dieses unterstützende Umfeld ermutigt dazu, neues Wissen zu suchen, kreative Lösungen zu entwickeln und kontinuierlich besser zu werden – was sich in gesteigerter Leistung und gemeinsamem Erfolg niederschlägt.

Der Fokus auf gemeinsames Wachstum fördert somit nicht nur individuelle Karrieren, sondern treibt auch die Entwicklung der gesamten Organisation voran..

Fallstudie: Googles Investition in das Wachstum seiner Mitarbeitenden

Googles konsequentes Engagement für kollektives Wachstum innerhalb des Unternehmens verdeutlicht die transformative Wirkung gezielter Investitionen in die Mitarbeitenden. Eine besonders bemerkenswerte Initiative ist die sogenannte „20 %-Zeit"-Regelung, die es Mitarbeitenden ermöglicht, bis zu 20 % ihrer Arbeitszeit innovativen Ideen und Herzensprojekten zu widmen, die nicht unmittelbar mit ihren Hauptaufgaben zusammenhängen. Diese Flexibilität fördert eine Kultur des kontinuierlichen Lernens und der Kreativität und ermutigt die Mitarbeitenden, über den Tellerrand hinauszudenken und ihren unternehmerischen Geist zu entfalten..

Durch die Förderung eines solchen Arbeitsumfelds hat Google erfolgreich eine Kultur geschaffen, in der Experimentierfreude und Zusammenarbeit gedeihen können. Diese Strategie hat wegweisende Produkte hervorgebracht, die die Technologiebranche maßgeblich geprägt haben – darunter Gmail, ein E-Mail-Dienst, der die Art der Kommunikation grundlegend verändert hat, und Google Maps, das Navigation und Standortdienste revolutionierte. Diese Entwicklungen unterstreichen die erheblichen Vorteile gezielter Investitionen in die Mitarbeitendenentwicklung – zum Nutzen sowohl der Einzelnen als auch der Organisation – und festigen Googles Stellung als führendes Unternehmen im Technologiesektor

✅ **Dynamik gegenseitigen Wachstums:**

- **Gestärkte Kreativität:** Mitarbeitende erhalten die Freiheit, innovativ zu denken und neue Ideen zu verfolgen.

- **Organisatorischer Fortschritt:** Google profitiert von bahnbrechenden Innovationen und gesteigertem Mitarbeiterengagement

- **Nachhaltige Führungsstärke:** Gegenseitige Investition schafft einen Kreislauf, in dem sowohl die Mitarbeitenden als auch das Unternehmen aufblühen.

1.7.2 Verantwortlichkeit: Integrität und Exzellenz sichern

Verantwortlichkeit ist ein zentrales Element, das Beziehungen entscheidend stärkt, indem es sicherstellt, dass sie mit grundlegenden Werten und gemeinsamen Zielen im Einklang stehen. Sie fördert ein transparentes Umfeld, in dem beide Parteien ein Gefühl der Verantwortung für ihr Handeln und dessen Konsequenzen entwickeln. Diese geteilte Verantwortung schafft eine Kultur des Vertrauens, in der Menschen ihre Gedanken, Anliegen und Wünsche offen äußern können – ohne Angst vor Verurteilung oder negativen Konsequenzen.

Im Kontext symbiotischer Beziehungen – ob persönlich, beruflich oder kollaborativ – fungiert Verantwortlichkeit als entscheidender Schutzmechanismus gegen Selbstzufriedenheit. Sie erinnert beide Parteien kontinuierlich daran, engagiert zu bleiben und sich dem gemeinsamen Wachstum und der Weiterentwicklung zu verpflichten, wodurch eine aktive Mitgestaltung der Beziehung gefordert wird. Durch die Stärkung ethischen Handelns und bewährter Verhaltensweisen ermutigt Verantwortlichkeit dazu, Werte, Motive und Verhaltensweisen regelmäßig zu reflektieren – und so die Integrität der Beziehung dauerhaft zu wahren.

Darüber hinaus fördert das Bekenntnis zur Verantwortlichkeit das gemeinsame Streben nach Exzellenz, indem es alle Beteiligten dazu ermutigt, sich kontinuierlich weiterzuentwickeln und innovative Wege zu gehen. Indem man sich gegenseitig zur Verantwortung zieht, unterstützt man sich nicht nur dabei, das eigene Potenzial auszuschöpfen, sondern schafft auch ein Umfeld, das konstruktives Feedback und Lernen willkommen heißt. Die Integration von Verantwortlichkeit in

Beziehungen führt zu widerstandsfähigeren und dynamischeren Partnerschaften, die sich an Herausforderungen anpassen und in einem sich wandelnden Umfeld gedeihen können. Wenn Einzelne Verantwortung für ihre Rollen und Beiträge übernehmen, entsteht eine stabile Grundlage für Zusammenarbeit und gemeinsamen Erfolg – und damit die Voraussetzung dafür, dass die Beziehung langfristig Bestand hat und wächst.

Zentrale Elemente der Verantwortlichkeit:

1. **Klare Erwartungen:** Festlegung gemeinsam vereinbarter Standards und Ziele.

2. **Regelmäßige Rückmeldungen:** Kontinuierliche Kommunikation und Bewertung des Fortschritts.

3. **Ehrliches Feedback:** Konstruktive Rückmeldungen zur Bewältigung von Herausforderungen und Optimierung von Strategien.

4. **Gemeinsame Verantwortung:** Gegenseitige Rechenschaft für individuellen und gemeinsamen Erfolg.

Führungsimpuls:

Führungskräfte, die den Aufbau einer Kultur der Verantwortlichkeit aktiv fördern, befähigen ihre Teams dazu, echte Verantwortung für ihre Aufgaben zu übernehmen. Dieser Führungsansatz steigert nicht nur die individuelle Leistung, sondern schafft auch ein kooperatives Umfeld, das von tief verwurzeltem Vertrauen geprägt ist. Indem Führungskräfte Transparenz und Integrität in ihrem Handeln und ihren Entscheidungen vorleben, setzen sie ein starkes Vorbild für ihre Teams. Solches Verhalten schafft einen stabilen Rahmen, in dem sich Teammitglieder gleichermaßen ermutigt und verpflichtet fühlen, sowohl sich selbst als auch ihre Kolleginnen zur Rechenschaft zu ziehen.

Diese Kultur fördert eine offene Kommunikation, in der Teammitglieder Bedenken äußern und konstruktives Feedback geben können, ohne Sanktionen befürchten zu müssen. In der Folge identifizieren sich Mitarbeitende stärker mit ihren Aufgaben und Ergebnissen, da ihnen bewusst ist, welchen Einfluss ihr Beitrag auf den Erfolg des Teams hat. Letztlich führt eine ausgeprägte Kultur der Verantwortlichkeit zu höherem Engagement, besseren Leistungskennzahlen und einem gesteigerten Gefühl von Erfüllung bei der Arbeit – weil die Mitarbeitenden erleben, dass ihre Leistungen anerkannt und geschätzt werden.

Fallstudie: Die Verantwortlichkeitskultur bei Bridgewater Associates

Bridgewater Associates, einer der weltweit größten Hedgefonds, ist bekannt für seinen einzigartigen Ansatz in der Unternehmenskultur – geprägt von radikaler Transparenz und einem ausgeprägten Verantwortungsbewusstsein. Unter der visionären Führung von Gründer Ray Dalio hat das Unternehmen ein innovatives System entwickelt, das Mitarbeitende auf allen Ebenen dazu ermutigt, ehrliches und konstruktives Feedback zu geben – unabhängig von der hierarchischen Stellung. Diese Praxis fördert nicht nur eine offene Kommunikation, sondern schafft auch eine Kultur, in der alle Stimmen Gehör finden – was zu fundierteren und kooperativeren Entscheidungsprozessen führt.

Durch die aktive Förderung von Verantwortlichkeit befähigt Bridgewater seine Mitarbeitenden, Verantwortung für ihre Rollen zu übernehmen und zum gemeinsamen Erfolg des

Unternehmens beizutragen. Dieses Bekenntnis zur Transparenz stellt sicher, dass Entscheidungen mit Integrität getroffen werden – was das Vertrauen im Team stärkt und die Gesamtleistung verbessert. Der Fokus auf kontinuierliche Verbesserung ist fest in der Unternehmenskultur verankert und motiviert die Mitarbeitenden, aus Fehlern zu lernen und ihr Wissen zu teilen – wodurch sowohl persönliches als auch berufliches Wachstum gefördert wird. Dieses dynamische Umfeld ermöglicht es Bridgewater nicht nur, sich souverän in den komplexen Finanzmärkten zu bewegen, sondern setzt zugleich einen Maßstab für andere Unternehmen der Branche.

✅ Dynamik der Verantwortlichkeit:

- **Offener Dialog:** Mitarbeitende führen offene Gespräche über Leistung und strategische Ausrichtung.
- **Kontinuierliche Verbesserung:** Konstruktives Feedback fördert Innovation und Weiterentwicklung.
- **Organisatorisches Vertrauen:** Eine Kultur der Transparenz stärkt den Zusammenhalt und die Zielausrichtung im Team.

1.7.3 Der Schnittpunkt von gegenseitigem Wachstum und Verantwortlichkeit

Gegenseitiges Wachstum und Verantwortlichkeit sind eng miteinander verknüpfte Prinzipien, die sich gegenseitig stärken und aufwerten. Wachstum ohne Verantwortlichkeit kann zu Ziellosigkeit und Selbstzufriedenheit führen – Menschen oder Organisationen streben nach Entwicklung, ohne sich kritisch zu hinterfragen oder Verantwortung zu übernehmen. Dadurch werden Ressourcen verschwendet und die Orientierung geht verloren. Umgekehrt führt Verantwortlichkeit ohne Wachstum oft zu Erstarrung und Stillstand, da Einzelne oder Organisationen an überholten Strukturen festhalten und ihre Fähigkeit verlieren, sich neuen Herausforderungen oder Chancen anzupassen..

Wenn diese beiden Prinzipien in Einklang stehen, entsteht ein dynamisches Umfeld, das kontinuierliche Weiterentwicklung fördert. In einem solchen Klima sind sowohl Einzelpersonen als auch Organisationen motiviert, ihre Ziele zu verfolgen – bei gleichzeitiger Verantwortung für ihr Handeln und ihre Entscheidungen. Dieses Gleichgewicht begünstigt einen fortlaufenden Dialog über Fortschritt und Qualitätsstandards und stellt sicher, dass alle Bemühungen mit den grundlegenden Werten und Zielen übereinstimmen. Letztlich schafft das Zusammenspiel von Wachstum und Verantwortlichkeit eine widerstandsfähige Kultur, in der Innovation gedeiht und Menschen sich ermächtigt fühlen, bedeutungsvolle Beiträge zum gemeinsamen Erfolg zu leisten.

Vorteile der Integration von gegenseitigem Wachstum und Verantwortlichkeit:

- **Gestärktes Vertrauen:** Regelmäßiges Feedback und gegenseitige Investition fördern Vertrauen und Verlässlichkeit.

- **Gesteigerte Leistungsfähigkeit:** Einzelpersonen und Teams erzielen bessere Ergebnisse, wenn sie unterstützt und zugleich zur Verantwortung gezogen werden.

- **Widerstandskraft in Krisen:** Eine Kultur des gegenseitigen Wachstums und der Verantwortlichkeit befähigt Organisationen, Herausforderungen wirksam zu meistern.

Führungsimpuls:

Führungskräfte, die gegenseitiges Wachstum und Verantwortlichkeit wirkungsvoll in Einklang bringen, formen leistungsstarke Teams, die nicht nur widerstandsfähig und innovativ sind, sondern sich auch mit großem Engagement für gemeinsame Ziele einsetzen. Indem sie ein Umfeld schaffen, in dem sich jedes Teammitglied ermutigt fühlt, sich persönlich und beruflich weiterzuentwickeln und gleichzeitig Verantwortung für den eigenen Beitrag übernimmt, legen diese Führungskräfte den Grundstein für nachhaltige Exzellenz. Dieser Ansatz fördert eine Kultur des Vertrauens und der Zusammenarbeit, in der Menschen bereit sind, Risiken einzugehen und neue Ideen zuzulassen. Letztlich sind Teammitglieder, die in ihrem Wachstum unterstützt werden und den Wert ihrer Verantwortlichkeiten erkennen, eher bereit, sich voll einzubringen, Herausforderungen anzunehmen und zu einer gemeinsamen Vision des Erfolgs beizutragen.

1.7.4 Folgen der Vernachlässigung von gegenseitigem Wachstum und Verantwortlichkeit

Werden gegenseitiges Wachstum und Verantwortlichkeit vernachlässigt, sind sowohl Beziehungen als auch Organisationen anfällig für vielfältige negative Folgen – darunter Stillstand, Zielkonflikte und im schlimmsten Fall vollständiges Scheitern. Ein starkes Bekenntnis zu Wachstum ist entscheidend: Fehlt dieses, können Einzelpersonen und Teams in Selbstzufriedenheit verfallen, was ihren Fortschritt und ihre Innovationsfähigkeit lähmt. Diese Trägheit hemmt kreative Prozesse und erschwert die Erkundung neuer Ideen – und blockiert damit sowohl die persönliche als auch die gemeinsame Weiterentwicklung.

Darüber hinaus führt das Fehlen von Verantwortlichkeit zu einem Umfeld, in dem ethische Standards erodieren können – wodurch schlechte Entscheidungsprozesse zur Norm werden. Wenn Teammitglieder einander nicht zur Rechenschaft ziehen, steigt die Wahrscheinlichkeit für unethisches Verhalten und Entscheidungen, die kurzfristigen Nutzen über langfristige Entwicklung stellen. Ein solches unreguliertes Klima schwächt das Vertrauen, behindert die Kommunikation und verstärkt die Zielentfremdung innerhalb des Teams – was die Zusammenarbeit und den nachhaltigen Erfolg erheblich gefährdet.

Daher ist es unerlässlich, eine Kultur zu fördern, die sowohl Wachstum als auch Verantwortlichkeit in den Mittelpunkt stellt. Dazu gehört, kontinuierliches Lernen zu ermöglichen, offenes Feedback zu fördern und Strukturen zu etablieren, die ethisches Verhalten stärken.

Auf diese Weise können Einzelpersonen und Organisationen Resilienz, Anpassungsfähigkeit und ein gemeinsames Zielverständnis entwickeln – und damit den Grundstein für langfristigen Erfolg legen.

Folgen der Vernachlässigung:

- **Vertrauensverlust:** Ohne Verantwortlichkeit schwindet das Vertrauen – und lässt sich nur schwer wiederherstellen.
- **Stillstand und Rückschritt:** Selbstzufriedenheit hemmt Innovation und begrenzt das Entwicklungspotenzial.
- **Ethische Anfälligkeit:** Fehlt es an Verantwortlichkeit, steigt das Risiko unethischen Verhaltens und fragwürdiger Entscheidungen.

Fallstudie: Enrons Zusammenbruch durch fehlende Verantwortlichkeit

Der Zusammenbruch der Enron Corporation gilt als eindringliches Mahnbeispiel für die schwerwiegenden Folgen mangelnder Verantwortlichkeit in der Unternehmensführung. Auf dem Höhepunkt ihres Erfolgs wurde Enron als innovatives Energieunternehmen gefeiert – doch hinter dieser Fassade verbarg sich eine Unternehmenskultur, die von Gier und unethischem Verhalten geprägt war. Die Unternehmensführung verfälschte systematisch die Finanzberichte, indem sie komplexe Buchhaltungsverfahren wie Mark-to-Market-Bewertungen und Zweckgesellschaften (Special Purpose Entities) einsetzte, um erhebliche Verluste vor Anlegern und Aufsichtsbehörden zu verschleiern.

Ohne ein verlässliches System der Verantwortlichkeit stellte das Unternehmen Profit über ethische Grundsätze, was zu leichtfertigen Entscheidungen und betrügerischem Verhalten führte. Die Folgen dieser Handlungen waren katastrophal und gipfelten in einem der größten Unternehmensskandale der Geschichte. Enrons Insolvenz vernichtete die Ersparnisse und Arbeitsplätze von Tausenden und löste eine Welle regulatorischer Reformen aus – darunter der Sarbanes-Oxley Act von 2002, der die Transparenz und Rechenschaftspflicht in der Finanzberichterstattung nachhaltig stärken soll..

Der Enron-Skandal erschütterte das Vertrauen der Öffentlichkeit in die amerikanische Unternehmenswelt nachhaltig. Das Ereignis verstärkte die allgemeine Skepsis gegenüber Unternehmensführungen und Finanzinstitutionen. Es verdeutlicht eindrucksvoll, wie unverzichtbar ethische Standards und Verantwortlichkeit sind, um die Integrität des Unternehmenssektors zu wahren.

✅ **Dynamik der Folgen von Vernachlässigung:**

- **Mangelnde Kontrolle:** Das Fehlen von Verantwortlichkeit ermöglichte unethisches Verhalten ohne Konsequenzen.

- **Verlust des Vertrauens von Interessengruppen:** Der Zusammenbruch führte zu weitreichender Enttäuschung und finanzieller Zerstörung.

- **Unwiederbringlicher Schaden:** Enrons Untergang machte deutlich, wie entscheidend Verantwortlichkeit für den Erhalt von Vertrauen und Integrität ist.

1.7.5 Praktische Strategien zur Förderung von gegenseitigem Wachstum und Verantwortlichkeit

Um Umgebungen zu schaffen, die gegenseitiges Wachstum und Verantwortlichkeit fördern, bedarf es eines durchdachten, zielgerichteten Ansatzes – geprägt von Klarheit in der Struktur und dem konsequenten Engagement aller Beteiligten. In persönlichen Beziehungen bedeutet das nicht nur, offene Kommunikationswege zu etablieren, sondern auch einen geschützten Raum zu schaffen, in dem Gedanken und Gefühle frei geäußert werden können. Gemeinsame Ziele, die mit den individuellen Bestrebungen beider Seiten in Einklang stehen, fördern die gegenseitige Unterstützung und stärken das Gefühl von Partnerschaft und Zusammenarbeit. Im beruflichen Kontext wird eine Kultur der Verantwortlichkeit insbesondere durch konsistente Feedbackstrukturen gefestigt – etwa durch regelmäßige Leistungsbeurteilungen und informelle Gespräche, die helfen, Erwartungen abzugleichen und Erfolge anzuerkennen.

Die Umsetzung gemeinschaftlicher Projekte, die die Kernwerte einer Organisation verkörpern, stärkt nicht nur das Gemeinschaftsgefühl, sondern ermöglicht es den Teammitgliedern auch, ihre individuellen Stärken einzubringen und voneinander zu lernen. Die Förderung von Transparenz in Entscheidungsprozessen kann Mitarbeitende zusätzlich stärken und ihr Engagement für die Ziele der Organisation vertiefen. In spirituellen Gemeinschaften lässt sich ein wachstumsförderndes Umfeld durch Diskussionsrunden, Workshops und Retreats schaffen, die das Verständnis spiritueller Prinzipien vertiefen. Solche Formate bieten Raum für kollektive Reflexion und persönliche Entwicklung – und ermöglichen es den Teilnehmenden, ihren Glauben zu erforschen und sich auf einer tieferen Ebene mit der Gemeinschaft zu verbinden.

Die Integration dieser Prinzipien in den Alltag – sei es in persönlichen Beziehungen, am Arbeitsplatz oder in gemeinschaftlichen Zusammenhängen – unterstützt Einzelpersonen und Organisationen dabei, ihren Kernwerten treu zu bleiben. Diese konsequente Ausrichtung fördert eine Kultur der gegenseitigen Unterstützung und des gemeinsamen Erfolgs und stärkt zugleich das kontinuierliche Streben nach Exzellenz zum Wohle aller Beteiligten. Solche Umfelder zeichnen sich durch eine starke Lernkultur aus, die es Einzelnen und Gruppen ermöglicht, Herausforderungen wirksam zu bewältigen und ihr Wachstum gemeinsam zu reflektieren und zu feiern.

Strategien zur Förderung von gegenseitigem Wachstum:

1. **Klare Ziele setzen:** Beginnen Sie damit, gemeinsam spezifische und messbare Ziele zu definieren, die sowohl mit den individuellen Bestrebungen als auch mit den übergeordneten Zielen der Organisation übereinstimmen.

Diese Ziele sollten klar kommuniziert und regelmäßig überprüft werden, um den Fortschritt zu bewerten und ein gemeinsames Verständnis von Erfolg auf allen Ebenen zu fördern.

2. **Kontinuierliches Lernen fördern:** Etablieren Sie eine Kultur, die kontinuierliche berufliche und persönliche Weiterentwicklung wertschätzt, indem Sie vielfältige Lernmöglichkeiten anbieten. Dazu gehören Workshops, Online-Kurse, Mentoring-Programme oder der Zugang zu Fachkonferenzen. Ermutigen Sie Teammitglieder, Interessen zu verfolgen, die ihre Fähigkeiten und ihr Wissen erweitern, und sorgen Sie dafür, dass sie sich auf ihrem Entwicklungsweg unterstützt fühlen.

3. **Fortschritte feiern:** Würdigen und belohnen Sie aktiv Erfolge – sowohl große als auch kleine –, um eine Kultur des Wachstums und der Motivation zu stärken. Entwickeln Sie formelle und informelle Wege, um Meilensteine zu feiern, z. ☐B. durch Teammeetings, Unternehmens-Newsletter oder Anerkennungstafeln. Diese Wertschätzung vermittelt ein Gefühl der Erfüllung und fördert ein positives Umfeld, in dem sich Menschen für ihre Beiträge gesehen und geschätzt fühlen.

Strategien zur Stärkung der Verantwortlichkeit:

1. **Erwartungen klar definieren:** Legen Sie die spezifischen Rollen und Verantwortlichkeiten jedes Teammitglieds eindeutig fest, sodass alle verstehen, wie ihr individueller Beitrag mit den übergeordneten Zielen der Organisation zusammenhängt. Setzen Sie messbare und realistische Leistungsstandards und definieren Sie klare Erfolgskriterien. Diese Klarheit fördert ein Gefühl

der Eigenverantwortung und stärkt die Bereitschaft zur Rechenschaft.

2. **Feedback-Mechanismen etablieren:** Führen Sie regelmäßige Gespräche und strukturierte Feedback-Sitzungen ein – etwa wöchentliche Einzelgespräche oder monatliche Leistungsbewertungen –, um offene Kommunikation zu fördern. Geben Sie dabei konstruktives Feedback, das sowohl Stärken als auch Verbesserungsmöglichkeiten beleuchtet, und unterstützen Sie so eine wachstumsorientierte Denkweise. Ermutigen Sie außerdem Teammitglieder, ihre eigenen Gedanken und Erkenntnisse einzubringen, um eine beidseitige Feedback-Kultur zu etablieren, die die Zusammenarbeit im Team stärkt..

3. **Verantwortlichkeit vorleben:** Gehen Sie als Führungskraft mit gutem Beispiel vor, indem Sie Transparenz und ethisches Verhalten in all Ihren Handlungen zeigen und damit einen hohen Standard an Integrität und Verantwortungsbewusstsein für das Team setzen. Erkennen Sie eigene Fehler an und lernen Sie daraus, um zu verdeutlichen, dass Verantwortlichkeit ein gemeinsames Engagement ist. Indem Sie diese Werte konsequent vorleben, fördern Sie eine Kultur des Vertrauens und der Wertschätzung – und ermutigen andere, in ihren Rollen ebenso verantwortungsvoll zu handeln.

Fazit: Die Kraft von gegenseitigem Wachstum und Verantwortlichkeit

Gegenseitiges Wachstum und Verantwortlichkeit bilden das Fundament starker, symbiotischer Beziehungen und sind entscheidend für den Erfolg in persönlichen wie beruflichen

Kontexten. Diese Prinzipien gewährleisten, dass Individuen, Teams und Organisationen mit ihren Kernwerten im Einklang stehen, während sie kontinuierlich nach Verbesserung streben. Durch aktives Investment in die Entwicklung des jeweils anderen – etwa durch Mentoring, Wissensaustausch oder konstruktives Feedback – fördern wir ein Umfeld, das von Vertrauen und Zusammenarbeit geprägt ist.

Ebenso wichtig ist unser gemeinsames Bekenntnis zur gegenseitigen Verantwortlichkeit. Dieses Verantwortungsbewusstsein fördert eine Kultur der Verlässlichkeit und Offenheit, in der Individuen befähigt werden, ihren Verpflichtungen nachzukommen und gemeinsame Ziele zu erreichen. Durch die Zusammenarbeit zur Unterstützung des gegenseitigen Wachstums und zur Aufrechterhaltung hoher Standards schaffen wir lebendige Ökosysteme, in denen Exzellenz gedeiht und langfristiger Erfolg zur Gewissheit wird – nicht nur zur Möglichkeit. In solchen Umgebungen sind wir besser in der Lage, Herausforderungen zu bewältigen, mit Zuversicht zu innovieren und gemeinsam einen bedeutenderen Beitrag zu leisten..

Kapitel 1 – Rückblick: Die Bedeutung der Symbiose in modernen Beziehungen

Zum Abschluss unserer Auseinandersetzung mit dem Konzept der Symbiose wird deutlich, dass dieses weit über seine biologischen Ursprünge hinausgeht und den Kern bedeutungsvoller menschlicher Beziehungen und wirksamer Führung berührt. Symbiose bedeutet mehr als bloße Zusammenarbeit – sie bildet ein grundlegendes Modell, das aufzeigt, wie Einzelpersonen, Teams und ganze Gemeinschaften durch gegenseitigen Nutzen, Verantwortungsbewusstsein und ein gemeinsames Ziel gedeihen können..

Im Kern betont Symbiose die Wechselseitigkeit von Beziehungen und verdeutlicht, dass wahrer Erfolg häufig durch Zusammenarbeit statt durch Wettbewerb erreicht wird. Wenn Einzelpersonen und Organisationen die Bedeutung gemeinschaftlicher Arbeit erkennen, die Stärken anderer nutzen und Schwächen gemeinsam angehen, schaffen sie Umgebungen, in denen Kreativität und Innovation gedeihen können. Diese Verbundenheit fördert eine Kultur des Vertrauens und der Resilienz, in der sich die Mitglieder wertgeschätzt fühlen und ermutigt werden, ihren Beitrag zu leisten..

Darüber hinaus prägt die Essenz der Symbiose auch die Führungskultur, da effektive Führungskräfte gegenseitigen Respekt und gemeinsame Ziele verkörpern. Sie inspirieren ihre Teams, indem sie eine Vision fördern, die persönliche Ambitionen mit den Zielen der Gruppe in Einklang bringt, sodass alle auf ein gemeinsames Ziel hinarbeiten können. Diese Führungskräfte verstehen, dass Verantwortlichkeit in beide Richtungen wirkt – sie fördern Verantwortungsbewusstsein unter den Teammitgliedern sowie die Verpflichtung, diejenigen zu unterstützen und zu stärken, die sie führen.

Letztlich bereichert die bewusste Integration von Symbiose in unsere persönlichen und beruflichen Beziehungen unsere Interaktionen und fördert nachhaltiges Wachstum. Indem wir Verbindungen pflegen, die auf Zusammenarbeit, Empathie und einem gemeinsamen Zweck beruhen, schaffen wir lebendige Gemeinschaften, die in einer zunehmend komplexen Welt nicht nur überleben, sondern gedeihen. Dieses Kapitel betrachtet Symbiose aus verschiedenen Perspektiven – historisch, zwischenmenschlich, kosmisch und spirituell – und unterstreicht ihre Bedeutung für das menschliche Wohlergehen über Zeit und Raum hinweg. Die Erkenntnisse zeigen, dass gegenseitige

Abhängigkeit Nachhaltigkeit, Resilienz und Wachstum in der Natur, im Universum und in der Führung begünstigt.

Werfen wir einen Blick auf einige der wichtigsten Erkenntnisse aus diesem Kapitel und darauf, wie sie mit moderner Führung in Verbindung stehen:

☐ **Historische Wurzeln & menschliches Vermächtnis**

Partnerschaften waren historisch gesehen entscheidend für die Gestaltung von Gesellschaften. Diese Beziehungen verdeutlichen eine wesentliche Erkenntnis: Die stärksten und dauerhaftesten Verbindungen beruhen auf gegenseitiger Abhängigkeit und gemeinsamen Zielen. Innerhalb solcher Partnerschaften fördern Führungskräfte einen kooperativen Geist, in dem Erfolg durch gegenseitige Investition, Vertrauen und geteilte Verantwortung erreicht wird. Die Essenz wirksamer Führung liegt nicht in der Isolation, sondern in der Fähigkeit, auf die Stärken anderer zurückzugreifen – in dem Bewusstsein, dass kollektives Handeln häufig zu größerer Innovation und Resilienz führt. Ob in kleinen Gemeinschaften oder auf internationaler Ebene – diese dauerhaften Bindungen erinnern uns daran, dass Zusammenarbeit entscheidend ist, um Herausforderungen zu meistern und gemeinsame Ziele zu erreichen,

✅ **Führungsparallele:**

Wirksame Führungskräfte verstehen, dass die größte Stärke ihres Teams nicht aus der Beherrschung anderer entsteht, sondern aus der Förderung von Teamarbeit. Sie erkennen den Wert unterschiedlicher Perspektiven und Talente an und wissen, dass Erfolg nicht von einer einzelnen Person allein erreicht werden kann. Der Aufbau von Partnerschaften schafft ein Umfeld, in dem sich alle wertgeschätzt und befähigt fühlen –

was letztlich die Gesamtstärke des Teams erhöht. Dieser Ansatz fördert Vertrauen und offene Kommunikation, inspiriert zu Kreativität und Innovation und stärkt ein Gefühl von Zusammenhalt und gemeinsamer Zielsetzung unter allen Teammitgliedern.

☐ **Die Natur und das Universum als unser Vorbild**

Die Ökosysteme der Natur und die komplexen kosmischen Wechselwirkungen im Universum vermitteln eine tiefgreifende Wahrheit: Alles Leben gedeiht durch Verbundenheit, nicht durch Isolation. Ein faszinierendes Beispiel ist die Beziehung zwischen Pilzen und Bäumen. Pilze bilden unterirdische Netzwerke, die den Austausch von Nährstoffen ermöglichen und sowohl ihnen selbst als auch den Bäumen zugutekommen. Diese wechselseitige Beziehung fördert nicht nur das Wachstum, sondern stärkt das gesamte Ökosystem..

Darüber hinaus veranschaulicht die Verbindung der Erde mit der Sonne einen weiteren Aspekt dieser wechselseitigen Verbundenheit. Die Sonne liefert die notwendige Energie für die Photosynthese in Pflanzen, die wiederum Sauerstoff und organische Substanz erzeugen – lebenswichtig für zahlreiche Arten. Dieses fein abgestimmte Gleichgewicht und das gegenseitige Geben und Nehmen verdeutlichen, dass das Leben ein Geflecht aus vielen Fäden ist, von denen jeder auf die anderen angewiesen ist, um zu gedeihen und zu überleben.

In einem erweiterten Sinne erinnern uns diese Wechselwirkungen daran, dass Harmonie in der Natur Zusammenarbeit, gegenseitige Unterstützung und Verständnis erfordert. Wenn Elemente im Einklang agieren – sei es in einem Ökosystem oder im Kosmos –, entstehen Bedingungen, unter denen Leben wirklich gedeihen kann. Die Betonung dieser

Verbundenheit ermutigt uns, unsere Rolle innerhalb einer größeren Gemeinschaft wertzuschätzen und diese Beziehungen im Sinne kommender Generationen zu pflegen

✅ Parallele zur Führung:

Führungskräfte sind am wirkungsvollsten, wenn sie Umgebungen schaffen, die auf Vertrauen, Kreativität und Zusammenarbeit basieren. Solche Umgebungen ähneln florierenden Ökosystemen, die Leben fördern und erhalten, indem sie Kooperation über Konkurrenz stellen. Durch die Förderung offener Kommunikation und die Wertschätzung vielfältiger Perspektiven können Führungskräfte innovatives Denken und gemeinsames Problemlösen anregen. In solchen Strukturen fühlen sich Einzelne wertgeschätzt und befähigt, ihre Ideen einzubringen – was wiederum zu einem stärkeren und dynamischeren Team führt. Letztlich liegt die Stärke dieser ökologischen Netzwerke in ihrer Fähigkeit, sich gemeinsam weiterzuentwickeln und anzupassen – ein Schlüssel für den nachhaltigen Erfolg der gesamten Organisation.

☐ Die Kraft der Gegenseitigkeit

Gesunde Beziehungen gedeihen durch einen kontinuierlichen Austausch von Geben und Nehmen, der sicherstellt, dass sich beide Parteien wertgeschätzt und unterstützt fühlen. Dieses Prinzip gilt nicht nur für persönliche Beziehungen, sondern auch für organisatorische Kontexte wie Unternehmen, Familien oder kirchliche Gemeinschaften. Wenn gegenseitige Investition zur Regel statt zur Ausnahme wird, entfaltet sich eine lebendige Dynamik.

Aus unternehmerischer Sicht fördern Unternehmen, die gegenseitige Unterstützung unter Mitarbeitenden durch

Feedback, Zusammenarbeit und Mentoring aktiv unterstützen, meist ein stärker engagiertes und produktiveres Team. Ähnlich verhält es sich in Familiendynamiken: Offene Kommunikation und geteilte Verantwortlichkeiten schaffen ein nährendes Umfeld, in dem sich jedes Mitglied gestärkt und verbunden fühlt. Darüber hinaus stärkt eine gemeinsame Investition in Beziehungen das Gemeinschaftsgefühl. Wenn Führungskräfte und Mitglieder gemeinsam durch Dienst, gemeinsame Ziele und offene Kommunikation handeln, entsteht eine lebendige und widerstandsfähige Gemeinschaft. Letztlich beruht die Gesundheit jeder Beziehung – ob persönlich oder organisatorisch – auf der grundlegenden Praxis des Gebens und Nehmens, wodurch eine ausgewogene Harmonie entsteht, die allen zugutekommt.

✅ Parallele zur Führung:

Führungskräfte, die aktiv in ihre Teams investieren, indem sie eine Kultur der Ermutigung, Anerkennung und Wachstumschancen fördern, profitieren in der Regel erheblich von der gesteigerten Mitarbeiterbindung, Innovationskraft und langfristigem Erfolg. Durch regelmäßige Ermutigung motivieren Führungskräfte nicht nur ihre Mitarbeitenden, sondern schaffen auch ein Umfeld, in dem sich Individuen wertgeschätzt und verstanden fühlen. Anerkennung – sei es durch formelle Auszeichnungen oder einfache Gesten der Wertschätzung – steigert die Moral und bestärkt positives Verhalten.

Darüber hinaus stärkt das Angebot beruflicher Entwicklungsmöglichkeiten – wie Schulungsprogramme, Mentoring oder klar definierte Karrierewege – die Mitarbeitenden darin, ihre Fähigkeiten weiterzuentwickeln und kreativ zum Unternehmen beizutragen. Dieser ganzheitliche Ansatz verbessert nicht nur die individuelle Leistung, sondern

fördert auch eine loyale Belegschaft, die motiviert ist,
Herausforderungen zu meistern und das Unternehmen langfristig
zum Erfolg zu führen..

🐾☐ Vermeidung von Parasitismus und Ausbeutung

In unserer Untersuchung der Mechanismen der
Symbiose haben wir auch die Gegenkräfte beleuchtet, die dieses
harmonische Zusammenspiel stören – insbesondere Parasitismus,
Manipulation und ungezügelten Wettbewerb. Parasitismus liegt
vor, wenn eine Partei auf Kosten einer anderen profitiert, was zu
Ausbeutung führt und die Gesundheit des gesamten Systems
erheblich beeinträchtigen kann. Manipulation bedeutet, dass eine
Partei ihren Einfluss nutzt, um das Verhalten einer anderen zu
kontrollieren oder auszunutzen, wodurch ein
Machtungleichgewicht entsteht, das Vertrauen untergräbt.
Unkontrollierter Wettbewerb wiederum schafft ein Umfeld, in
dem Einzelne oder Gruppen ihren eigenen Erfolg über die
Zusammenarbeit stellen, was zu Erschöpfung und sinkenden
Erträgen für alle Beteiligten führt. Diese Ungleichgewichte
gefährden nicht nur die Stabilität von Beziehungen, sondern
zerstören auch das grundlegende Vertrauen, das für das
Gedeihen jeder kooperativen Unternehmung unerlässlich ist.

✅ Parallele zur Führung:

Wirksame Führungskräfte besitzen die Fähigkeit,
frühzeitig zu erkennen, wenn Beziehungen einseitig oder toxisch
werden. Sie zögern nicht, ausbeuterische Situationen
anzusprechen – sei es durch ein Ungleichgewicht in der
Leistung, emotionale Manipulation oder fehlenden gegenseitigen
Respekt. Das Erkennen solcher Muster ist entscheidend, um die
Integrität ihrer Beziehungen zu wahren. Wenn sie solche
ungesunden Dynamiken bemerken, ergreifen kluge

Führungspersönlichkeiten proaktive Maßnahmen, um gegenzusteuern. Dies kann bedeuten, schwierige Gespräche zu führen, konstruktives Feedback zu geben oder Rollen und Erwartungen neu zu definieren. Sie verstehen die Wichtigkeit klarer Grenzen – zum Schutz ihres eigenen Wohlbefindens ebenso wie zum Schutz aller Beteiligten. Durch dieses entschlossene Handeln fördern sie eine Kultur des Respekts und der gegenseitigen Unterstützung. Sie sorgen dafür, dass Beziehungen von gegenseitigem Nutzen und echtem Verständnis geprägt sind. Dieses Engagement für gesunde Beziehungsdynamiken schafft letztlich ein positives und produktives Umfeld für alle.

✅ Parallele zur Führung:

Wirksame Führung basiert im Kern auf den Prinzipien von Demut und Dienstbereitschaft und unterstreicht die Bedeutung, andere dabei zu unterstützen, ihr Potenzial zu entfalten. Dieser Führungsansatz legt großen Wert auf den Respekt vor dem inneren Wert jedes Einzelnen und fördert ein Umfeld, in dem Zusammenarbeit und gegenseitige Unterstützung gedeihen können. Indem Führungskräfte die Bedürfnisse ihrer Teammitglieder in den Mittelpunkt stellen und deren Weiterentwicklung fördern, schaffen sie eine Kultur, die ethisches Verhalten und gemeinsamen Erfolg stärkt. Letztlich spiegelt dieses Führungsmodell bewährte Prinzipien für den Aufbau harmonischer Beziehungen und kollektiven Wohlstands in Organisationen wider.

Ausblick: Die Anwendung von Symbiose auf jede Beziehung

Wenn wir nun zu Kapitel 2: Die verschiedenen Arten von Beziehungen übergehen, werden wir die Prinzipien der Symbiose auf unterschiedliche Beziehungskontexte anwenden: Familie, Freundschaft, Liebe, berufliche Verbindungen und mehr. Dabei wird deutlich, dass sich die Ausprägung von Gegenseitigkeit, Verantwortlichkeit, Wachstum und gemeinsamer Zielsetzung in jeder Beziehungsform unterscheidet – und dennoch überall von entscheidender Bedeutung ist. Symbiose ist kein fernes Konzept, sondern ein täglicher Auftrag – eine Einladung, zu führen, zu lieben und zu leben auf eine Weise, die es sowohl dir als auch den Menschen um dich herum ermöglicht, gemeinsam zu gedeihen. 🌱✨

Kapitel 2
Die verschiedenen Arten von Beziehungen

Kapitel 2: Die verschiedenen Arten von Beziehungen

Symbiose in menschlichen Beziehungen nimmt vielfältige Formen an, geprägt durch die besonderen Merkmale jeder einzelnen Verbindung. Im Kern jeder Beziehung stehen grundlegende Prinzipien wie gegenseitiger Nutzen, Vertrauen, Verantwortlichkeit und Wachstum. Auch wenn diese Prinzipien universell gelten, äußern sie sich je nach Kontext auf unterschiedliche Weise. Ob wir uns durch die Komplexität familiärer Dynamiken bewegen, Freundschaften pflegen, romantische Partnerschaften gestalten oder in beruflichen Teams zusammenarbeiten – die Lebendigkeit und Stärke jeder Beziehung hängt letztlich davon ab, wie bewusst wir Interdependenz erkennen, respektieren und fördern.

Ein tiefes Verständnis für zwischenmenschliche Verbindungen in unterschiedlichen Kontexten ist entscheidend, um bewusstes Leadership zu fördern, Liebe zu vertiefen und dauerhafte Beziehungen aufzubauen. In der Familie beispielsweise stärkt offene Kommunikation und das gemeinsame Erleben von Momenten das Vertrauen und die gegenseitige Unterstützung. Freundschaften entwickeln sich durch Raum für Verletzlichkeit und kontinuierliche Unterstützung zu gegenseitigem Wachstum. Romantische Beziehungen gedeihen durch emotionale Intimität und gemeinsame Ziele, während berufliche Beziehungen auf klarer Verantwortlichkeit und einer einenden Vision beruhen.

Dieses Kapitel untersucht die grundlegenden Beziehungsarten und beleuchtet deren besondere Merkmale und Herausforderungen. Es greift auf Führungsprinzipien und biblische Lehren zurück, um Wege aufzuzeigen, wie diese

Verbindungen gestärkt und ihre Wirksamkeit verbessert werden können. Durch die vertiefte Auseinandersetzung mit diesen Konzepten gewinnen wir wertvolle Erkenntnisse darüber, wie wir Umgebungen schaffen können, die gedeihende Beziehungen fördern – und so unser eigenes Leben und das unserer Mitmenschen bereichern.

2.1 Familie: Das erste Umfeld für Symbiose

Die Familie ist oft unsere erste Begegnung mit dem Konzept zwischenmenschlicher Verbindung und bildet ein entscheidendes Fundament für all unsere zukünftigen Beziehungen. Innerhalb dieser vertrauten Einheit erleben und beobachten wir die Prinzipien der Symbiose – sei es in ihrer Blüte oder in ihrem Fehlen. Das familiäre Umfeld spielt eine zentrale Rolle bei der Prägung unserer Grundwerte, beeinflusst unsere Identität und legt das emotionale Fundament, das uns ein Leben lang tragen kann.

Im Idealfall funktionieren Familien wie nährende Ökosysteme, die nicht nur Unterstützung und Verantwortungsbewusstsein fördern, sondern auch persönliches Wachstum ermöglichen und bedingungslose Liebe schenken. Gesunde Familiendynamiken verkörpern die Essenz der Symbiose und zeigen einen harmonischen Austausch, bei dem jedes Mitglied zum kollektiven Wohlbefinden der Familie beiträgt und gleichzeitig davon profitiert. Diese Beziehungen sind geprägt von Empathie, gegenseitigem Respekt und einem gemeinsamen Engagement für die Entwicklung aller Beteiligten – sie schaffen einen geschützten Raum, in dem Menschen gemeinsam aufblühen können.

2.1.1 Gegenseitiger Beitrag in familiären Beziehungen

In einer symbiotischen Familie leistet jedes Mitglied einen einzigartigen Beitrag, der die Harmonie und das Wohlbefinden der gesamten Gruppe stärkt. Eltern spielen eine entscheidende Rolle, indem sie Fürsorge, Struktur und Orientierung bieten und so eine förderliche Atmosphäre für das Wachstum und die Entwicklung ihrer Kinder schaffen. Sie vermitteln wichtige Werte wie Respekt, Empathie und Ausdauer und statten ihre Kinder gleichzeitig mit praktischen Lebenskompetenzen aus, die für die Bewältigung realer Herausforderungen notwendig sind. Dieses unterstützende Fundament prägt das Weltverständnis der Kinder und fördert starke emotionale Bindungen, wodurch die Familie als Einheit in einer wechselseitig förderlichen Beziehung gemeinsam gedeiht.

Kinder bringen neue Perspektiven, unermüdliche Begeisterung und ein erneuertes Gefühl von Sinn in das Familienleben. Ihre natürliche Neugier treibt sie dazu, ihre Umgebung zu erkunden, was häufig zu fantasievollem Spiel und einfallsreichen Lösungen führt, die den Eltern vielleicht entgangen wären. Diese lebendige Energie erfüllt das Zuhause nicht nur mit Freude und Dynamik, sondern regt auch die Eltern dazu an, die kleinen Freuden des Lebens neu wertzuschätzen.

Wenn Kinder ihre Entdeckungen mit Erwachsenen teilen – von kleinen Insekten bis hin zu den feinen Veränderungen der Jahreszeiten – öffnen sie den Eltern die Augen für das Außergewöhnliche im Alltäglichen. Dadurch wird eine Freude und ein Staunen neu entfacht, das im Erwachsenenalltag oft verloren geht. Kinder inspirieren so zu einer tieferen Wertschätzung für alltägliche Erlebnisse und motivieren

Familien, gemeinsame Momente zu schätzen und die Welt mit Neugier und Begeisterung zu betrachten.

Geschwister nehmen eine besondere und eng verwobene Rolle im Leben des jeweils anderen ein – sie sind zugleich leidenschaftliche Rivalen und treue Unterstützer. Ihre Beziehung, geprägt von spielerischem Wettstreit und liebevollem Necken, bildet eine wichtige Grundlage für die persönliche Entwicklung. Durch kleine Auseinandersetzungen und lebendige Konkurrenz erlernen sie grundlegende Fähigkeiten wie Verhandlungsgeschick, klare Kommunikation und die feine Kunst der Zusammenarbeit.

Geschwisterbeziehungen fördern ein tiefes Gefühl von Loyalität, da sie in schwierigen Zeiten oft zu den standhaftesten Verbündeten füreinander werden. Sie lernen, mit Konflikten umzugehen, und entwickeln dabei ein feines Gespür für Empathie sowie die Kunst des Kompromisses. Durch jede Auseinandersetzung wächst ihr Verständnis füreinander – und mit der Zeit auch ihre Fähigkeit zur Vergebung, was es ihnen ermöglicht, Differenzen zu überwinden und ihre Bindung zu festigen. Wenn sie sich begeistert über die Erfolge des anderen freuen – sei es ein schulischer Meilenstein, ein sportlicher Sieg oder ein persönlicher Triumph –, entsteht eine unterstützende Atmosphäre, die sowohl das individuelle Wachstum als auch den gemeinsamen Stolz stärkt. Diese geteilten Erfahrungen verweben sich im Laufe der Zeit zu einer belastbaren Verbindung, die oft bis ins Erwachsenenalter anhält – als verlässliche Quelle von Kraft, bedingungsloser Liebe und geschätzter Wegbegleitung durch die Höhen und Tiefen des Lebens.

Gemeinsam formen diese vielfältigen Beiträge ein reichhaltiges Geflecht der gegenseitigen Abhängigkeit, in dem die Stärken und Schwächen jedes Familienmitglieds anerkannt und angenommen werden. Dies führt zu einem tieferen Verständnis von Liebe, Widerstandsfähigkeit und Zusammenarbeit.

✅ **Parallele zur Führung:**

Führungskräfte innerhalb einer Familie – in der Regel die Eltern oder Erziehungsberechtigten – stehen vor der wichtigen Aufgabe, Autorität mit Demut und Disziplin mit Mitgefühl in Einklang zu bringen. Diese familiären Führungspersönlichkeiten verkörpern die Prinzipien dienender Führung, indem sie die Bedürfnisse der Familienmitglieder über ihre eigenen stellen. Sie führen durch Vorbild, indem sie die Verhaltensweisen und Werte vorleben, die sie ihren Kindern vermitteln möchten. Dieser Ansatz schafft ein Umfeld, in dem sich jedes Familienmitglied wertgeschätzt und unterstützt fühlt, was persönliches Wachstum und Selbstentfaltung fördert.

Darüber hinaus übernehmen effektive Familienführer Verantwortung für die zentralen Werte der Familie, indem sie ihre Entscheidungen und Handlungen regelmäßig reflektieren, um sicherzustellen, dass sie mit den Prinzipien übereinstimmen, die sie vermitteln möchten. Dieses Engagement schafft Vertrauen innerhalb der Familie und legt ein starkes Fundament für offene Kommunikation und gegenseitigen Respekt. Indem sie ein Gefühl von Zusammenhalt und gemeinsamer Zielsetzung fördern, schaffen Familienführer ein gedeihliches Umfeld, in dem jedes Mitglied befähigt wird, sein volles Potenzial zu entfalten.

2.1.2 Reziprozität und Respekt zwischen den Generationen

Respekt in der Eltern-Kind-Beziehung sollte keine Einbahnstraße sein, sondern auf gegenseitiger Wertschätzung und Verständnis beruhen. Während Kinder dazu erzogen werden, ihre Eltern zu ehren, ist es ebenso wichtig, dass Eltern ihren Kindern mit Würde, Sanftmut und Respekt begegnen. Diese wechselseitige Beziehung schafft ein Umfeld, in dem emotionale Investition, Vergebung und Fürsorge nicht nur erwartet, sondern aktiv von beiden Seiten gelebt werden. Durch die Pflege dieser Qualitäten können Familien ihre generationenübergreifenden Bindungen stärken und ein Vermächtnis von Mitgefühl und Unterstützung schaffen, das Alters- und Erfahrungsschichten überdauert. Dieses Fundament ermöglicht eine gesündere Kommunikation, tieferes Vertrauen und eine gesteigerte emotionale Resilienz innerhalb der Familie.

Aufbauend auf diesem Fundament sind aktives Zuhören und offene Kommunikation entscheidend für die Förderung von Respekt in der Eltern-Kind-Beziehung. Wenn Eltern bewusst bemüht sind, die Gedanken und Gefühle ihrer Kinder wirklich anzuhören, erkennen sie deren Erfahrungen und Emotionen an – und stärken so deren Gefühl von Zugehörigkeit und Selbstwert. Umgekehrt stärkt es das Vertrauen der Kinder, wenn sie erleben, dass ihre Eltern sich aufmerksam mit ihren Anliegen und Meinungen auseinandersetzen. Dies ermutigt sie, sich offen auszudrücken und authentisch zu kommunizieren.

Zusätzlich zur Förderung eines Gefühls von Sicherheit helfen klare Grenzen Kindern dabei, Selbstdisziplin und Entscheidungsfähigkeit zu entwickeln. Wenn Kinder die von ihren Eltern gesetzten Erwartungen verstehen, treffen sie eher Entscheidungen, die mit diesen Richtlinien übereinstimmen.

Dies fördert nicht nur positives Verhalten, sondern stärkt auch das Verantwortungsbewusstsein, da sie lernen, sich innerhalb klar definierter Rahmenbedingungen zurechtzufinden.

Darüber hinaus bieten Grenzen den Eltern einen Rahmen für Konsistenz und unterstreichen ihre Rolle als Bezugspersonen und Wegweiser. Dieser strukturierte Ansatz trägt dazu bei, Konflikte und Missverständnisse zu reduzieren, was zu gesünderen Eltern-Kind-Beziehungen führt, in denen offene Kommunikation gedeihen kann. Letztlich sind festgelegte Grenzen nicht nur Richtlinien – sie sind entscheidende Instrumente, um Wachstum zu fördern und gegenseitigen Respekt innerhalb der Familienstruktur zu stärken.

Das Erkennen und Feiern der Erfolge der Familienmitglieder – unabhängig von deren Größe – spielt eine entscheidende Rolle bei der Förderung einer Kultur der gegenseitigen Wertschätzung und Unterstützung innerhalb der Familie. Diese Praxis stärkt nicht nur das Selbstwertgefühl aller Beteiligten, sondern schafft auch ein Umfeld, in dem sich jeder wertgeschätzt und verstanden fühlt. Wenn Familienmitglieder die Erfolge anderer regelmäßig anerkennen – sei es das Erlernen einer neuen Fähigkeit durch ein Kind, ein beruflicher Meilenstein eines Erwachsenen oder einfach ein Akt der Freundlichkeit – tragen diese Momente der Anerkennung dazu bei, eine starke und widerstandsfähige Familiendynamik aufzubauen. Langfristig fördert diese positive Verstärkung ein Gefühl der Zugehörigkeit und Selbstwirksamkeit, das sich tief in jedem Familienmitglied verankert.

Die nährende Atmosphäre innerhalb der Familie fördert Werte wie Anerkennung und Wertschätzung. Wenn Individuen diese Werte in ihre Beziehungen zu Freunden und Kollegen einbringen, neigen sie dazu, die unterstützenden

Verhaltensweisen, die sie zu Hause erlernt haben, zu replizieren. Dies verbessert nicht nur ihre sozialen Interaktionen, sondern trägt auch zur Entwicklung gesünderer und positiverer Beziehungen in allen Lebensbereichen bei

✅ **Parallele zur Führung:**

Starke familiäre Führung schafft einen Raum, in dem offene Kommunikation fließen kann und sich jedes Mitglied wertgeschätzt und wahrgenommen fühlt. In diesem Umfeld wird Feedback begrüßt und aktiv eingefordert, wodurch eine Kultur des Vertrauens und der Zusammenarbeit gefördert wird. Führungspersonen stellen das Wohl der gesamten Familie in den Mittelpunkt ihrer Entscheidungen und berücksichtigen dabei die unterschiedlichen Perspektiven und Bedürfnisse jedes Einzelnen. Dieser inklusive Ansatz stärkt nicht nur die familiären Bindungen, sondern befähigt auch jedes Mitglied zu sinnvoller Beteiligung – und führt so zu gesünderen und lebendigeren Familienbeziehungen.

2.1.3 Verantwortung und Gnade in familiären Strukturen

Verantwortung innerhalb der Familie ist ein grundlegendes Prinzip, das eine Vielzahl wichtiger Praktiken umfasst. Sie bedeutet nicht nur, Versprechen zu halten und Verpflichtungen einzuhalten, sondern auch, Fehler einzugestehen und Verantwortung für das eigene Handeln zu übernehmen. Dieser Prozess ist entscheidend für die Förderung einer Kultur der Ehrlichkeit und Offenheit, in der sich die Familienmitglieder sicher fühlen, ihre Gefühle und Anliegen zum Ausdruck zu bringen.

Wenn Verantwortungsbewusstsein innerhalb einer Familie gelebt wird, wirkt es wie ein wirksames Mittel, um ein Abgleiten in dysfunktionale Muster zu verhindern. Dysfunktion zeigt sich häufig in negativen Verhaltensweisen wie Groll, Rückzug und Schweigen unter Familienmitgliedern, wodurch sich eine emotionale Kluft bildet. Mit der Zeit kann diese Negativität die Bindungen, die Beziehungen zusammenhalten, untergraben und zu Missverständnissen sowie einem tiefgreifenden Mangel an Verbundenheit führen.

Wenn Verantwortungsbewusstsein jedoch mit Nachsicht – also einer Haltung der Mitmenschlichkeit und Vergebung – einhergeht, wird es zu einer kraftvollen, klärenden Kraft. Diese Kombination stärkt das Vertrauen, da Familien lernen, Herausforderungen gemeinsam zu meistern, einander durch schwierige Zeiten zu begleiten und sich gleichzeitig gegenseitig zur Verantwortung zu ziehen. Indem sie ein Umfeld schaffen, in dem Verantwortlichkeit und Nachsicht nebeneinander bestehen, können Familien tiefere emotionale Bindungen aufbauen und eine widerstandsfähigere, harmonischere Atmosphäre fördern.

Durch die Förderung einer Kultur der Verantwortlichkeit können Familienmitglieder ihre Gedanken und Gefühle offen äußern, was Vertrauen und Verständnis stärkt. Dieser proaktive Ansatz ermöglicht es nicht nur, Probleme frühzeitig zu erkennen und zu lösen, sondern fördert auch die Bereitschaft jedes Einzelnen, Verantwortung für sein Handeln und dessen Auswirkungen auf andere zu übernehmen. Auf diese Weise entsteht ein stärkeres Fundament aus Kommunikation und gegenseitiger Unterstützung, das die emotionale Nähe innerhalb der Familie vertieft und ihre Widerstandskraft gegenüber potenziellen Konflikten erhöht.

✅ **Parallele zur Führung:**

Effektive Führungskräfte – wie fürsorgliche und aufmerksame Eltern – wissen, wie wichtig es ist, eigene Fehler einzugestehen. Sie erkennen bereitwillig an, wenn sie im Unrecht sind, was ihren Wunsch unterstreicht, aus Erfahrungen zu lernen und sich weiterzuentwickeln. Indem sie aufrichtige Reue und Wiedergutmachung zeigen, machen sie deutlich, dass Fehler zulässig sind – und dass es entscheidend ist, Verantwortung für das eigene Handeln zu übernehmen.

Darüber hinaus fördern solche Führungspersönlichkeiten eine Kultur der gegenseitigen Verantwortung, indem sie ihre Teams oder Familien dazu ermutigen, die Verantwortung für gemeinsame Ergebnisse mitzutragen. Vertrauen entsteht hierbei nicht durch den Anspruch auf Perfektion, sondern auf der Grundlage von Beständigkeit und Demut. Sie begegnen Herausforderungen mit Offenheit und schätzen die Beiträge anderer, während sie zugleich fest in ihren Werten verwurzelt bleiben. Durch diese Haltung entsteht ein Umfeld, in dem Zusammenarbeit gedeihen kann und in dem jeder ermutigt wird, sein volles Potenzial einzubringen.

Darüber hinaus fördern solche Führungspersönlichkeiten eine Kultur der gegenseitigen Verantwortung, indem sie ihre Teams oder Familien dazu ermutigen, die Verantwortung für gemeinsame Ergebnisse mitzutragen. Vertrauen entsteht hierbei nicht durch den Anspruch auf Perfektion, sondern auf der Grundlage von Beständigkeit und Demut. Sie begegnen Herausforderungen mit Offenheit und schätzen die Beiträge anderer, während sie zugleich fest in ihren Werten verwurzelt bleiben. Durch diese Haltung entsteht ein Umfeld, in dem Zusammenarbeit gedeihen kann und in dem jeder ermutigt wird, sein volles Potenzial einzubringen.

2.1.4 Wenn die Symbiose zerbricht: Zerfall familiärer Beziehungen

Wenn familiäre Beziehungen durch Bevorzugung, Vernachlässigung oder ungelöste Traumata aus dem Gleichgewicht geraten, können sie leicht toxisch werden. Dieser Wandel führt häufig zu einem Zustand des Schweigens und der Verbitterung, in dem Manipulation zur Norm wird.
Infolgedessen wird offene Kommunikation unterdrückt, wodurch sich Familienmitglieder entfremdet und voller Groll fühlen.

Wenn Beziehungszusammenbrüche unbehandelt bleiben, können sie sich im Laufe der Zeit verfestigen, mehrere Generationen betreffen und Zyklen emotionaler Belastung und familiärer Dysfunktion fortsetzen. Das Fehlen einfühlsamer Kommunikation und gegenseitigen Verständnisses kann zu tiefen Rissen in familiären Bindungen führen und es den Einzelnen erschweren, mit diesen Herausforderungen allein umzugehen. Um diese Wunden zu heilen, ist es entscheidend, die bestehenden Probleme anzuerkennen und sich bewusst dafür zu entscheiden, gesündere Interaktionen zu fördern und das Vertrauen innerhalb der Familie wiederherzustellen.

✅ Führungsanwendung:

Das Anerkennen und Angehen von Ungleichgewichten innerhalb der Familiendynamik ist der entscheidende erste Schritt auf dem Weg zu Wiederherstellung und Harmonie. Familienführer – seien es Eltern, Erziehungsberechtigte oder ältere Geschwister – spielen in diesem Prozess eine zentrale Rolle. Es ist unerlässlich, dass sie eine proaktive Haltung einnehmen, indem sie gesunde Grenzen klar definieren und durchsetzen, die sowohl das individuelle als auch das gemeinsame Wohlbefinden fördern.

Dies beinhaltet das Erkennen von Konflikt- oder Missverständnisbereichen und das aktive Anstreben von Heilung durch offene Kommunikation und gezielte Konfliktlösungsstrategien. Ebenso ist das Wiederherstellen einer Grundlage gegenseitigen Respekts entscheidend, da es ein unterstützendes Umfeld schafft, in dem sich jedes Familienmitglied wertgeschätzt und gehört fühlt. Durch das Setzen dieser Prioritäten können Familien zu ausgewogeneren und harmonischeren Beziehungen gelangen.

Kapitel 2.1 Zusammenfassung: Familie – Die erste Umgebung für Symbiose

Die Familie ist die erste und prägendste Umgebung, in der die Prinzipien der Symbiose entweder gefördert oder vernachlässigt werden. In diesem grundlegenden Raum lernen Menschen erstmals, zu geben und zu empfangen, zu wachsen und Verantwortung zu übernehmen sowie mit Stärke und zugleich mit Mitgefühl zu führen. Wenn sie gesund funktioniert, stellt die Familie ein kraftvolles Modell für wechselseitige Abhängigkeit, emotionale Sicherheit und bedingungslose Unterstützung dar – Qualitäten, die die Grundlage aller zukünftigen Beziehungen bilden.

In diesem Abschnitt haben wir untersucht, wie gegenseitiger Beitrag, Reziprozität, Verantwortungsbewusstsein und Empathie die Dynamik starker Familien beeinflussen. Eltern treten als dienende Führungspersönlichkeiten auf, die durch beständige Liebe, Demut und Disziplin Orientierung geben. Kinder bringen im Gegenzug Neugier, Energie und neue Perspektiven ein, während Geschwister lebenslange Gelegenheiten bieten, Kommunikationsfähigkeiten, Loyalität und die Fähigkeit zur respektvollen Konfliktlösung zu entwickeln.

Familien, die gemeinsamen Wachstum und gegenseitige Verantwortung in den Mittelpunkt stellen, zeigen eine größere Resilienz im Umgang mit den Herausforderungen des Lebens. Durch die Förderung offener Kommunikation, das Setzen gesunder Grenzen und das gemeinsame Feiern von Erfolgen werden familiäre Bindungen gestärkt. In der Folge entstehen dauerhafte Beziehungen, die auch im Erwachsenenalter weiter gedeihen.

Wenn die Symbiose durch Bevorzugung, emotionale Vernachlässigung, Manipulation oder ungelöste Traumata gestört wird, geraten Beziehungen in die Gefahr, in Kreisläufe von Groll und Dysfunktion abzurutschen. Doch selbst inmitten eines Zerbrechens besteht immer noch die Chance auf Wiederherstellung. Durch bewusstes, verantwortungsvolles Handeln, das Setzen klarer Grenzen und das entschlossene Engagement für Heilung können Familien Vertrauen wiederaufbauen und ihre symbiotische Harmonie erneuern.

🔑 Zusammenfassung der Führungsparallelen:

- **Familienleitende wirken wie transformationale Führungskräfte,** indem sie Demut, Vision und Empathie vorleben und den Haushalt auf gemeinsame Werte ausrichten.

- **Gesunde Familienführung spiegelt dienende Führung wider**, bei der Autorität dazu genutzt wird, andere zu stärken, anstatt sie zu kontrollieren.

- **Verantwortungsvolle Führung im familiären Umfeld schafft Vertrauen,** fördert emotionale Offenheit und unterstützt die persönliche Entwicklung jedes Einzelnen.

Visionäre Führung greift ein, um Dysfunktionen zu heilen, indem sie die zugrunde liegenden Ursachen erkennt, Grenzen neu festigt und das Beziehungs-gleichgewicht wiederherstellt.

✒ Abschließender Gedanke:

Die Familie ist unser primäres Umfeld, in dem wir Beziehungsfähigkeiten erlernen und entwickeln. Sie prägt unser Verständnis von zwischenmenschlichen Dynamiken und legt das Fundament dafür, wie wir im Laufe unseres Lebens mit anderen interagieren. Die Werte, Kommunikationsstile und Strategien zur Konfliktlösung, die wir im familiären Kontext beobachten und praktizieren, werden häufig zur Blaupause für unsere Beziehungen in Freundschaften, Partnerschaften und beruflichen Zusammenhängen.

Indem wir zu Hause eine Kultur der Zusammenarbeit, des gegenseitigen Beistands und des offenen Dialogs fördern, unterstützen wir unser persönliches Wachstum und befähigen unsere Angehörigen, wesentliche Qualitäten wie emotionale Intelligenz, Resilienz und effektive Führungskompetenz zu entwickeln. Diese miteinander verbundenen Prinzipien fördern ein tiefes Gefühl der Verbundenheit und des gegenseitigen Verständnisses, das es uns ermöglicht, Herausforderungen zu meistern und starke, gesunde Beziehungen in allen Lebensbereichen zu pflegen. Letztlich spielen die im familiären Umfeld entwickelten Fähigkeiten und emotionalen Ressourcen eine entscheidende Rolle für unsere Fähigkeit, in allen Lebensbereichen zu gedeihen und positiv zu unseren Gemeinschaften und Arbeitsplätzen beizutragen.

2.2 Freundschaft: Eine gewählte symbiotische Beziehung

Die Familie bildet zweifellos die Grundlage für wichtige Beziehungsfähigkeiten, doch es sind oft unsere Freundschaften, in denen wir diese Lektionen wirklich erforschen, vertiefen und verfeinern. Anders als familiäre Bindungen, die durch Geburt oder äußere Umstände entstehen, sind Freundschaften besondere Verbindungen, die wir bewusst wählen – aufgebaut auf gemeinsamen Werten, gegenseitigem Respekt und einer aufrichtigen Verbindung. Diese Beziehungen gedeihen, weil wir unsere Freunde auf Basis dessen auswählen, was mit uns in Einklang steht und was wir gemeinsam genießen – und verleihen ihnen dadurch eine persönliche und einzigartige Note.

Freundschaft schafft die Grundlage dafür, dass Symbiose gedeihen kann – sie bietet einen nährenden Raum, in dem gegenseitiges Wachstum und Unterstützung wirklich zur Entfaltung kommen. Anders als familiäre Beziehungen, die sich mitunter durch Verpflichtung oder äußere Umstände verbunden anfühlen, entstehen Freundschaften durch die bewusste Entscheidung, eine Verbindung einzugehen. Diese wunderbare Eigenschaft freiwilliger Nähe ermöglicht es Menschen, tiefe und bedeutungsvolle Bindungen aufzubauen, geprägt von Vertrauen, Ermutigung, geteilter Verantwortung und einer Vielzahl gemeinsamer Erlebnisse.

In diesem geschätzten Bereich der Freundschaft unterscheiden sich die Beziehungen deutlich von familiären Bindungen. Während familiäre Verhältnisse oft durch festgelegte Rollen geprägt sind, erfordern Freundschaften eine kontinuierliche Pflege und Aufmerksamkeit. Sie beruhen auf dem Prinzip der bewussten Gegenseitigkeit, bei dem beide

Personen aktiv an einem Austausch von Unterstützung beteiligt sind. Diese emotionale Offenheit schafft einen sicheren Raum für Verletzlichkeit, in dem Freundinnen und Freunde ihre authentischen Gefühle und Gedanken teilen können – frei von Angst vor Kritik.

In diesem Abschnitt betrachten wir, wie sich die Prinzipien der Symbiose in Freundschaften widerspiegeln. Dabei zeigen wir auf, wie gegenseitige Investition, beständige Loyalität und ein ausgeprägtes Verantwortungsgefühl aus flüchtigen Bekanntschaften bedeutungsvolle Beziehungen entstehen lassen. Wir analysieren die Dynamiken der Gegenseitigkeit – also Situationen, in denen beide Seiten zur Beziehung beitragen und gleichermaßen davon profitieren –, wodurch ein starkes Gefühl von Zugehörigkeit und Unterstützung entsteht. Durch das Erkennen dieser Faktoren wird deutlich, wie Freundschaften unser Leben bereichern und als wichtige Triebkräfte für persönliches Wachstum, Resilienz und emotionale Gesundheit wirken.

2.2.1 Die Kraft gegenseitiger Investition

Symbiotische Freundschaften gedeihen, wenn beide Personen sich aktiv für das Wohlergehen und das persönliche Wachstum des anderen einsetzen. Anders als transaktionale Beziehungen, die häufig von einer Geben-und-Nehmen-Mentalität geprägt sind, beruhen diese tiefen Verbindungen auf echter Partnerschaft und gegenseitiger Investition. Sie zeichnen sich durch kontinuierliche Ermutigung, verlässliche Wegbegleitung und standhafte Unterstützung aus – und schaffen so ein Umfeld, in dem sich jede Person wertgeschätzt und verstanden fühlt..

In solch bereichernden Freundschaften wird jede Person zur Inspirationsquelle für die andere und motiviert dazu, das Beste aus sich selbst herauszuholen. Dieser wechselseitige Einfluss fördert einen kontinuierlichen Kreislauf aus persönlichem Wachstum und Selbstverbesserung, in dem beide Freunde Erfolge gemeinsam feiern und Herausforderungen gemeinsam meistern. Sie schaffen einen sicheren Rückzugsort – einen nährenden Raum, der Verletzlichkeit zulässt und es ermöglicht, Ängste, Unsicherheiten und Zukunftswünsche offen und ohne Urteil zu teilen.

Die fürsorgliche Umgebung fördert Heilung und stärkt die Bindung zwischen den Freunden – sie entsteht als ein sicherer Rückzugsort für emotionale Entfaltung. In diesem ermutigenden Raum führen sie bedeutungsvolle Gespräche, die ihr gegenseitiges Verständnis vertiefen. Durch diesen intensiven Austausch wachsen beide in Selbstwahrnehmung und innerer Widerstandskraft. Letztlich bereichern solche gegenseitig unterstützenden Freundschaften das Leben, indem sie ein tiefes Gefühl von Zugehörigkeit und gemeinsamen Zielen nähren. Sie heben den persönlichen Lebensweg jedes Einzelnen auf ein höheres Niveau, erleichtern Lasten und vervielfachen die Freude, während beide Seite an Seite ihrem Streben nach Erfüllung und Glück folgen.

✅ Parallele zur Führung:

Starke Freundschaften ähneln einer wirkungsvollen Führung unter Gleichgestellten – sie basieren auf emotionaler Intelligenz, Empathie und aktivem Zuhören. Diese Eigenschaften fördern Verständnis und Nähe und ermöglichen es Freund*innen, Herausforderungen gemeinsam zu meistern. Anstelle von Autorität wirkt in Freundschaften gegenseitiger Einfluss durch geteilte Erfahrungen und gegenseitigen Respekt.

So entsteht ein unterstützendes und kooperatives Umfeld. Diese Art von Beziehung stärkt die persönliche Verantwortung, indem sich Freund*innen nicht nur gegenseitig ermutigen, sondern auch in schwierigen Zeiten zur Rechenschaft ziehen. Die Kraft einer Freundschaft liegt somit in ihrer Fähigkeit, einander zu stärken und zu motivieren – getragen von Vertrauen und offener Kommunikation.

2.2.2 Gegenseitigkeit in emotionaler Unterstützung

In gesunden Freundschaften findet ein lebendiger und unterstützender Austausch statt, der emotionalen, mentalen und spirituellen Rückhalt bietet – zum beiderseitigen Nutzen. Diese ausgewogene Beziehung zeichnet sich durch aufmerksames Zuhören, ehrliche Ermutigung, kluge Ratschläge und echtes Mitfreuen über Erfolge und Meilensteine aus. In solchen Interaktionen fühlen sich beide Personen wertgeschätzt und gestärkt – und es entsteht ein Raum, in dem sie aufblühen und sich authentisch entfalten können.

Wenn dieses empfindliche Gleichgewicht jedoch zu stark in eine Richtung kippt – etwa wenn eine Person übermäßig auf die emotionale Unterstützung der anderen angewiesen ist oder Gespräche dauerhaft dominiert – kann eine zuvor belebende Freundschaft erschöpfend werden. Anstelle von echter Verbundenheit und gegenseitiger Stärkung entwickelt sich die Beziehung dann womöglich zu einem rein zweckorientierten Austausch, bei dem Pflichterfüllung und Aufgaben im Vordergrund stehen. Dieses Ungleichgewicht kann Frustration und Groll hervorrufen und untergräbt nach und nach das Fundament aus Vertrauen und Unterstützung, das die Freundschaft ursprünglich geprägt hat.

Für beide Freund:innen ist es entscheidend, aufmerksam und engagiert daran zu arbeiten, das Gleichgewicht in der Beziehung aufrechtzuerhalten. Offene Kommunikation spielt dabei eine zentrale Rolle: Wenn Gefühle von Ungleichgewicht – sei es durch emotionale Abhängigkeit oder dominierende Gesprächsführung – angesprochen werden, kann dies helfen, die Harmonie wiederherzustellen. Durch die bewusste Investition von Zeit und Energie in die Pflege der Verbindung entsteht eine Freundschaft, die wirklich bereichernd, erfüllend und stärkend für beide Seiten ist. Letztlich ist es genau dieses Gleichgewicht, das aus flüchtigen Bekanntschaften wertvolle Wegbegleiter macht, die einander durch Höhen und Tiefen des Lebens tragen.

✅ **Parallele zur Führung:**

Reziprozität in der Führung ähnelt einem Mentoring-Prozess, der sich zu einem wechselseitigen Austausch entwickelt. Dieses Konzept geht über die traditionelle Vorstellung hinaus, dass eine Führungskraft ausschließlich Wissen an ihre Mitarbeitenden weitergibt. Vielmehr betont es die Bedeutung einer Beziehung auf Augenhöhe, in der beide Seiten zur Weiterentwicklung des jeweils anderen beitragen. Selbst wenn eine Person über mehr Erfahrung oder Autorität verfügt, fördert eine bewusst reziproke Dynamik gemeinsames Lernen sowie gegenseitigen Respekt und Vertrauen.

In Freundschaften vertieft sich die Reziprozität und zeigt sich durch gemeinsamen emotionalen Beistand und eine gegenseitige Bereitschaft zur Verletzlichkeit. Beide Personen tragen zum Wohlbefinden des anderen bei und schaffen dadurch ein sicheres Umfeld für offene Kommunikation und Unterstützung. Dieses ausgewogene Geben und Nehmen stärkt nicht nur die Beziehung, sondern fördert auch persönliches Wachstum und Resilienz. Letztlich bereichert dieser wechselseitige Austausch sowohl Führungskompetenzen als auch persönliche Verbindungen und führt zu bedeutungsvolleren Erfahrungen und tieferem Verständnis.

Modernes Beispiel:

Die langjährige Freundschaft zwischen Oprah Winfrey und Gayle King veranschaulicht die Kraft gegenseitiger Unterstützung sowohl im privaten als auch im beruflichen Kontext. Im Laufe der Jahre haben sie gemeinsam Höhen und Tiefen des Lebens durchlebt – von großen Herausforderungen bis hin zu herausragenden Erfolgen – und waren stets füreinander da. Ihre Beziehung zeigt, dass die Grundlage dauerhafter Bindungen in gemeinsamen Erfahrungen, offener Kommunikation und beständigem Zuspruch liegt. In Zeiten der Freude wie auch der Schwierigkeit haben Oprah und Gayle bewiesen, dass gegenseitige Investition nicht nur das Vertrauen stärkt, sondern auch persönliches Wachstum fördert. Ihre beeindruckende Zusammenarbeit zeigt auf wunderbare Weise, wie tiefe und vertrauensvolle Freundschaften gedeihen können – zum Wohl nicht nur der Beteiligten, sondern auch ihres Umfelds.

2.2.3 Verantwortung unter Gleichgesinnten

Wahre Freundinnen und Freunde tun mehr, als nur Unterstützung zu bieten – sie ermutigen einander zu wachsen und sich weiterzuentwickeln. Sie geben ehrliches Feedback, teilen Einsichten, die mitunter schwer zu hören sind, jedoch aus Liebe und dem aufrichtigen Wunsch nach dem Glück des anderen entstehen. Solche Kommunikation schafft einen Raum, in dem auch unangenehme Wahrheiten ohne Angst vor Verurteilung ausgesprochen werden können..

Darüber hinaus halten sich wahre Freundinnen und Freunde gegenseitig verantwortlich für ihre Werte und Ziele, indem sie einander dabei unterstützen, ihren Überzeugungen und angestrebten Lebenswegen treu zu bleiben. Wenn Freundschaften dazu führen, dass man sich gegenseitig zu höheren Maßstäben ermutigt, ist das ein Ausdruck tiefen Vertrauens – eine Verbindung, die auf gegenseitigem Respekt und echtem Verständnis beruht und nicht auf bloßer Kritik. Diese Dynamik fördert persönliches Wachstum: Jede*r wird zum Katalysator für das Potenzial des anderen und stärkt so nachhaltig die gemeinsame Bindung.

✅ Parallele zur Führung:

Verantwortlichkeit auf Augenhöhe wird in unseren Arbeitsumgebungen und Gemeinschaften oft übersehen, obwohl sie eine wertvolle Form von Führung darstellt. Führungskräfte, die ehrliches Feedback von vertrauenswürdigen Kollegen/Kolleginnen einholen und schätzen, zeigen sowohl Demut als auch ein gesundes Selbstbewusstsein. Diese Bereitschaft zur offenen Auseinandersetzung fördert eine Kultur des Vertrauens und der Transparenz und ermöglicht konstruktive Gespräche, die sowohl die Leistung verbessern als auch zwischenmenschliche Beziehungen stärken.

Ebenso fördern Freundschaften, die offene und ehrliche Kommunikation ermöglichen, in hohem Maße das persönliche Wachstum und die individuelle Entwicklung. Freund*innen, die sich ermutigt fühlen, einander die Wahrheit mitzuteilen, schaffen ein Umfeld, in dem Menschen ihr Verhalten und ihre Sichtweisen reflektieren können – frei von der Angst, verurteilt zu werden. Wenn diese Ehrlichkeit mit Einfühlungsvermögen geäußert wird, kann sie ein kraftvoller Auslöser für Veränderung sein. Sie motiviert dazu, nach dem besten Selbst zu streben und gleichzeitig die Reise der anderen zu unterstützen. Sowohl in der Führung als auch in der Freundschaft fördert die Bereitschaft zur gegenseitigen Verantwortlichkeit ein tiefgreifendes Wachstum und ein besseres Verständnis füreinander.

2.2.4 Loyalität und Beständigkeit im Laufe der Zeit

Symbiotische Freundschaften wachsen mit der Zeit und werden durch eine Mischung aus gemeinsamen Erlebnissen, regelmäßigen Begegnungen und unerschütterlicher Loyalität gestärkt. Auch wenn ein erster Funke eine Verbindung entfachen kann, ist es die beständige Präsenz und Unterstützung, die mit der Zeit Vertrauen aufbaut. Freund*innen, die sich gegenseitig durch Lebensübergänge, Herausforderungen und persönliche Veränderungen begleiten, werden zu wichtigen Ankerpunkten im bewegten Strom des Lebens. Solche dauerhaften Verbindungen schenken Stabilität, fördern Resilienz und persönliches Wachstum – sie ermöglichen es jedem, eigenständig zu gedeihen und sich zugleich tief unterstützt zu fühlen. In den Höhen und Tiefen des Lebens vertiefen diese Freundschaften das gegenseitige Verständnis und die Wertschätzung – und zeigen, wie kraftvoll und schön eine echte Verbundenheit über die Zeit hinweg sein kann.

✅ **Parallele zur Führung:**

Große Führungspersönlichkeiten erkennen die Bedeutung langfristiger, loyaler Partnerschaften an – anstelle kurzfristiger Allianzen, die zwar sofortige Vorteile bringen mögen, jedoch an Tiefe und Beständigkeit fehlen. Diese Loyalität ist nicht nur eine bloße Erwartung, sondern ein wesentlicher Bestandteil, um Vertrauen innerhalb von Teams und zwischen Individuen zu schaffen. Wo Vertrauen besteht, entsteht auch ein starkes Gefühl psychologischer Sicherheit – ein

Raum, in dem Menschen sich sicher fühlen, ihre Ideen zu äußern, Risiken einzugehen und sich voll einzubringen, ohne Angst vor Verurteilung oder Scheitern zu haben.

Im Kontext von Freundschaft dient diese Loyalität als solides Beziehungsfundament – vergleichbar mit den Wurzeln eines starken Baumes, der den unvermeidlichen Stürmen des Lebens standhalten kann. Sie schafft ein Umfeld, in dem sich beide Parteien aufeinander verlassen können, Herausforderungen gemeinsam meistern und Erfolge gemeinsam feiern. Solch beständige Verbindungen entstehen über die Zeit hinweg durch gemeinsame Erlebnisse, gegenseitige Unterstützung und offene Kommunikation. Letztlich fördert das Engagement für langfristige Loyalität – sowohl in der Führung als auch in der Freundschaft – Resilienz, Zusammenarbeit und persönliches Wachstum..

Historisches Beispiel:

Die Freundschaft zwischen C.S. Lewis und J.R.R. Tolkien spielte eine entscheidende Rolle in der Entwicklung ihrer literarischen Werke und spirituellen Wege. Als bedeutende Persönlichkeiten der Literatur des 20. Jahrhunderts führten beide Autoren einen lebendigen Dialog, in dem sie einander kritische Rückmeldungen zu ihren Schriften gaben und sich in wichtigen Phasen ihrer Karrieren unterstützten. Diese Kameradschaft stärkte nicht nur ihre schriftstellerischen Fähigkeiten, sondern führte auch zu tiefgreifenden Veränderungen in ihren theologischen Überzeugungen. Ihre Gespräche, die sich oft um Themen wie Glauben, Mythologie und Moral drehten, schufen eine einzigartige Verbindung, die den transformativen Einfluss von beständiger, ehrlicher Freundschaft verdeutlicht. Ihre langjährige Beziehung prägte Werke wie Lewis' Die Chroniken von Narnia und Tolkiens Der Herr der Ringe und hinterließ einen unauslöschlichen Eindruck in der literarischen Welt – ein Beweis dafür, wie echte Freundschaft über Jahrzehnte hinweg Kreativität und spirituelles Wachstum inspirieren kann.

2.2.5 Wenn Freundschaft parasitär wird

Nicht alle Freundschaften beruhen auf einem Fundament gegenseitigen Nutzens, und genau dieser Mangel kann zu einem Ungleichgewicht führen, bei dem eine Person dauerhaft mehr gibt als sie erhält. Solche Konstellationen entwickeln sich häufig zu einseitigen Freundschaften, die von Manipulation geprägt sind – oft in subtiler Form. Eine Person nutzt dabei bewusst oder unbewusst die Gutmütigkeit, Loyalität oder emotionale Abhängigkeit der anderen aus. Diese Ausnutzung verwandelt die Freundschaft allmählich in ein toxisches Umfeld, das die Authentizität und Tiefe der Verbindung untergräbt. Anstatt gegenseitiger Unterstützung und Wertschätzung entstehen Frustration, innere Erschöpfung und ein wachsendes Gefühl von Ungleichgewicht – bis die Beziehung kaum noch als echte Freundschaft erkennbar ist.

Wenn ein Freund regelmäßig mehr nimmt als er gibt, missachtet er häufig die grundlegenden Grenzen, die für gesunde zwischenmenschliche Beziehungen notwendig sind. Diese Missachtung kann das Vertrauen und den gegenseitigen Respekt untergraben – zwei entscheidende Säulen einer stabilen Freundschaft. Verlagert sich das Gleichgewicht dauerhaft zugunsten eines Partners, wird dies besonders schmerzhaft sichtbar, wenn die Unterstützung in schwierigen Zeiten ausbleibt – sei es aus Gleichgültigkeit, mangelnder Empathie oder eigennützigen Motiven. Ein solches Verhalten offenbart eine tiefgreifende emotionale Distanz und mangelndes Engagement für die Beziehung. Für den betroffenen Freund kann dies wie ein emotionaler Rückzug oder gar ein Verlassen in einem Moment größter Verletzlichkeit wirken – was Gefühle von Isolation, Enttäuschung und Vernachlässigung noch verstärkt.

Wenn sich diese unausgeglichenen Muster über längere Zeit hinweg festsetzen, können sie die Freundschaft regelrecht vergiften. Es entsteht zunehmender Groll, emotionale Unruhe – bis hin zum vollständigen Zerbrechen einer einst bedeutsamen Verbindung. Häufig sammeln sich Frustrationen an, und der gebende Freund beginnt, seinen eigenen Wert sowie die Echtheit der Beziehung infrage zu stellen. Die emotionale Belastung wächst, während gleichzeitig das Vertrauen in die Gegenseitigkeit schwindet. Um solchen Entwicklungen entgegenzuwirken, ist es entscheidend, diese Ungleichgewichte frühzeitig zu erkennen und offen anzusprechen. Ehrliche Gespräche über Erwartungen und persönliche Grenzen können helfen, wieder ein gesundes Gleichgewicht herzustellen. Auf diese Weise lässt sich eine Freundschaft neu ausrichten – hin zu einer tragfähigen, unterstützenden und wechselseitigen Verbindung, die beide bereichert und auf Vertrauen, Respekt und gegenseitiger Wertschätzung basiert.

Warn signal in Beziehungen:

Wenn du dich nach der Zeit mit einem Freund häufig erschöpft, übergangen oder nicht wertgeschätzt fühlst, kann das ein klares Zeichen dafür sein, dass sich die Dynamik eurer Beziehung verschoben hat. Dieses anhaltende Gefühl emotionaler Erschöpfung weist darauf hin, dass die Verbindung möglicherweise nicht mehr auf Gegenseitigkeit beruht. Gesunde Freundschaften basieren auf gegenseitiger Unterstützung, Respekt und Verständnis – beide Seiten sollten sich gehört, gesehen und geschätzt fühlen. Wenn du jedoch feststellst, dass deine Beiträge und Gefühle regelmäßig ignoriert oder abgewertet werden, ist es wichtig, innezuhalten und zu reflektieren, ob dir diese Beziehung weiterhin guttut. Das Erkennen solcher Warnsignale ist ein bedeutender Schritt, um deine mentale Gesundheit zu schützen und gezielt in Beziehungen zu investieren, die dich stärken, inspirieren und emotional nähren – statt dich zu erschöpfen.

✅ Anwendung in der Führungsebene:

Organisatorische Führungskräfte stehen oft vor der entscheidenden Aufgabe, toxisches Verhalten innerhalb ihrer Teams frühzeitig zu erkennen und zu unterbinden, bevor sich negative Einflüsse ausbreiten. In ähnlicher Weise sollten auch Einzelpersonen toxische Freundschaften identifizieren und ansprechen, um ihre emotionale Gesundheit zu schützen. Diese proaktive Herangehensweise erfordert ein hohes Maß an Selbstwahrnehmung und die Bereitschaft, ehrlich zu reflektieren, wie sich bestimmte Beziehungen auf das eigene Leben auswirken.

Klare Grenzen setzen ist essenziell – sie schaffen einen Rahmen für zwischenmenschliche Interaktionen, der auf Respekt und gegenseitiger Unterstützung basiert. Ehrliche Gespräche über Gefühle und Erwartungen spielen dabei eine zentrale Rolle: Sie können entweder zu einer gesunden Veränderung der Beziehung führen oder Klarheit darüber bringen, ob und wie diese fortgeführt werden soll. In manchen Fällen kann es der mutigste und zugleich notwendigste Akt der Selbstführung sein, sich von einer Freundschaft zu lösen, die dauerhaft das eigene Selbstwertgefühl untergräbt oder das persönliche Wohlbefinden beeinträchtigt. Wer seine emotionale Gesundheit in den Vordergrund stellt und konsequent handelt, schafft ein unterstützenderes, gesünderes soziales Umfeld für sich selbst.

Kapitel 2.2 Zusammenfassung: Freundschaft – Eine gewählte symbiotische Beziehung

Echte Freundschaft zeigt eine tiefe emotionale und spirituelle Verbindung, die durch gegenseitige Unterstützung, Offenheit und Motivation geprägt ist.

- Wahre Freundschaft ist eine von Herzen kommende Verbindung, die unser Leben durch Unterstützung und Verständnis bereichert. Sie gedeiht durch gegenseitige Ermutigung, in der sich beide Personen sicher fühlen, Ängste wie auch Freuden zu teilen. Diese Bindung schafft eine warme Atmosphäre, in der Freunde gemeinsam wachsen und aus gemeinsamen Erfahrungen und ihrem gegenseitigen Engagement Kraft schöpfen.

Reziprozität ist entscheidend, da sowohl das Geben als auch das Empfangen Verbindung und Vertrauen stärken.

- Reziprozität fördert bedeutungsvolle Beziehungen, indem sie durch Geben und Nehmen Verbindung und Vertrauen nährt. Das Teilen von Ressourcen, Unterstützung oder Zuneigung vertieft unser gegenseitiges Verständnis und unsere Wertschätzung. Dieser Austausch stärkt nicht nur unsere Bindungen, sondern schafft auch Raum für Verletzlichkeit und Authentizität. Letztlich bilden diese positiven Interaktionen ein Vertrauensfundament, das unsere Beziehungen bereichert.

Verantwortung stärkt die Bindung und sorgt dafür, dass Freunde auf gemeinsame Ziele ausgerichtet bleiben.

- Verantwortung im Rahmen von Freundschaft vertieft die Verbindung zwischen Menschen und schafft eine Beziehung, die auf Vertrauen und gegenseitigem Respekt beruht. Die bewusste Bereitschaft, füreinander Verantwortung zu übernehmen, festigt nicht nur das Band zwischen Freunden, sondern hält sie auch auf Kurs in Bezug auf ihre gemeinsamen Ziele und Ambitionen – und schafft so eine starke Synergie, die ihre gemeinsame Reise bereichert.

Loyalität und Zeit stärken das Vertrauen und schaffen Beziehungen, die Sicherheit und Erneuerung ermöglichen.

- Mit der Zeit festigt Loyalität das Vertrauen und fördert Beziehungen, die ein starkes Gefühl von Sicherheit und Erneuerung vermitteln. Dieses dauerhafte Engagement festigt nicht nur die Bindung zwischen Menschen, sondern schafft auch ein Umfeld, in dem sich Einzelne geborgen und gestärkt fühlen – was persönliches Wachstum und tiefgehende Verbundenheit ermöglicht.

Das Erkennen von Ungleichgewichten schützt das emotionale Wohlbefinden und hilft dabei, toxische Freundschaften neu zu definieren oder loszulassen.

- Das Bewusstsein für emotionale Ungleichgewichte ist entscheidend für den Schutz unseres Wohlbefindens. Es ermöglicht uns, unsere Beziehungen kritisch zu hinterfragen – mit der Möglichkeit, toxische Freundschaften neu zu definieren oder ganz loszulassen. Indem wir diese ungesunden Dynamiken anerkennen, schaffen wir Raum für gesündere Verbindungen, die unsere Seele nähren und unser persönliches Wachstum fördern.

♀ Schlussfolgerung für Führungspersönlichkeiten:

So wie wirkungsvolle Führungspersönlichkeiten von vertrauenswürdigen Wegbegleitern und verantwortungsvollen Partnern profitieren, die sie herausfordern und gleichzeitig stärken, gedeihen auch Menschen in Umfeldern, die durch unterstützende Freundschaften bereichert sind. Solche bewusst gewählten Verbindungen schaffen Räume, in denen persönliches Wachstum, Mut und authentische Freude aufblühen können. Ähnlich wie die erfolgreichsten Führungsteams fördern auch die besten Freundschaften ein unterstützendes Umfeld, das nicht nur das Wohlbefinden der Beteiligten steigert, sondern auch positive Impulse in ihr soziales Umfeld sendet. Diese Beziehungen basieren auf offener Kommunikation, geteilter Verletzlichkeit und gemeinsamer Freude – und stärken so Vertrauen und Resilienz inmitten der Herausforderungen des Lebens. Solche Verbindungen, die auf gegenseitigem Respekt und Ermutigung beruhen, sind essenziell für persönliches wie gemeinschaftliches Gedeihen.

2.3 Liebe/Partnerschaften: Den Bund durch Symbiose gestalten

Während Freundschaften kraftvolle Entscheidungen darstellen, vertiefen romantische Beziehungen diese Wahl durch stärkere emotionale Verletzlichkeit, Exklusivität und langfristige Bindung. Eine romantische oder partnerschaftliche Beziehung ist im besten Fall ein symbiotischer Bund, der auf den Grundlagen von Freundschaft, einer gemeinsamen Vision und gegenseitigem

Wachstum beruht. Wenn sich Liebe von bloßer emotionaler Anziehung zu einer zielgerichteten Partnerschaft weiterentwickelt, entsteht eine transformative Verbindung, die nicht nur die beteiligten Personen bereichert, sondern auch ein stabiles Fundament für Familie, Gemeinschaft und ein generationenübergreifendes Vermächtnis schafft.

Romantische Partnerschaften gehören zu den emotional intensivsten menschlichen Beziehungen. Sie beruhen auf gegenseitigem Engagement, spiritueller Verbundenheit, emotionaler Sicherheit und einem gemeinsamen Lebenssinn. Wenn zwei Menschen sich entscheiden, ihre Leben miteinander zu verbinden, entsteht eine tiefgreifende Verbindung, die von Intimität und gegenseitiger Verantwortung geprägt ist. Diese einzigartige Bindung führt häufig zu persönlichem Wachstum, das in seiner Tiefe und Wirkung von kaum einer anderen Beziehungsform erreicht wird.

Diese starke Verbindung schafft einen Raum, in dem Individuen ihre Verletzlichkeit erkunden, ihre Identität weiterentwickeln und einander bei der Bewältigung der Herausforderungen des Lebens unterstützen können. Gleichzeitig birgt dieses tiefe Potenzial für Verbundenheit auch erhebliche Risiken. Die emotionale Intensität erfordert ein ausgewogenes Verhältnis von Empathie, gegenseitiger Unterstützung und Balance. Fehlen diese wesentlichen Elemente, kann eine einst blühende Partnerschaft schnell zu einer Quelle von Belastung und Konflikt werden.

Wenn Empathie schwindet und die Kommunikation zusammenbricht, kann sich die zuvor harmonische Verbindung zwischen Partnern allmählich in eine tief belastete Beziehung verwandeln. Die Navigation durch die komplexen Ebenen romantischer Liebe erfordert daher kontinuierliches Engagement sowie die Bereitschaft, sich an die sich verändernden Bedürfnisse und Wünsche des anderen anzupassen.

Dies unterstreicht die zerbrechliche Natur einer so einzigartigen Verbindung und hebt hervor, wie wichtig es ist, sie mit aufmerksamer Fürsorge und Hingabe zu pflegen. Eine gesunde Beziehung zu gestalten erfordert nicht nur passive Zuneigung, sondern auch ein aktives Engagement, einander zu verstehen und sich gegenseitig in den Herausforderungen des Lebens zu unterstützen. Im nächsten Abschnitt werden wir untersuchen, wie Symbiose und Führung die tiefen Verbindungen romantischer Liebe und Partnerschaft formen – und was sie dadurch so besonders macht..

2.3.1 Emotionale Gegenseitigkeit und Sicherheit

Im Kontext der Liebe geht emotionale Gegenseitigkeit über bloße Fairness hinaus – sie bildet ein grundlegendes Fundament für eine gedeihende Partnerschaft. Beide Partner müssen sich frei fühlen, ihre tiefsten Gefühle, Hoffnungen, Unsicherheiten und Verletzlichkeiten offen zu teilen – ohne die ständige Angst vor Verurteilung oder Zurückweisung. Wird dieser Austausch mit Empathie und Verständnis geführt, entsteht ein Raum emotionaler Sicherheit. Dieser geschützte Raum bietet fruchtbaren Boden für die Entfaltung von Intimität. Wenn beide Partner sich aktiv auf diesen Prozess einlassen, entsteht eine tiefere Verbindung, die das Vertrauen stärkt und eine stabile Basis für eine langfristige Partnerschaft bildet. Emotionale Gegenseitigkeit ist somit nicht nur eine Haltung, sondern ein essenzieller Bestandteil für eine tiefe und beständige Liebe.

✅ **Parallele zur Führung:**

Führungskräfte, die psychologische Sicherheit innerhalb ihres Teams fördern, schaffen ein unterstützendes Umfeld, in dem Innovation gedeihen kann und sich Einzelne ermutigt fühlen, verletzlich zu sein. In solchen Teams ist es möglich, Ideen offen zu teilen – ohne Angst vor Spott oder negativen Konsequenzen. Das wiederum fördert Kreativität, Zusammenarbeit und persönliche Entfaltung. Ebenso ist emotionale Sicherheit in persönlichen Beziehungen unverzichtbar. Sie bildet die Grundlage für tiefes Vertrauen und ermöglicht es den Partnern, sich ohne Zurückhaltung authentisch zu zeigen. Diese Vertrauensbasis stärkt die offene Kommunikation und fördert die Bereitschaft, sich gemeinsam schwierigen Emotionen zu stellen.

Ebenso wie erfolgreiche Führungskräfte aktives Zuhören und Empathie priorisieren, damit sich Teammitglieder gehört und wertgeschätzt fühlen, handeln auch fürsorgliche Partner in Beziehungen nach diesem Prinzip. Sie bemühen sich, die Gefühle und Perspektiven ihres Partners wirklich zu verstehen, anstatt lediglich Lösungen anzubieten oder zu korrigieren. Dieses tiefe Engagement für gegenseitiges Verstehen schafft bedeutungsvollere Verbindungen und hilft, Herausforderungen mit Mitgefühl und Geduld zu meistern. In beiden Bereichen – ob Führung oder Partnerschaft – ist das Vorhandensein von psychologischer und emotionaler Sicherheit entscheidend, um Wachstum, Resilienz und echte Verbundenheit zu fördern.

2.3.2 Geteilte Vision und gemeinsamer Zweck

Symbiotische Partnerschaften gedeihen besonders dann, wenn ein gemeinsames Gefühl von Mission und Zielsetzung besteht, das über individuelle Wünsche hinausgeht. Persönliche

Ziele sind zwar von Bedeutung, doch es ist die Übereinstimmung in grundlegenden Werten, strategischer Ausrichtung und einer gemeinsam angestrebten Zukunft, die langfristige Stabilität und Erfolg wirklich ermöglicht. Wenn beide Partner sich einem gemeinsamen Ziel verschreiben, können sie ihre Kräfte bündeln, gegenseitiges Wachstum fördern und Herausforderungen gemeinsam meistern.

Im Gegensatz dazu können Beziehungen ohne eine gemeinsame Vision rasch an Energie und Ausrichtung verlieren. Sie treiben dann orientierungslos dahin, stagnieren in ihrer Entwicklung oder werden emotional unbefriedigend. Ein Mangel an geteilten Werten und Zielen kann zu Missverständnissen und Konflikten führen, die das Vertrauen, das die Beziehung zusammenhält, nach und nach untergraben. Daher ist es entscheidend, eine klare und inspirierende Vision zu verfolgen, um tiefe, kooperative Beziehungen zu fördern, die in der Lage sind, den Herausforderungen des Lebens standzuhalten und daran zu wachsen.

✓ Parallele zur Führungsebene:

In der Geschäftswelt teilen erfolgreiche Mitgründer eine gemeinsame Vision, die ihnen als Leitstern für ihr unternehmerisches Handeln dient. Während jeder Partner individuelle Stärken und Talente einbringt – etwa als visionärer Denker oder als Spezialist für operative Umsetzung – entsteht durch ihre Zusammenarbeit ein Umfeld, in dem Innovation gedeihen kann. Ähnlich verhält es sich in der Liebe: Paare, die gemeinsame Ziele verfolgen, ihre Zukunft bewusst gestalten und einander in ihrer persönlichen Entwicklung unterstützen, bauen eine Beziehung auf, die nicht nur widerstandsfähig, sondern auch lebendig und stetig wachsend ist. Dieses gemeinsame Engagement verwandelt ihre Verbindung in ein reiches Geflecht aus geteilten Erfahrungen, Ambitionen und gegenseitiger Unterstützung – und legt damit das Fundament für eine dauerhafte und harmonische Partnerschaft.

Beziehungsbeispiel:

Die Beziehung zwischen Barack und Michelle Obama ist ein herausragendes Beispiel für eine starke gemeinsame Vision und tiefes Engagement. Auf ihrem gemeinsamen Weg haben sie eine unerschütterliche Hingabe für zahlreiche gesellschaftliche Initiativen gezeigt – von der Förderung von Bildungsreformen und der Unterstützung von Veteranen bis hin zur Bekämpfung gesundheitlicher Ungleichheiten. Gemeinsam haben sie eine Familie aufgebaut, die ihre Werte von Mitgefühl und Widerstandskraft verkörpert und ihre Töchter unterstützt, während sie gleichzeitig die Herausforderungen des öffentlichen Lebens meistern. Ihre geteilte Vision stärkt nicht nur die individuellen Ziele des jeweils anderen, sondern vergrößert auch ihren kollektiven Einfluss auf die Gesellschaft. Diese Partnerschaft verdeutlicht die Kraft der Zusammenarbeit zur Förderung positiven Wandels und zeigt, wie ihre gemeinsamen Anstrengungen weit über ihr persönliches Leben hinaus in die Gemeinschaft hineinwirken.

2.3.3 Konfliktlösung und Verantwortung

Jede liebevolle Beziehung begegnet früher oder später Konflikten – das ist ein natürlicher Bestandteil menschlicher Interaktion. Doch was eine symbiotische Liebe von einer instabilen Romanze unterscheidet, ist nicht die Abwesenheit von Meinungsverschiedenheiten, sondern die Fähigkeit, Konflikte wirksam zu lösen und gegenseitige Verantwortung zu übernehmen. In einer gesunden, lebendigen Beziehung gehen Partner mit Anmut und Verständnis auf ihre Herausforderungen ein. Sie führen offene Gespräche, bei denen beide Stimmen gehört und respektiert werden.

In Demut verwurzelt erkennen beide Partner ihre eigenen Schwächen an und sind bereit, Verantwortung für ihren Anteil an einem Konflikt zu übernehmen. Sie stellen Wiederherstellung und Heilung über das Bedürfnis, Recht zu behalten oder einen Streit zu „gewinnen". Diese lösungsorientierte Haltung fördert eine tiefere Verbindung und ermöglicht es beiden, gemeinsam zu wachsen und ihre Beziehung zu festigen. Letztlich gedeiht eine gesunde Partnerschaft nicht durch Konfliktfreiheit, sondern durch die Fähigkeit, Meinungsverschiedenheiten konstruktiv zu bewältigen.

✅ Parallele zur Führung:

Effektive Führungskräfte bewältigen Konflikte geschickt, indem sie allen Beteiligten aktiv zuhören, Verantwortung für ihr eigenes Handeln übernehmen und den Fokus auf gemeinsame Ziele richten. In ähnlicher Weise gehen liebende Partner Konflikte gemeinsam an – sie arbeiten zusammen, anstatt sich als Gegenspieler zu sehen. Ihr vorrangiges Ziel ist es, Harmonie und gegenseitiges Verständnis zu fördern und die Einheit höher zu schätzen als das Gewinnen eines Streits.

2.3.4 Körperliche Intimität als gegenseitiges Geben

In romantischen Beziehungen geht körperliche Intimität über die bloße physische Verbindung hinaus – sie stellt einen tiefgreifenden Akt der Verletzlichkeit dar, der zwischen den Partnern geteilt wird. Diese intime Bindung ist nicht nur auf das körperliche Erlebnis beschränkt, sondern verkörpert ein gegenseitiges und aufopferungsvolles Geschenk, das sowohl die Freude an der Nähe als auch ein tiefes Bewusstsein für die emotionalen und körperlichen Bedürfnisse des anderen umfasst. Im Kontext einer festen Partnerschaft oder Ehe dient Intimität als grundlegende Säule, die die Beziehung stärkt und als Brücke fungiert, über die tiefere Verständigung und Verbundenheit entstehen.

Intimität geht über die Liebe hinaus; sie verkörpert einen Bund, der auf Vertrauen basiert und es beiden Partnern ermöglicht, sich sicher zu fühlen und ermutigt zu werden, ihr authentisches Selbst ohne Angst vor Verurteilung auszudrücken. Dieses wechselseitige Teilen schafft eine unterstützende und empathische Atmosphäre, in der sich beide Partner auch in schwierigen Zeiten füreinander einsetzen können. So wird das emotionale Sicherheitsgefühl gestärkt und die Bindung vertieft. Eine solche Beziehung vermittelt ein tiefes Gefühl von Zugehörigkeit und Akzeptanz, sodass sich jeder Partner wertgeschätzt, anerkannt und verstanden fühlt.

Mit fortschreitender Entwicklung der Beziehung wird Intimität zu einem wesentlichen Bestandteil, der die Partnerschaft bereichert und ihre Widerstandsfähigkeit über die Zeit hinweg stärkt. Sie fördert offene Kommunikation und gemeinsame Erlebnisse, die nicht nur die emotionale Bindung vertiefen, sondern auch das persönliche Wachstum unterstützen. Letztlich führt ein gesundes Maß an Intimität zu einer erfüllten Beziehung, in der beide Partner sowohl individuell als auch gemeinsam aufblühen und den Herausforderungen des Lebens als Einheit begegnen.

✅ **Parallele zur Führung:**

Große Führungspersönlichkeiten inspirieren andere, indem sie großzügig aus einem Gefühl der Fülle heraus geben – nicht aus Pflichtgefühl. In liebevollen Beziehungen zeigt sich das wahre Wesen gegenseitigen Gebens innerhalb von Intimität durch aufrichtige Zuneigung und den ehrlichen Wunsch nach Verbindung – nicht durch Pflichtbewusstsein oder subtile Manipulation. Wenn beide Partner in einer Beziehung bestrebt sind, mehr zu geben als zu nehmen, entwickelt sich Intimität zu einer wunderschön symbiotischen Verbindung, in der die Liebe gedeiht. So können beide Individuen gemeinsam wachsen, ihre Bindung vertiefen und ihr Leben auf tiefgreifende Weise bereichern.

2.3.5 Loyalität, Verpflichtung und Bund

Symbiotische Partnerschaften entstehen nicht nur aus flüchtigen Gefühlen, sondern beruhen auf einer tiefen, bundhaften Verpflichtung, die über die Zeit Bestand hat. Dieses beständige Versprechen geht über oberflächliche Anziehung hinaus und besitzt eine innere Stärke, die es ermöglicht, den unvermeidlichen Herausforderungen des Lebens zu begegnen – etwa Schwierigkeiten, Veränderungen und persönlichem Wachstum. In solchen Beziehungen wirkt Loyalität als verbindender Kitt, der die Partner auch dann zusammenhält, wenn die anfängliche Intensität der Leidenschaft nachlässt und die Komplexität des Alltags hervortritt.

Letztlich fördert diese tief verwurzelte Loyalität eine besondere Resilienz, die es den Partnern ermöglicht, Höhen und Tiefen gemeinsam zu meistern und durch geteilte Erfahrungen sowie unerschütterliche Unterstützung gestärkt und enger verbunden daraus hervorzugehen. Solche Partnerschaften gedeihen nicht allein durch Liebe, sondern vor allem durch das gegenseitige Versprechen, das persönliche Wachstum und das Wohlbefinden des jeweils anderen aktiv zu fördern – was sie umso reicher und erfüllender macht.

Letztlich fördert diese tief verwurzelte Loyalität eine starke Resilienz, die es den Partnern ermöglicht, Höhen und Tiefen gemeinsam zu bewältigen und daraus gestärkt und enger verbunden hervorzugehen. Durch die Höhen und Tiefen gemeinsamer Erfahrungen wachsen sie nicht nur zusammen, sondern entwickeln auch eine tiefe Verbundenheit, getragen von der beständigen Unterstützung, die sie einander schenken. Solche Beziehungen gedeihen auf einem Fundament der Liebe und werden durch das gemeinsame Engagement bereichert, das Wachstum und Wohlergehen des anderen zu fördern. Diese Hingabe verwandelt jedes gemeinsame Erlebnis – ob Erfolg oder Herausforderung – in einen Baustein, der ihre Verbindung festigt und die Schönheit ihres gemeinsamen Weges noch vertieft.

✅ **Parallele zur Führung:**

Wirksame Führung, die auf langfristigem Engagement basiert statt auf kurzfristigen Ergebnissen, entfaltet eine tiefgreifende und nachhaltige Wirkung innerhalb einer Organisation. Dieser Führungsstil betont die Bedeutung einer klaren Vision und stabiler Strukturen – und ermutigt Führungskräfte dazu, Zeit und Ressourcen in den Aufbau vertrauensvoller Beziehungen und in die Pflege zukunftsorientierter Initiativen zu investieren. Auch wenn diese Bemühungen nicht sofortige Resultate oder schnelle Anerkennung bringen, schaffen sie die Grundlage für nachhaltiges Wachstum und tiefgreifende Transformation – und formen letztlich eine widerstandsfähige und blühende Gemeinschaft.

In romantischen Beziehungen fördert ein starkes Engagement sowohl Resilienz als auch gegenseitiges Verständnis. Es schafft einen geschützten Raum, in dem Partner gemeinsam durch die unvermeidlichen Höhen und Tiefen ihrer gemeinsamen Reise navigieren können. Dieses tiefe Bekenntnis unterstützt zentrale Elemente wie Durchhaltevermögen, das dabei hilft, Herausforderungen zu überwinden; Vergebung, die Heilung nach Konflikten ermöglicht; und Vertrauen, das die Bindung in schwierigen Zeiten stärkt. Letztlich stellt dieses stabile Fundament sicher, dass eine Beziehung nicht nur bestehen bleibt, sondern auch angesichts der Veränderungen des Lebens aufblüht.

2.3.6 Ungesunde Bindungen erkennen und heilen

Nicht jede romantische Beziehung fördert gegenseitiges Wachstum und Unterstützung; manche können schädlich und unausgewogen werden. Wenn ein Partner dauerhaft die Kontrolle übernimmt, manipuliert oder den anderen emotional auslaugt, wandelt sich die Beziehung von einer gesunden Verbindung zu einer parasitären. In solchen Fällen dominieren die Bedürfnisse eines Partners die des anderen, was zu einer toxischen Dynamik führt, die beiden Beteiligten schaden kann.

Es ist entscheidend, Anzeichen von toxischem Verhalten frühzeitig zu erkennen, um schädliche Muster anzugehen. Häufige Indikatoren sind Co-Abhängigkeit, bei der ein Partner stark auf den anderen für emotionale Unterstützung angewiesen ist; Kontrollverhalten, bei dem ein Partner die Bedingungen der Beziehung bestimmt; sowie Vermeidung, wenn einer oder beide Partner Konflikte nicht ansprechen, was zu ungelösten Problemen führt. Das Erkennen dieser Verhaltensweisen ist der erste Schritt zur Heilung – sei es durch gemeinsame Arbeit an der Beziehung oder durch die schwierige Entscheidung, sich im

Interesse der eigenen Gesundheit zu trennen. Die Wertschätzung emotionaler Gesundheit und das Fördern authentischer Verbindungen sind zentrale Bestandteile erfüllender romantischer Beziehungen.

✅ Anwendung für Führungskräfte:

Führungskräfte tragen die entscheidende Verantwortung, ein gesundes Umfeld für ihre Teams zu schaffen, indem sie toxische Verhaltensweisen aktiv erkennen und beseitigen. Dies schützt nicht nur das mentale und emotionale Wohlbefinden der Teammitglieder, sondern steigert auch deren Produktivität und die allgemeine Arbeitsmoral. Ebenso müssen Einzelpersonen in unterschiedlichen Beziehungsformen ihrer emotionalen und geistigen Gesundheit Priorität einräumen, indem sie klare Grenzen setzen und die eigenen Bedürfnisse erkennen.

Der Einsatz von unterstützenden Maßnahmen wie Beratung oder Therapie kann wertvolle Orientierung und Hilfe beim Umgang mit komplexen Emotionen und Konflikten bieten. Verantwortlichkeit – sei es durch vertrauenswürdige Freunde oder professionelle Begleitung – wirkt dabei als wichtiges Instrument zur Aufrechterhaltung des eigenen Wohlbefindens und zur Sicherstellung, dass Beziehungen gesund und unterstützend bleiben. Letztlich gilt: Wenn eine Beziehung dauerhaft das Selbstwertgefühl oder das persönliche Glück untergräbt, kann es notwendig sein, einen klaren Schnitt zu machen – um die eigene Integrität zu bewahren und Raum für ein ausgeglicheneres, erfüllteres Leben zu schaffen.

Kapitel 2.3 Zusammenfassung: Liebe/Partnerschaften – Den Bund durch Symbiose gestalten

Romantische Beziehungen gedeihen durch Gegenseitigkeit, emotionale Sicherheit und gemeinsame Zielsetzung.

- Romantische Beziehungen blühen auf, wenn sich Partner gegenseitig Zuneigung und Unterstützung schenken und damit ein Gefühl emotionaler Sicherheit schaffen, in dem sich beide wertgeschätzt und verstanden fühlen. Dieses nährende Umfeld fördert Verletzlichkeit und Vertrauen und ermöglicht es den Partnern, ihre innersten Gedanken und Gefühle ohne Angst vor Verurteilung zu teilen. Darüber hinaus stärkt ein gemeinsamer Lebenssinn – seien es gemeinsame Ziele, Träume oder Werte – die Bindung und befähigt Paare, Herausforderungen gemeinsam zu meistern und ihre Reise als vereintes Team zu feiern.

Konflikt ist nicht der Feind – Entfremdung ist es. Heilung entsteht durch Demut und Verantwortungsübernahme.

- ☐Konflikte sind nicht der wahre Gegner; vielmehr stellt die Entfremdung zwischen Menschen die eigentliche Gefahr dar. Echte Heilung entsteht aus einem Zustand der Demut, in dem wir unsere Unvollkommenheit anerkennen, und aus der Bereitschaft zur Verantwortung, bei der wir für unser Handeln und dessen Auswirkungen auf andere einstehen. Wenn wir diese Prinzipien verinnerlichen, fördern wir tiefere Verbundenheit und ebnen den Weg für sinnvolle Lösungen.

Intimität, Loyalität und eine Liebe, die über Gefühle hinaus Bestand hat.

- Wenn Intimität, unerschütterliche Loyalität und Vertrauen zusammenkommen, entsteht eine Grundlage für eine Liebe, die über flüchtige Emotionen hinausgeht. Diese tiefe Verbindung schafft eine dauerhafte Bindung, die jeder Herausforderung standhält, Vertrauen fördert und einen geschützten Raum für Wachstum und Verständnis bietet.

Führung in der Liebe bedeutet dienende Hingabe, gemeinsames Wachstum und mutige Verletzlichkeit.

- Führung, die in Liebe verwurzelt ist, verkörpert eine dienende Hingabe, bei der die Bedürfnisse und Ziele des anderen im Mittelpunkt stehen. Dieser Ansatz schafft ein Umfeld des gemeinsamen Wachstums, in dem beide Partner ermutigt werden, sich weiterzuentwickeln, indem sie Wissen und Erfahrungen teilen, die ihre jeweilige Reise bereichern. Darüber hinaus erfordert es mutige Verletzlichkeit – die Bereitschaft, das eigene Herz zu öffnen, persönliche Kämpfe und Stärken zu teilen und so eine vertrauensvolle und authentische Basis zu schaffen, die andere dazu inspiriert, dasselbe zu tun.

♀ Führungsimpuls:

Wirklich zu lieben bedeutet, mit tiefem Einfühlungsvermögen, unerschütterlicher Hingabe, aufrichtiger Demut und einer klaren Zielorientierung zu führen. Symbiotische Beziehungen entstehen nicht zufällig – sie werden durch bewusste Investitionen von Zeit und Energie, durch spirituelle Übereinstimmung und eine Basis emotionaler

Ehrlichkeit gepflegt und gestärkt. Solche Verbindungen gedeihen, wenn wir uns aktiv aufeinander einlassen und ein Umfeld schaffen, in dem beide Partner gemeinsam wachsen und aufblühen können.

2.4 Kollegen/Kolleginnen: Zusammenarbeit durch Symbiotic Leadership™

Arbeitsplätze funktionieren wie lebenswichtige Ökosysteme, in denen Menschen mit unterschiedlichen kulturellen Hintergründen und Persönlichkeiten zusammenkommen, um gemeinsame Ziele zu erreichen. Die Beziehungen, die sich in solchen Umgebungen entwickeln, sind jedoch häufig auf transaktionale Austauschprozesse beschränkt – stark geprägt von bestehenden Hierarchien, permanentem Termindruck und Konkurrenzdruck. Infolgedessen finden sich viele Mitarbeitende in Rollen wieder, die auf Gehorsam und Effizienz ausgerichtet sind, anstatt auf echte Verbindungen und bedeutungsvolle Zusammenarbeit. Diese Umstände können Kreativität hemmen und die Entwicklung einer unterstützenden und inklusiven Unternehmenskultur erheblich beeinträchtigen.

Im Gegensatz dazu bietet das Konzept der Symbiose am Arbeitsplatz eine bereichernde Alternative. Dieses Modell fördert ein Umfeld, in dem Kolleginnen und Kollegen durch gegenseitige Unterstützung, Wissensaustausch und gegenseitigen Respekt aufblühen können. In einem symbiotischen Arbeitsumfeld wird Zusammenarbeit zur Norm statt zur Ausnahme – sie begünstigt offene Kommunikation und kreative Problemlösungen. Indem die einzigartigen Beiträge und Perspektiven jedes Einzelnen wertgeschätzt werden, steigert dieser Ansatz nicht nur die Arbeitszufriedenheit, sondern auch Innovation und Produktivität. Letztlich verwandelt eine symbiotische Beziehung unter Mitarbeitenden das bloße Nebeneinander in eine lebendige Gemeinschaft, in der alle gemeinsam erfolgreich sind.

2.4.1 Gegenseitiger Beitrag in Teamumgebungen

In einem gesunden und effektiven Team bringen die Mitglieder ihre individuellen Fachkenntnisse, Einsichten und Energien ein, um gemeinsam auf ein gemeinsames Ziel hinzuarbeiten. Dieses Zusammenspiel ähnelt dem Konzept der Symbiose in der Natur, bei dem verschiedene Organismen durch die Nutzung ihrer jeweiligen Stärken in einem harmonischen Ökosystem gedeihen. Wenn Menschen ermutigt werden, ihre besonderen Fähigkeiten einzubringen und gleichzeitig den Beitrag der anderen mit Respekt und Wertschätzung zu begegnen, profitiert das gesamte Team in hohem Maße davon.

Diese kooperative Umgebung steigert nicht nur die Produktivität, sondern verbessert auch die allgemeine Arbeitsmoral. Wenn Teammitglieder sich wertgeschätzt und eingebunden fühlen, sind sie eher motiviert, Ideen einzubringen, Eigeninitiative zu zeigen und sich aktiv an Diskussionen zu beteiligen. Diese Offenheit fördert Kreativität und innovative Problemlösungen, da Herausforderungen aus verschiedenen Blickwinkeln betrachtet werden können. Darüber hinaus entsteht innerhalb des Teams ein starkes Gemeinschaftsgefühl, das die zwischenmenschlichen Beziehungen und das gegenseitige Vertrauen stärkt. Indem Erfolge gemeinsam gefeiert und Herausforderungen solidarisch gemeistert werden, etabliert das Team eine Kultur der kontinuierlichen Verbesserung und Anpassungsfähigkeit.

Am Ende verwandelt diese Zusammenarbeit Herausforderungen in Chancen für Wachstum und ermöglicht es dem Team, komplexe Aufgaben mit Flexibilität und Stärke zu bewältigen. Dies führt zu einem erfolgreichen Kreislauf, in dem nicht nur Ziele erreicht, sondern auch die berufliche Weiterentwicklung und persönliche Zufriedenheit jedes einzelnen Teammitglieds gefördert werden. Eine derart ganzheitliche Teamstrategie liefert somit nicht nur messbare Ergebnisse, sondern schafft auch ein erfüllendes und nachhaltiges Arbeitsumfeld.

✅ Parallele zur Führung:

Erfolgreiche Führungskräfte wissen, dass Mikromanagement Kreativität unterdrückt und die Team-Moral schwächt. Statt Kontrolle setzen sie auf Ermöglichung und schaffen gezielt ein Umfeld, in dem Synergien gedeihen können. Indem sie die individuellen Stärken jedes Teammitglieds erkennen und wertschätzen, fördern sie eine kollaborative Arbeitsweise und nutzen die vielfältigen Kompetenzen im Team, um gemeinsame Ziele wirkungsvoll zu erreichen.

Sie fördern offene Kommunikation und gegenseitigen Respekt, sodass sich jedes Teammitglied wahrgenommen und wertgeschätzt fühlt. Auf diese Weise beseitigen sie nicht nur potenzielle Hindernisse, die den Fortschritt behindern könnten, sondern schaffen auch eine vertrauensvolle und unterstützende Teamkultur.

Das Konzept von Symbiotic Leadership™ geht über das bloße Tolerieren von Unterschieden hinaus – es feiert aktiv die individuellen Perspektiven und Hintergründe der Teammitglieder und nutzt diese Vielfalt gezielt zur Förderung von Innovation und Problemlösung. Letztlich vereinen effektive Führungskräfte ihre Teams um eine gemeinsame Vision, stärken das Zugehörigkeitsgefühl und fördern einen kollektiven Sinn, der es jedem ermöglicht, gemeinsam erfolgreich zu sein.

Unternehmensbeispiel:

Cross-funktionale Teams bei Unternehmen wie Pixar und IDEO zeigen eindrucksvoll, wie wirkungsvoll es ist, unterschiedliche Perspektiven und Fachkenntnisse zu vereinen. In diesen Teams arbeiten Menschen mit verschiedensten Hintergründen – kreative Visionäre, technische Spezialisten und strategische Denker – gemeinsam in einem Umfeld, das auf gegenseitigem Respekt und Kooperation basiert. Diese lebendige Vielfalt an Ideen fördert eine Unternehmenskultur, die Innovation aktiv begünstigt. Anstatt miteinander zu konkurrieren, teilen die Teammitglieder ihr Wissen und ihre Erfahrungen, was zur Entstehung kollektiver Brillanz führt. Diese Form der Zusammenarbeit stärkt nicht nur die Kreativität, sondern bringt auch einzigartige Lösungen hervor, die in weniger diversen Umgebungen möglicherweise unentdeckt blieben. Indem Unternehmen den Beitrag jedes Einzelnen wertschätzen, schaffen sie ein dynamisches Umfeld, in dem Zusammenarbeit zum Motor für Innovation wird.

2.4.2 Kommunikation und psychologische Sicherheit

Arbeitsplatzbeziehungen leiden oft unter einem Mangel an offener, ehrlicher und respektvoller Kommunikation. Doch gerade dieser Aspekt ist entscheidend, um ein Umfeld zu schaffen, in dem psychologische Sicherheit gedeihen kann. In einer solchen Atmosphäre fühlen sich Mitarbeitende ermutigt, ihre Gedanken, Sorgen oder auch Fehler offen mitzuteilen – ohne Angst vor Bloßstellung oder negativen Konsequenzen. Ein solches Klima ist essenziell für den Aufbau von Vertrauen unter

Kolleginnen und Kollegen, da es Verletzlichkeit zulässt und stärkere, authentische Verbindungen fördert. Nur wenn Menschen das Gefühl haben, gehört und respektiert zu werden, entsteht Raum für ehrlichen Austausch, kreative Ideenfindung und nachhaltige Zusammenarbeit

In symbiotischen Arbeitsbeziehungen arbeiten Teammitglieder effektiv zusammen und fördern eine Kultur, in der jede Person wahrgenommen, gehört und wertgeschätzt wird. Diese gegenseitige Anerkennung steigert nicht nur das Engagement und die Produktivität, sondern befähigt auch Einzelne dazu, ihr volles Potenzial ins Team einzubringen. Wenn Mitarbeitende sich respektiert und in ihrem Beitrag geschätzt fühlen, verbessert das nicht nur die Stimmung im Team, sondern stärkt auch ihre Bindung an gemeinsame Ziele. Durch die Betonung von offener Kommunikation und psychologischer Sicherheit schaffen Organisationen gesündere, effektivere Arbeitsbeziehungen – eine Grundlage für langfristigen Erfolg.

✅ **Parallele zur Führung:**

Führungskräfte, die einfühlsame Kommunikation und aktives Zuhören praktizieren, schaffen ein Umfeld, in dem innovative Ideen gedeihen können. Durch Transparenz und die Offenheit für Feedback etablieren sie eine Kultur des offenen Dialogs, in der Teammitglieder ermutigt werden, ihre Gedanken und Perspektiven frei zu äußern. Dieser wechselseitige Ansatz fördert eine vertrauens- und kooperationsbasierte Kultur, die das zwischenmenschliche Wohlbefinden in den Mittelpunkt stellt. In einem solchen Umfeld fühlen sich Mitarbeitende respektiert und wertgeschätzt, was Kreativität, Motivation und ein stärkeres Gemeinschaftsgefühl innerhalb der Organisation begünstigt. Wenn Führungskräfte ein aufrichtiges Interesse daran zeigen, unterschiedliche Sichtweisen zu verstehen und zu würdigen, fördern sie ein dynamisches Ökosystem aus Ideen und Lösungen.

2.4.3 Verantwortung und Integrität in beruflichen Beziehungen

Vertrauen innerhalb eines Teams entsteht durch eine Kombination aus konsequenter Verbindlichkeit, der Einhaltung von Fristen und der gemeinsamen Übernahme von Verantwortung – sowohl für Erfolge als auch für Misserfolge. Es ist entscheidend, dass Teammitglieder durch ihr Verhalten Verlässlichkeit zeigen: Wer Zusagen einhält und seinen Verpflichtungen nachkommt, beweist nicht nur Engagement, sondern stärkt auch das Vertrauen in die Fähigkeiten der anderen. Dieses Vertrauen bildet die Grundlage für eine wirkungsvolle Zusammenarbeit – besonders in einer Unternehmenskultur, die Verantwortung ebenso wie Mitgefühl fördert und es den Mitarbeitenden ermöglicht, sich wertgeschätzt und respektiert zu fühlen, während sie gemeinsam auf ihre Ziele hinarbeiten.

In einem solchen förderlichen Umfeld werden Fehler – die in jedem dynamischen Team unvermeidlich sind – nicht als Versagen betrachtet, das bestraft werden muss, sondern als wertvolle Chancen für gemeinsames Lernen und Wachstum. Dieser Perspektivwechsel verwandelt potenziell entmutigende Situationen in Gelegenheiten für konstruktiven Dialog und die Weiterentwicklung von Teamprozessen. Die Teammitglieder werden ermutigt, gemeinsam zu analysieren, was schiefgelaufen ist, die zugrunde liegenden Ursachen zu verstehen und Strategien zu entwickeln, um ähnliche Fehler künftig zu vermeiden. So werden Missgeschicke zu lehrreichen Momenten, die zur Resilienz und Leistungsfähigkeit des Teams beitragen.

Effektive Kommunikation ist in diesem Kontext von zentraler Bedeutung. Teammitglieder müssen sich sicher fühlen, eigene Fehler einzugestehen, ohne Sanktionen befürchten zu müssen. So entsteht eine vertrauensbasierte Kultur, die Ehrlichkeit über Perfektion stellt. Diese Transparenz fördert die aktive Zusammenarbeit, ermöglicht es Einzelnen, sich bei Herausforderungen gegenseitig zu unterstützen und bei Bedarf Hilfe zu suchen. Wenn Teammitglieder offen ihre Meinungen und Sorgen teilen können, entstehen innovativere Lösungen und ein stärkeres Zugehörigkeitsgefühl, was letztlich die Gesamtleistung des Teams steigert.

Ebenso wichtig ist es, Erfolge zu feiern – und zwar als gemeinschaftliche Erfahrung, nicht als Einzelleistung. Gemeinsames Anerkennen von Erfolgen stärkt den Teamzusammenhalt und vermittelt jedem Mitglied das Gefühl, ein wesentlicher Teil des Erfolgs zu sein. Diese Praxis steigert nicht nur die Motivation, sondern unterstreicht auch den Wert jedes einzelnen Beitrags. In einem solchen inklusiven Klima sind die Mitglieder eher bereit, sich weiterhin gegenseitig zu unterstützen. Gemeinsame Erfolge fördern den Teamgeist und intensivieren die Zusammenarbeit, was nachhaltige Fortschritte begünstigt.

Zusammenfassend lässt sich sagen, dass Teams durch eine Kultur, die Verantwortung mit Mitgefühl in Einklang bringt, ihre Wirksamkeit deutlich steigern können. Dieses Vorgehen erfordert eine klare Kommunikation von Erwartungen und Zuständigkeiten, gleichzeitig aber auch ein Klima des Verständnisses und der Empathie. Dieser doppelte Fokus stärkt nicht nur zwischenmenschliche Beziehungen, sondern schafft ein resilientes Team, das Herausforderungen meistert und Erfolge gemeinsam feiert – und so den Weg für kollektiven Erfolg ebnet.

✅ **Parallele zur Führung:**

Verantwortung muss auf allen Ebenen einer Organisation gelebt werden – sie ist nicht nur eine Pflicht der Führung, sondern Ausdruck einer Kultur gemeinsamer Verantwortung. Effektive Führungskräfte zeigen echte Verantwortungsbereitschaft, indem sie eigene Fehler offen eingestehen und damit ein starkes Vorbild für ihr Team geben. Sie würdigen die Leistungen anderer und machen auch stille Beiträge sichtbar, die sonst leicht übersehen würden. Durch das aktive Fördern konstruktiver Rückmeldungen schaffen sie ein Klima des offenen Dialogs, in dem Teammitglieder ihre Meinungen selbstbewusst äußern können. Dieses Vorgehen stärkt die gegenseitige Integrität, vertieft das Vertrauen innerhalb des Teams und fördert eine kooperative Atmosphäre, in der sich alle füreinander verantwortlich fühlen und gemeinsam am Erfolg arbeiten.

Unternehmensbeispiel:

Unternehmen, die starke organisatorische Werte verkörpern – wie beispielsweise Chick-fil-A – verzeichnen häufig eine deutlich höhere Mitarbeiterbindung und -zufriedenheit. Dieser Effekt lässt sich nicht allein durch wettbewerbsfähige Vergütung erklären, sondern vielmehr durch eine Unternehmenskultur, die Respekt, exzellenten Service und ein kollektives Verantwortungsbewusstsein in den Mittelpunkt stellt. Mitarbeitende werden nicht nur für ihre Fähigkeiten und ihr Fachwissen geschätzt, sondern auch für ihren Beitrag zu einem positiven und kooperativen Arbeitsumfeld. Eine solche Kultur schafft Loyalität und motiviert Menschen dazu, ihre Aufgaben mit Freude und Engagement zu erfüllen – was letztlich zu höherer Arbeitszufriedenheit und gesteigerter Unternehmensleistung führt.

2.4.4 Wettbewerb und Zusammenarbeit im Gleichgewicht meistern

Gesunde Ambition kann sowohl die individuelle als auch die Teamleistung erheblich steigern, da sie jeden dazu motiviert, sein volles Potenzial zu entfalten. Wird jedoch der Wettbewerb unter Kollegen/Kolleginnen übermäßig, kann dies ein toxisches Umfeld schaffen, dass Zusammenarbeit untergräbt und die Gesamteffektivität beeinträchtigt.

In einem wirklich kooperativen Team ist Zusammenarbeit nicht nur erwünscht – sie wird zur Norm. Teammitglieder sehen einander nicht als Konkurrent/Konkurentinnen im Kampf um Anerkennung oder Ressourcen, sondern als unverzichtbare Partner/Partnerinnen mit einem gemeinsamen Ziel. Dieser Perspektivwechsel fördert ein Klima des Vertrauens und der Transparenz, in dem Ideen und Meinungen offen geteilt werden können – ohne Angst vor Kritik oder negativen Konsequenzen. Wenn sich Teammitglieder in ihrer Rolle sicher fühlen, entsteht ein starkes Zugehörigkeitsgefühl: Jeder Mensch fühlt sich wertgeschätzt und ermutigt, seine individuellen Stärken und Perspektiven einzubringen.

Eine kollaborative Umgebung fördert Innovation, indem sie vielfältige Ideen vereint, um kreative Lösungen für Herausforderungen zu finden. Wenn Teammitglieder gemeinsame Ziele über individuelle Anerkennung stellen, können sie ihre kollektiven Stärken effektiv nutzen – was zu bedeutenderen und wirkungsvolleren Ergebnissen für die gesamte Gruppe führt.

Letztlich entsteht durch die gemeinsame Verfolgung dieser Ziele nicht nur messbarer Erfolg, sondern auch eine lebendige, positive Arbeitskultur, die die Arbeitszufriedenheit erhöht und kontinuierliches persönliches sowie berufliches Wachstum unterstützt. In einem solchen Umfeld wird Erfolg nicht nur an Einzelleistungen gemessen, sondern an gemeinsamen Erfolgen, die den Teamzusammenhalt stärken und nachhaltigen Fortschritt fördern.

✅ Parallele zur Führung:

Wirksame Führungskräfte stellen die Erfolge des Teams über ihre eigenen Ambitionen und fördern damit eine kollaborative und kohäsive Atmosphäre. Sie gestalten aktiv eine Kultur, die gemeinsame Ziele und kollektive Erfolge in den Mittelpunkt stellt und ermutigen ihre Teammitglieder, sich gegenseitig bei der Zielerreichung zu unterstützen. Indem Beiträge als gemeinschaftliche Leistung gewürdigt werden, verringern Führungskräfte den Anreiz zu individualistischem Verhalten und eigennützigen Handlungen.

Dieser Ansatz stärkt nicht nur den Teamzusammenhalt, sondern verbessert auch die Gesamtleistung, da die Mitglieder ein stärkeres Verantwortungsbewusstsein entwickeln und sich durch gemeinsame Ziele motiviert fühlen. So rückt die effektive Nutzung der individuellen Stärken zugunsten des Teams in den Fokus – was zu nachhaltigem Erfolg und einem erfüllenderen Arbeitsumfeld für alle Beteiligten führt. In dieser unterstützenden Atmosphäre werden isolierte Aktionen und eigennützige Bestrebungen aktiv unterbunden, da sie Teamarbeit untergraben und die Moral senken können. Stattdessen fördern Führungskräfte offene Kommunikation und Zusammenarbeit, wodurch Teammitglieder ihre jeweiligen Stärken bündeln und gemeinsam ihre Ziele erreichen können. Dieser kooperative Führungsstil steigert nicht nur die Leistung, sondern schafft auch ein starkes Gefühl der Zugehörigkeit und Verbundenheit – die Grundlage für ein effektives und geschlossenes Team.

2.4.5 Konflikte und Wiederherstellung am Arbeitsplatz

Unstimmigkeiten gehören zum natürlichen Bestandteil eines professionellen Umfelds, da unterschiedliche Perspektiven und Erfahrungen der Mitarbeitenden aufeinandertreffen. Zwar können solche Differenzen Spannungen erzeugen, doch entscheidend ist der Umgang mit diesen Konflikten. Unsere Herangehensweise an Konfliktlösung beeinflusst maßgeblich die Qualität der zwischenmenschlichen Beziehungen im Arbeitsumfeld sowie die gesamte Unternehmenskultur.

In einem florierenden Arbeitsumfeld pflegen Kolleginnen und Kollegen symbiotische Beziehungen, in denen sie die Bedeutung direkter, aber respektvoller Kommunikation erkennen. Dabei bleiben Empathie und gegenseitige Wertschätzung zentrale Grundsätze. Sie verstehen, dass offene Kommunikation unverzichtbar ist, um Gedanken und Gefühle frei äußern zu können. So wird sichergestellt, dass sich alle gehört, anerkannt und wertgeschätzt fühlen. Diese gelebte Inklusivität schafft einen sicheren Raum für den Dialog und hilft, Missverständnisse frühzeitig zu klären, bevor sie sich zu größeren Konflikten ausweiten können.

Anstatt ungelöste Konflikte schwelen zu lassen und dadurch Groll im Team zu fördern, setzen solche Mitarbeitenden auf kooperative Lösungsstrategien. Ziel ist es, Wege zu finden, die sowohl gerecht als auch für alle Beteiligten vorteilhaft sind. Diese teamorientierte Herangehensweise kann sich in verschiedenen Formen zeigen – etwa durch gemeinsames

Brainstorming, moderierte Gespräche oder informelle Dialoge, die kreatives Denken und Kompromissbereitschaft fördern.

Indem aktiv ein Umfeld geschaffen wird, in dem unterschiedliche Meinungen konstruktiv geäußert werden dürfen, lassen sich potenzielle Spannungen in wertvolle Chancen für Wachstum, Innovation und stärkere Partnerschaften verwandeln. Dieser Ansatz bereichert die Teamdynamik, steigert die Gesamtproduktivität und fördert eine Kultur des Vertrauens und der Zusammenarbeit – zum Nutzen der gesamten Organisation. So werden Konflikte nicht nur als Herausforderungen verstanden, sondern als Katalysatoren für tiefere Verständigung und verbessertes Miteinander.

✅ Parallele zur Führung:

Gesunde Führungskräfte prägen die Teamkultur maßgeblich, indem sie klare Standards für den Umgang mit Konflikten setzen. Sie begegnen Meinungsverschiedenheiten mit Ehrlichkeit, Professionalität und dem festen Willen zur Versöhnung. Effektive Führungspersönlichkeiten achten darauf, Konflikte fair zu moderieren und sicherzustellen, dass sich alle Beteiligten gehört und wertgeschätzt fühlen. Durch aktives Zuhören erfassen sie tieferliegende Anliegen und Emotionen, was das gegenseitige Verständnis stärkt. Auch in angespannten Situationen bewahren sie Würde und Respekt, fördern offene Kommunikation und kooperative Lösungsfindung. Indem sie dieses Verhalten vorleben, lösen sie nicht nur Konflikte, sondern stärken auch die Widerstandsfähigkeit und den Zusammenhalt ihres Teams.

Fallbeispiel:

In vielen agilen Organisationen spielen Formate wie Retrospektiven eine entscheidende Rolle dabei, sichere Räume für offene Reflexion zu schaffen. In diesen Sitzungen erhalten Teammitglieder die Möglichkeit, Erfolge zu feiern und gleichzeitig Verbesserungspotenziale vergangener Projekte zu analysieren. Ein vertrauensvolles Umfeld ermöglicht es, Gedanken und Erfahrungen offen zu teilen – ohne Angst vor Verurteilung. Dieses strukturierte Vorgehen fördert nicht nur eine offene Kommunikation, sondern dient auch als wirkungsvolles Mittel zur Konfliktlösung und Beziehungspflege. Es ermutigt die Teilnehmenden, Herausforderungen gemeinsam und konstruktiv anzugehen. Dadurch verbessern sich nicht nur die Problemlösungsfähigkeiten, sondern auch die Teamdynamik nachhaltig.

2.4.6 Erkennen und Angehen toxischer Kollegen/Kolleginnen-Beziehungen

Auch wenn viele berufliche Beziehungen positiv und kooperativ verlaufen, tragen nicht alle zu einem gesunden Arbeitsumfeld bei. In manchen Fällen untergraben destruktive Verhaltensweisen wie Klatsch, Sabotage oder passiv-aggressives Verhalten massiv den Teamzusammenhalt. Solche toxischen Dynamiken führen zu einem Vertrauensverlust, wodurch Mitarbeitende zögern, sich offen einzubringen oder Ideen zu teilen. Mit schwindendem Vertrauen verschlechtern sich Kommunikation und Zusammenarbeit – Kreativität und Innovation werden ausgebremst.

Ein weiterer Verstärker dieser Spannungen ist mangelnde Verantwortungsübernahme. Wenn Teammitglieder ihre Aufgaben nicht ernst nehmen oder für Fehler keine

Verantwortung übernehmen, bleiben wichtige Arbeitsschritte unerledigt, was Frustration und Verwirrung auslöst. Eine solche Haltung begünstigt eine Kultur des Schuldzuweisens, in der individuelle Absicherung über kollegiale Unterstützung gestellt wird. Wenn parasitäres Verhalten Einzug hält, sinken Moral und Produktivität. Betroffene Mitarbeitende leiden oft unter erhöhtem Stress und innerem Rückzug, was zu wachsender Unzufriedenheit und erhöhter Fluktuation führt – und damit auch zu einem Verlust an wertvollem Wissen und Erfahrung. Solche Entwicklungen greifen nach und nach auf die gesamte Organisation über und beeinträchtigen nicht nur das individuelle Leistungspotenzial, sondern auch den gemeinsamen Erfolg des Teams. Ein toxisches Arbeitsumfeld hemmt nicht nur die Zusammenarbeit und das persönliche Wachstum, sondern unterminiert langfristig die Zielerreichung der Organisation. Umso wichtiger ist es, aktiv gesunde und konstruktive Arbeitsbeziehungen zu fördern.

✅ Führung in der Praxis:

Führungskräfte tragen eine zentrale Verantwortung dafür, toxisches Verhalten im Team zeitnah und transparent zu erkennen und zu unterbinden. Durch proaktives Handeln schaffen sie ein sicheres und wertschätzendes Arbeitsumfeld, das im Einklang mit den grundlegenden Werten der Organisation steht. Dies erfordert eine offene Kommunikationskultur, aktives Zuhören sowie die Bereitschaft, Konflikte frühzeitig anzusprechen und wirksam zu lösen, bevor sie sich verschärfen.

Doch nicht nur Führungskräfte sind gefragt – auch jedes Teammitglied trägt zum Erhalt eines gesunden Arbeitsklimas bei. Es ist essenziell, dass Mitarbeitende ermutigt werden, persönliche Grenzen zu setzen, um ihre emotionale Gesundheit zu schützen. Dazu gehört das frühzeitige Erkennen von

Stresssignalen oder Unwohlsein und das Einleiten angemessener Schritte – sei es durch direkte Gespräche, Vermittlung oder eine bewusste Neuausrichtung der Aufmerksamkeit.

Indem sowohl Führung als auch Mitarbeitende Verantwortung übernehmen, entsteht eine respektvolle und unterstützende Teamkultur, die auf gegenseitiger Wertschätzung und Klarheit basiert. Dies stärkt nicht nur das Vertrauen im Miteinander, sondern fördert auch langfristig Motivation, Engagement und kollektive Leistungsfähigkeit.

Kapitel 2.4 Zusammenfassung: Kollegiale Zusammenarbeit durch Symbiotic Leadership™

Workplace-Symbiose gedeiht durch gemeinsame Ziele, gegenseitigen Respekt und psychologische Sicherheit.

- Workplace-Symbiose entfaltet ihr volles Potenzial, wenn Teammitglieder sich gemeinsam auf klare Ziele ausrichten und Zusammenarbeit auf der Grundlage gegenseitigen Respekts erfolgt. Psychologische Sicherheit stärkt dieses Miteinander zusätzlich, indem sie ein Umfeld schafft, in dem Mitarbeitende ihre Gedanken und Ideen frei äußern können – ohne Angst vor Verurteilung. Fühlen sich Menschen wertgeschätzt und sicher, zeigen sie mehr Eigeninitiative, bringen innovative Lösungen ein und begegnen Herausforderungen als eingespieltes Team. So entsteht eine dynamische, anpassungsfähige Belegschaft, die nicht nur Ziele erreicht, sondern auch gemeinsam wächst und sich weiterentwickelt.

Effektive Kommunikation, Verantwortungsbewusstsein und Demut sind essenziell für ein produktives Teamumfeld.

- Klare und offene Kommunikation, ein ausgeprägtes Verantwortungsbewusstsein und eine Haltung der Demut sind zentrale Bausteine für ein erfolgreiches und gesundes Teamklima. Wenn Teammitglieder effektiv kommunizieren, teilen sie Ideen und Feedback frei, was eine Kultur des Vertrauens und der Zusammenarbeit fördert. Verantwortungsbewusstsein stellt sicher, dass Einzelne ihre Zusagen einhalten und für ihr Handeln einstehen – das stärkt die Verlässlichkeit und verbessert die Teamdynamik. Demut wiederum ermöglicht es, die Beiträge anderer wertzuschätzen und eine unterstützende Atmosphäre zu schaffen, in der sich jeder respektiert und gehört fühlt. Gemeinsam fördern diese Prinzipien nicht nur das Miteinander, sondern auch den langfristigen Erfolg der gesamten Organisation.

Gesunde Konfliktlösung und Werteausrichtung fördern Vertrauen und Leistungsfähigkeit.

- Ein konstruktiver Umgang mit Konflikten sowie die bewusste Ausrichtung auf gemeinsame Werte schaffen ein tiefes Vertrauensverhältnis und steigern die Leistungsfähigkeit von Teams und Organisationen nachhaltig. Wenn Konflikte respektvoll und lösungsorientiert behandelt werden, entsteht eine Kultur offener Kommunikation und gegenseitigen Respekts. Diese gezielte Herangehensweise stärkt Beziehungen, fördert ein positives Arbeitsumfeld und verbessert die Zusammenarbeit – mit dem Ergebnis gemeinsamer Erfolge und messbarer Fortschritte.

Begegnen Sie toxischen Verhaltensweisen mit klarer Kommunikation, starker Führung und Mut.

- Toxisches Verhalten sollte durch offene Kommunikation, verantwortungsvolles Leadership und konsequenten Mut gezielt angesprochen werden. Es ist entscheidend, ein Umfeld zu schaffen, in dem Mitarbeitende ihre Anliegen frei äußern können und Führungskräfte mit Integrität und Standhaftigkeit agieren. Dieser proaktive Ansatz bekämpft nicht nur destruktive Verhaltensweisen, sondern stärkt zugleich eine Unternehmenskultur, die auf Respekt, Verantwortung und gegenseitiger Wertschätzung basiert.

♀ Führungsschlussvolgerung:

Aufbau von Beziehungen unter Kollegen/Kolleginnen – ähnlich wie der Aufbau effektiver Teams – erfordert gezielte Anstrengung, emotionale Intelligenz und ein gemeinsames Engagement. Sowohl Führungskräfte als auch Teammitglieder prägen die Unternehmenskultur durch ihre Worte, ihr Verhalten und ihre Bereitschaft, einander zu unterstützen. Wenn sich Beziehungen am Arbeitsplatz zu einer symbiotischen Partnerschaft entwickeln, gedeihen Organisationen nicht nur – sie blühen auf.

2.5 Mentoring/Coaching: Symbiose durch Beratung

Mentoring und Coaching demonstrieren eine einzigartige und bewusst gestaltete symbiotische Beziehung, die durch einen lebendigen Austausch von Wissen und Unterstützung geprägt ist. In diesem Zusammenhang teilt der

Mentor oder Coach umfangreiche Weisheit, Lebenserfahrung und motivierende Impulse – und bietet damit eine Orientierung, die sowohl auf Erfolgen als auch auf Rückschlägen beruht. Gleichzeitig bringt die Mentee oder der Schüler Lernbereitschaft, eine frische Perspektive und ein großes Potenzial mit, das darauf wartet, entfaltet zu werden.

Obwohl die Rollen auf den ersten Blick ungleich erscheinen mögen – mit dem Mentor als Wissensgeber –, entwickeln sich erfolgreiche Mentoring-Beziehungen häufig zu kooperativen Partnerschaften. Im Verlauf dieser Beziehung entsteht ein aktiver Austausch, bei dem auch der Mentor von den einzigartigen Perspektiven und Erfahrungen des Mentees lernt. Diese gegenseitige Bereicherung schafft einen Raum gemeinsamen Engagements, der es beiden Beteiligten ermöglicht, sich nicht nur in ihren jeweiligen Rollen, sondern auch als Menschen weiterzuentwickeln.

Durch offene Kommunikation und das gemeinsame Bekenntnis zu persönlichem Wachstum kann sich aus einer Mentoring-Beziehung eine stabile Partnerschaft entwickeln, die beide Seiten auf persönlicher, wie beruflicher Ebene stärkt. Dieser gemeinsame Weg fördert Co-Kreation, ermöglicht es, Herausforderungen zusammen zu meistern und Erfolge gemeinsam zu feiern – und festigt so die Beziehung, während die Kompetenzen beider Beteiligten kontinuierlich wachsen.

2.5.1 Der symbiotische Fluss von Wissen und Wachstum

In einer fördernden Mentoring- oder Coaching-Beziehung erleben beide Beteiligten ein lebendiges und bereicherndes Wachstum. Der Mentor spielt eine entscheidende Rolle, indem er Orientierung bietet, Fachwissen weitergibt und auf persönlichen Erfahrungen basierendes, wertvolles Feedback liefert. Doch diese Beziehung dreht sich nicht nur um den Mentor: Der Mentee bringt frische Energie, innovative Ideen und einzigartige Perspektiven ein, die den Austausch beleben und seine Relevanz verstärken.

Dieser wechselseitige Austausch schafft ein kraftvolles Lernumfeld, von dem beide Seiten profitieren – nicht nur in Bezug auf Fähigkeiten und Wissen, sondern auch auf persönlicher Ebene. Der Mentor gewinnt durch den Austausch neue Einsichten und ein erneuertes Gefühl von Sinn und Ziel, während der Mentee Selbstvertrauen aufbaut und eine klarere Orientierung für seine persönliche und berufliche Entwicklung erhält. Letztlich fördert diese zyklische Beziehung ein bereicherndes Erlebnis, das die Kompetenzen und das Wachstum beider Beteiligten nachhaltig stärkt.

✅ Parallele zur Führung:

Außergewöhnliche Führungskräfte verkörpern sowohl die Rolle des Lehrenden als auch des Lernenden. Sie legen großen Wert auf kontinuierliches Lernen und zeigen ein tiefes Engagement für ihre persönliche und berufliche Weiterentwicklung. Durch die Offenheit für unterschiedliche Perspektiven schaffen sie eine Kultur des Vertrauens und der offenen Kommunikation. Diese Bereitschaft zuzuhören erweitert nicht nur ihr eigenes Verständnis, sondern fördert auch Innovation innerhalb ihrer Teams. Darüber hinaus passen sie ihre Führung und Strategien flexibel an, indem sie Feedback in Echtzeit berücksichtigen, um sicherzustellen, dass ihre Impulse relevant und wirkungsvoll bleiben. Auf diese Weise inspirieren sie ihr Umfeld dazu, Exzellenz anzustreben und persönliches Wachstum aktiv zu verfolgen.

2.5.2 Vertrauen und Verantwortlichkeit in der Mentorschaft

Vertrauen bildet das Herzstück einer erfolgreichen Mentoring-Beziehung – als wechselseitiger Austausch, der offene Gespräche und ehrliches Feedback ermöglicht. Diese Vertrauensbasis ist entscheidend für persönliches und berufliches Wachstum. Fehlt sie, verringert sich die Bereitschaft zur Selbstreflexion, was es Mentees erschwert, konstruktive Kritik anzunehmen und daraus zu lernen.

Wird zudem Verantwortlichkeit in die Mentorschaft integriert, verwandelt sie sich von einem rein korrigierenden Instrument zu einem stärkenden und unterstützenden Prozess, der auf Entwicklung und Wachstum ausgerichtet ist. In diesem förderlichen Umfeld fühlen sich Mentees ermutigt, Risiken einzugehen, aus Fehlern zu lernen und sich weiterzuentwickeln. Mentoren/Mentorinnen können hier nicht nur Defizite aufzeigen, sondern gezielt Stärken fördern – und so eine Kultur des kontinuierlichen Lernens und gegenseitigen Respekts schaffen.

✓ **Parallele zur Führung:**

Mentoren/Mentorinnen und Coaches übernehmen die Rolle von Verantwortungspartnern, indem sie Menschen dabei unterstützen, ihren Zielen treu zu bleiben – stets begleitet von einem Vorbild an persönlicher Integrität. Mit einem mitfühlenden Blick geben sie konstruktives Feedback und schaffen so ein Umfeld, das Entwicklung und Wachstum fördert. Ihr aufrichtiges Vertrauen in das Potenzial ihres Gegenübers vermittelt Sinnhaftigkeit und stärkt den inneren Antrieb, Herausforderungen zu meistern und langfristig auf Kurs zu bleiben.

2.5.3 Coaching für Ausrichtung und Selbstvertrauen

Coaching – sei es im Sport, im Unternehmenskontext oder in der persönlichen Entwicklung – spielt eine zentrale Rolle dabei, Menschen dabei zu unterstützen, ihre angelegten Talente mit ihren Zielen und Visionen in Einklang zu bringen. Ein kompetenter Coach erschafft kein Talent, sondern wirkt als Katalysator, der vorhandenes Potenzial erkennt, stärkt und gezielt fördert. Dieser Prozess umfasst das Schaffen von Klarheit über individuelle Stärken und Entwicklungsfelder sowie das Vermitteln von Selbstvertrauen, um konkrete Schritte in Richtung persönlicher oder beruflicher Zielsetzung zu unternehmen. Durch maßgeschneiderte Impulse, kontinuierliche Begleitung und konstruktives Feedback befähigt ein Coach dazu, Hindernisse zu überwinden, Fähigkeiten gezielt auszubauen und nachhaltigen Erfolg zu erzielen.

✅ Parallele zur Führung:

Großartige Coaches befähigen andere, indem sie Fragen stellen, anstatt Anweisungen zu geben. Sie stärken ihr Umfeld, indem sie blinde Flecken aufdecken und Selbstwahrnehmung fördern. Mit Feingefühl identifizieren sie bislang ungenutzte Entwicklungspotenziale und regen durch gezielte, reflektierende Fragen zur Selbsterkenntnis an. Auf diese Weise helfen sie Einzelpersonen, verborgene Stärken zu entdecken und neue Wege des Wachstums zu erschließen – und begleiten so einen tiefgreifenden persönlichen und beruflichen Entwicklungsprozess.

Kapitel 2.5 Zusammenfassung: Mentoring/Coaching - Symbiose durch Beratung

Mentoring- und Coaching-Beziehungen bringen sowohl der Lehrenden- als auch der Lernenden rolle Vorteile.

- Mentoring- und Coaching-Beziehungen schaffen ein dynamisches Wachstumsumfeld für beide Seiten. Lehrende gewinnen durch den Austausch wertvolle Einblicke und neue Perspektiven, die ihre Fähigkeiten und Methoden weiterentwickeln. Gleichzeitig erhalten Lernende individuelle Unterstützung und gezielte Anleitung, die ihre persönliche Entwicklung fördert und ihr Selbstvertrauen stärkt. Dieser wechselseitige Austausch vertieft das Verständnis und schafft eine kooperative Atmosphäre, in der beide Beteiligten gemeinsam wachsen und sich entfalten können.

Vertrauen, Respekt und Verantwortlichkeit bilden das Fundament für echte Veränderung.

- Die Grundlage nachhaltiger Transformation beruht auf den drei Säulen Vertrauen, Respekt und Verantwortlichkeit. Vertrauen fördert offene Kommunikation und stärkt Beziehungen, während Respekt den inneren Wert jedes Einzelnen anerkennt. Verantwortlichkeit stellt sicher, dass Verpflichtungen eingehalten und Zuständigkeiten wahrgenommen werden, wodurch ein Raum entsteht, in dem sich Menschen aktiv einbringen und weiterentwickeln können. Gemeinsam schaffen diese Elemente ein dynamisches Umfeld, das langfristige Veränderung ermöglicht.

Symbiose in begleitenden Beziehungen bedeutet, einander mit Achtsamkeit und Anmut in die Zukunft zu dienen.

- Symbiose in begleitenden Beziehungen betont das gemeinsame Engagement, die Zukunft des jeweils anderen mit Bedacht und Würde zu fördern. Sie beruht auf einem tiefen Verständnis für die Ziele und Herausforderungen des Gegenübers und schafft einen Raum, in dem beide Seiten gemeinsam aufblühen können. Durch bewusstes Handeln entsteht ein harmonisches Gleichgewicht aus Gegenseitigkeit, das von Freundlichkeit und Respekt geprägt ist.

2.6 Tägliche Interaktionen: Mikro-Symbiose praktizieren

Nicht jede symbiotische Beziehung ist durch langfristige Bindung oder tiefgehende emotionale Nähe gekennzeichnet. Tatsächlich entstehen manche der wirkungsvollsten Beziehungsmomente in alltäglichen Begegnungen, oft in Situationen, die wir als banal ansehen würden. Denken wir an die kurzen Interaktionen mit Baristas, die unseren Morgenkaffee zubereiten, an Fahrdienstfahrer/Fahrdiensfahrerinnen, die uns durch geschäftige Städte navigieren, oder an Kassierer/Kassiererinnen, die unsere Einkäufe mit einem freundlichen Lächeln scannen. Selbst kurze Gespräche mit Nachbar/Nachbarinnen oder Kolleg/Kolleginnen auf dem Flur bergen wertvolles Potenzial.

Diese Mikro-Momente bieten einzigartige Gelegenheiten, zwischenmenschlichen Wert zu schaffen. Eine einfache Geste – etwa ein herzlicher Gruß oder ein aufrichtiges Kompliment – kann den Tag eines Menschen erhellen und ein Gefühl von Verbindung stiften. Wenn wir uns bewusst Zeit nehmen, die

Gegenwart anderer anzuerkennen, säen wir Samen der Ermutigung, Würde und Freundlichkeit, die weit über das flüchtige Gespräch hinaus Wirkung zeigen. Diese oft übersehenen kleinen Akte menschlicher Wärme haben die Kraft, Wellen zu schlagen, die unsere Gemeinschaften stärken und unser Leben bereichern.

2.6.1 Respekt in jeder Begegnung wählen

Respekt sollte nicht auf enge Beziehungen beschränkt bleiben. Er ist eine grundlegende Haltung, die jede Interaktion prägen sollte – ganz gleich, wie kurz sie auch sein mag. In einer Welt, die sich zunehmend isoliert und entfremdet anfühlt, können bereits kleine Gesten wie Empathie, Geduld oder aufmerksames Zuhören tiefgreifende Wirkung entfalten. Solche subtilen Handlungen überbrücken Distanz zwischen Menschen, fördern ein Gefühl von Gemeinschaft und rücken unsere gemeinsame Menschlichkeit in den Mittelpunkt. Indem wir in jeder Begegnung eine Kultur des Respekts pflegen, tragen wir aktiv dazu bei, eine mitfühlendere und stärker verbundene Welt zu gestalten

✅ **Parallele zur Führung:**

Führungspersönlichkeiten zeichnen sich nicht nur durch ihre Beziehungen zu Führungskräften aus, sondern vor allem durch ihr Engagement gegenüber jedem Teammitglied im Unternehmen – einschließlich jener, die weniger im Rampenlicht stehen, wie z. ☐B. Reinigungskräfte. Dies unterstreicht die Bedeutung, alle Beiträge wertzuschätzen. Gerade diese alltäglichen Begegnungen spiegeln die wahren Werte und Prinzipien einer Führungskraft wider. Symbiotische Führungskräfte besitzen die besondere Fähigkeit, anderen das Gefühl zu geben, gesehen und geschätzt zu werden – unabhängig von ihrer Position. Schon eine einfache Geste wie ein freundlicher Gruß, ein aufrichtiges Lächeln oder ein kurzer Moment des Augenkontakts kann Respekt und Anerkennung vermitteln. Auf diese Weise fördern Führungskräfte eine inklusive Unternehmenskultur, in der sich jedes Teammitglied anerkannt fühlt – was wiederum Teamgeist und Motivation stärkt. Selbst kleine Gesten können dabei eine große Wirkung auf die Stimmung und Effektivität im Team entfalten.

2.6.2 Tägliche Freundlichkeit als kulturelle Währung

Die Art und Weise, wie wir kleine Begegnungen gestalten, spielt eine entscheidende Rolle bei der Prägung der Kultur, die uns umgibt. Einfache Gesten – wie ein aufrichtiges Kompliment, ein herzliches Lächeln oder ein ehrliches „Danke" – mögen auf den ersten Blick unbedeutend erscheinen. Doch gerade diese scheinbar kleinen Handlungen vermitteln tiefergehenden Respekt und Wertschätzung. Sie haben die Kraft, die Stimmung unseres Gegenübers zu heben und ein Umfeld zu schaffen, in dem sich Menschen gesehen und geschätzt fühlen. Indem wir durch solche positiven Impulse eine freundliche Atmosphäre fördern, bereichern wir nicht nur unser eigenes Leben, sondern tragen aktiv zu einer gemeinsamen Kultur der Freundlichkeit und Inklusion bei – einer Kultur, in der sich alle ermutigt fühlen, in Verbindung zu treten und zu wachsen.

Beispiel eines Unternehmens:

Chick-fil-A hat eine unverwechselbare Unternehmenskultur entwickelt, die auf Respekt und außergewöhnlichem Service basiert – verkörpert durch den höflichen Ausdruck „Gern geschehen" („my pleasure"). Dieses Bekenntnis zur Freundlichkeit in alltäglichen Begegnungen bereichert nicht nur das Kundenerlebnis, sondern prägt zugleich das gesamte Markenbild. Indem Chick-fil-A echte Gastfreundschaft in den Mittelpunkt stellt und ein positives Miteinander fördert, zeigt das Unternehmen eindrucksvoll, welchen Einfluss kleine Gesten der Freundlichkeit auf die Werte und Identität einer Organisation haben können. Diese Kultur des Respekts wirkt nicht nur auf Kunden/Kundinnen anziehend, sondern stärkt auch das Selbstverständnis der Mitarbeitenden – und schafft so ein einheitliches, motivierendes Arbeitsumfeld, das Chick-fil-A in der stark umkämpften Gastronomiebranche deutlich hervorhebt.

2.6.3 Mikro-Symbiose in einer digitalen Welt

Jede Interaktion – ob per Textnachricht, E-Mail oder Kommentar in den sozialen Medien – birgt das Potenzial für eine Mikro-Symbiose: einen kleinen, gegenseitigen Akt der Unterstützung, der unsere Beziehungen stärken kann. Der Tonfall, die Reaktionsgeschwindigkeit und die Sorgfalt, mit der wir kommunizieren, haben erheblichen Einfluss auf das emotionale Erleben der Empfänger/Kolleginnen. Eine warmherzige und unterstützende Nachricht kann die Stimmung heben und ein Gefühl von Verbundenheit und positiver Resonanz erzeugen. Umgekehrt können hastige oder gleichgültige Antworten dazu führen, dass sich andere übersehen oder entmutigt fühlen. Durch achtsamen Umgang mit unseren digitalen Kommunikationsformen tragen wir dazu bei, ein empathischeres und positiveres Online-Umfeld zu schaffen – eines, das Beziehungen stärkt und eine Kultur der Freundlichkeit und des Verständnisses fördert.

✅ Parallele zur Führung:

Führungskräfte spielen eine entscheidende Rolle bei der Gestaltung des Klimas digitaler Kommunikation. Ihre Handlungen – sei es das wertschätzende Anerkennen von Beiträgen in einem lebhaften Gruppenchat oder das verständnisvolle Reagieren auf Missverständnisse – schaffen Vertrauen und stärken die Beziehungsqualität innerhalb des Teams. Diese scheinbar kleinen, aber wirkungsvollen Entscheidungen fördern eine Kultur der Offenheit und Zusammenarbeit, was tiefere Verbindungen zwischen den Teammitgliedern ermöglicht und das Engagement im virtuellen Raum steigert.

Ein Beispiel: Eine Führungskraft, die kreative Ideen ihrer Mitarbeitenden öffentlich anerkennt und lobt, hebt nicht nur die Stimmung, sondern fördert auch eine Kultur der aktiven Beteiligung und des innovativen Denkens. Wenn sich Teammitglieder in ihrer Leistung gesehen und gewürdigt fühlen, steigt ihre Bereitschaft, sich offen und kreativ einzubringen. Umgekehrt kann eine Führungskraft, die Missverständnisse mit Ruhe und kommunikativer Kompetenz klärt, Spannungen entschärfen und ein sicheres Umfeld schaffen, in dem sich alle gehört und respektiert fühlen.

Diese bewussten, kommunikativen Entscheidungen stärken nicht nur den Zusammenhalt, sondern ermöglichen es dem Team, sich aktiv an gemeinsamen Zielen zu beteiligen. Indem Führungskräfte eine konstruktive Kommunikationskultur vorleben, fördern sie ein digitales Arbeitsumfeld, das nicht nur effizient, sondern auch menschlich und verbindend ist. Letztlich geben sie damit den Ton für ein kooperatives und produktives Miteinander vor.

Kapitel 2.6 Zusammenfassung: Tägliche Interaktionen - Mikro-Symbiose praktizieren

Jede Interaktion bietet eine wertvolle Gelegenheit, die zwischenmenschliche Würde zu stärken.

- ☐Jede Begegnung eröffnet die Chance, die innewohnende Würde unserer Beziehungen zu ehren und zu vertiefen. Indem wir Respekt und Verbundenheit bewusst fördern, schaffen wir ein Klima, das echtes Verständnis und Mitgefühl begünstigt. Solche Momente werden zu Bausteinen für stärkere Bindungen und eine harmonischere Gemeinschaft.

Tägliche Gewohnheiten wie Freundlichkeit, Dankbarkeit und aktives Zuhören können Wellen schlagen und die emotionale Atmosphäre in unseren Häusern, am Arbeitsplatz und in der Gemeinschaft positiv beeinflussen.

- Durch tägliche Praktiken der Freundlichkeit, der Dankbarkeit und des aktiven Zuhörens entstehen kraftvolle Impulse, die das emotionale Klima in unserem Zuhause, in der Arbeitswelt und im gesellschaftlichen Umfeld nachhaltig prägen. Diese scheinbar kleinen, aber bedeutsamen Handlungen fördern eine Kultur des Mitgefühls und der Positivität – sie schaffen ein unterstützendes Umfeld, in dem Beziehungen gedeihen und Menschen sich wertgeschätzt und gehört fühlen. Indem wir uns konsequent für Freundlichkeit, Anerkennung und echtes Zuhören entscheiden, gestalten wir unsere Umgebung zu einem Ort des Vertrauens, der Zugehörigkeit und des menschlichen Miteinanders.

Wahre Führung zeigt sich nicht nur in großen Entscheidungen, sondern vor allem in den kleinen Dingen.

- Echte Führungskraft offenbart sich nicht nur bei weitreichenden Entscheidungen, sondern auch in den alltäglichen, oft unscheinbaren Handlungen, die die Teamkultur und das Miteinander prägen. Sie zeigt sich in aufmerksamen Gesten, ermutigenden Worten und der bewussten Wahrnehmung individueller Bedürfnisse – all das schafft Vertrauen und ein Gefühl der Zugehörigkeit.

Kapitel 2 Zusammenfassung: Die verschiedenen Arten von Beziehungen

Beziehungen bilden den Rahmen, in dem menschliches Potenzial entweder gefördert oder eingeschränkt werden kann. Dieses Kapitel untersucht, wie sich das Prinzip der Symbiose – gegenseitiger Nutzen, gegenseitige Abhängigkeit und gemeinsames Wachstum – auf sechs verschiedene Beziehungstypen anwenden lässt. Es bietet Einsichten, wie sich jede dieser Beziehungsformen durch gezielte Investition, Vertrauen und die Ausrichtung an biblischen sowie führungsbezogenen Prinzipien stärken lässt.

Ob Familie oder Arbeitsplatz, lebenslange Freundschaften oder kurze Begegnungen im Alltag – jede Art von Beziehung, unabhängig von ihrer Dauer oder Tiefe, birgt die Möglichkeit, das Wachstum und Wohlergehen anderer entweder zu fördern oder zu behindern. In gesunden Beziehungen lernen wir, zu geben und zu empfangen, herauszufordern und zu ermutigen, zu führen und zu dienen. Solche Interaktionen stärken nicht nur den Einzelnen, sondern fördern auch dauerhafte, belastbare und sinnstiftende Beziehungen.

💡 Die wichtigsten Erkenntnisse aus jeder Beziehungsart:

2.1 Familie – Die erste Umgebung für Symbiose

Die Familie ist das erste Übungsfeld für emotionale Intelligenz, Respekt und geteilte Verantwortung. Diese Symbiose wird durch gegenseitige Unterstützung, Vergebung und Verantwortungsbewusstsein gefördert und bildet ein stabiles Fundament für alle zukünftigen Beziehungen.

2.2 Freundschaften – Eine gewählte symbiotische Beziehung

Freundschaft gedeiht, wenn sich beide Personen emotional einbringen, einander liebevoll herausfordern und über verschiedene Lebensphasen hinweg loyal bleiben. Diese bewusst gewählten Bindungen veranschaulichen die Stärke, die in sicherer Verletzlichkeit und gegenseitiger Unterstützung liegt.

2.3 Liebe/Partnerschaften – Den Bund durch Symbiose gestalten

Romantische Beziehungen erfordern einen Bund aus Verbindlichkeit, emotionaler Sicherheit und einer gemeinsam entwickelten Vision. In diesem Sinne ist wahre Liebe kein passives Gefühl, sondern ein aktiver Prozess, der durch gegenseitiges Engagement, Verantwortlichkeit und Treue gepflegt wird.

2.4 Kolleg/Kolleginnen – Zusammenarbeit durch Symbiotic Leadership™

Arbeitsbeziehungen gedeihen in einer Kultur der Zusammenarbeit, klaren Kommunikation und gemeinsamen Erfolge. Führungskräfte und Teams müssen Respekt, psychologische Sicherheit und Fairness in den Mittelpunkt stellen, um eine professionelle Symbiose aufrechtzuerhalten.

2.5 Mentoring und Coaching – Symbiose durch Begleitung

Mentoring- und Coaching-Beziehungen beruhen auf Demut, Vertrauen und gegenseitigem Wachstum. Wenn Mentor/Mentorinnen mit dem Herzen eines Lehrenden handeln und Mentees mit Lernbereitschaft antworten, entsteht für beide eine tiefgreifende Transformation.

2.6 Alltägliche Begegnungen – Mikro-Symbiose im Alltag leben

Selbst die flüchtigsten Begegnungen können die Essenz von Symbiose widerspiegeln. Täglicher Respekt, Freundlichkeit und Aufmerksamkeit entfalten eine weitreichende Wirkung, prägen unsere Kultur und spiegeln das fraktale Bild des Universums in den gewöhnlichen Momenten des Lebens wider.

☐ **Verbindende Themen der symbiotischen Beziehungen:**

In allen Beziehungsformen, die in diesem Kapitel behandelt wurden, zeigen sich fünf durchgängige Muster:

1. **Gegenseitige Investition** – Tragfähige Beziehungen sind keine Einbahnstraße; sie wachsen durch wechselseitige Beiträge.
2. **Verantwortung mit Gnade** – Gesunde Dynamiken verbinden Verantwortungsbewusstsein mit der Bereitschaft zur Vergebung.
3. **Geteilte Zielsetzung** – Ob klar formuliert oder unausgesprochen: Übereinstimmung in Werten und Vision stärkt jede Beziehung.

4. **Emotionale Sicherheit und Vertrauen** – Verletzlichkeit ist der Nährboden, auf dem Nähe und Zusammenarbeit gedeihen.

5. **Intentionalität und Führung** – Starke Beziehungen entstehen nicht zufällig; sie werden bewusst gestaltet und liebevoll geführt.

Blick in die Zukunft: Führungstheorien neu interpretiert

Nachdem wir nun untersucht haben, wie sich Symbiose in allen Beziehungsformen zeigt, richten wir den Blick auf jene Führungstheorien, die erklären, wie Menschen in strukturierten Umgebungen wachsen, leisten und miteinander interagieren. In Kapitel 3 analysieren wir klassische Führungsmodelle – darunter Maslows Bedürfnishierarchie, McGregors Theorie X und Y, McClellands Bedürfnistheorie und weitere – und beginnen damit, die einzigartige Rolle der Symbiotic Relationship Theory™ (SRT) in dieser weiterentwickelnden Diskussion zu beleuchten.

Kapitel 3
Führung neu denken
durch Symbiose

Kapitel 3: Führung neu denken durch Symbiose

Führungstheorien haben seit jeher versucht zu definieren, wie sich Menschen entwickeln, was sie motiviert und wie Organisationen funktionieren sollten. Von Maslows Bedürfnishierarchie bis hin zu McGregors Theorie X und Y haben diese Modelle Generationen von Führungskräften, Pädagogen/Pädagoginnen und Denker/Denkerinnen geprägt. So kraftvoll diese Konzepte auch sind, scheitern viele doch in einem entscheidenden Punkt: Sie trennen individuelle Leistung oft vom Beziehungszusammenhang.

Die Realität ist: Niemand wächst im luftleeren Raum. Keine Familie gedeiht in Isolation. Kein Team hat Erfolg ohne Vertrauen. Beziehungen – ob wechselseitig, dynamisch oder anpassungsfähig – bilden das wahre Ökosystem, in dem Führung, Wachstum und Transformation stattfinden. Diese Erkenntnis verlangt nach einer neuen Perspektive auf Führung: einer, die nicht nur den Einzelnen betrachtet, sondern auch den Raum zwischen den Menschen. Sie bewertet nicht nur persönliche Ambitionen und Verhaltensmuster, sondern auch die Qualität der Verbindungen, die es Gemeinschaften ermöglichen, zu gedeihen.

Ich bezeichne diese Sichtweise als die Symbiotic Relationship Theory™ (SRT).

Diese Theorie legt nahe, dass die nachhaltigsten und transformativsten Beziehungen – sei es im persönlichen oder beruflichen Kontext – durch gegenseitige Investition, gemeinsame Zielsetzung, emotionale Sicherheit und wechselseitige Verantwortung gekennzeichnet sind. Anders als traditionelle Theorien, die individuelle Motivation oder hierarchische Kontrolle in den Mittelpunkt stellen, konzentriert sich die Symbiotic Relationship Theory™ (SRT) auf **intentionale Interdependenz.**

SRT fragt nicht nur, *wie Sie wachsen,* **sondern auch,** *wie wir gemeinsam wachsen können?*

Diese Theorie beschränkt sich nicht auf einen einzigen Lebensbereich. Ob Familie, Freundschaft, Mentoring oder Ehe – die Symbiotic Relationship Theory™ (SRT) bietet einen ganzheitlichen Ansatz für gesunde Beziehungen. Besonders wirkungsvoll hat sie sich jedoch im Bereich der Führung und Organisationskultur erwiesen, was zur Entwicklung eines praxisorientierten Modells geführt hat: dem **Symbiotic Workplace Model™ (SWM).**

Das **Symbiotic Workplace Model™ (SWM)** überträgt die Prinzipien der SRT auf Organisationen. Es transformiert Arbeitsplätze von kontroll- und regelbasierten Umgebungen hin zu lebendigen Ökosystemen, die auf geteilter Verantwortung, Selbstermächtigung und Wachstum basieren. Führungskräfte werden nicht länger als Durchsetzer verstanden, sondern als Ermöglicher – und Teams entwickeln sich zu vernetzten Einheiten, die kreativen Austausch fördern. Feedback fließt in alle Richtungen. Verantwortung wird durch Gnade ergänzt. Kultur wird Teil der Strategie.

Dieses Kapitel beleuchtet, wie die Symbiotic Relationship Theory™ und das Symbiotic Workplace Model™ nicht nur mit den bekanntesten modernen Führungstheorien übereinstimmen, sondern diese auch erweitern und vertiefen. Sie werden sehen, wie:

- Maslows Fokus auf individuelle Bedürfnisse wird zu einem Verständnis gegenseitiger Bedürfnisse erweitert.
- McGregors Annahmen über Motivation werden durch gemeinsames Vertrauen und gegenseitige Verantwortlichkeit neu interpretiert.
- McClellands Bedürfnisse nach Leistung und Zugehörigkeit entfalten sich tiefer in symbiotischen Umgebungen.
- Emotionale Intelligenz, Servant Leadership und Transformational Leadership werden nicht ersetzt, sondern durch die Beziehungsdynamiken der Symbiotic Relationship Theory™ verfeinert.

Ziel dieses Kapitels ist es nicht, bisherige Modelle zu verwerfen, sondern die Diskussion auf ein höheres Niveau zu heben. Die Symbiotic Relationship Theory™ tritt nicht in Konkurrenz – sie ergänzt. Sie bietet ein Rahmenwerk, in dem die Stärken klassischer Führungstheorien nicht nur bewahrt, sondern in Einklang gebracht werden mit der komplexen, vernetzten Natur menschlicher Beziehungen.

In den folgenden Seiten werden wir:

- jede klassische Theorie und ihre grundlegenden Annahmen definieren,
- aufzeigen, wo die **Symbiotic Relationship Theory™ (SRT)** und das **Symbiotic Workplace Model™ (SWM)** mit den Modellen übereinstimmen, von ihnen abweichen oder sie erweitern,

- darlegen, warum gegenseitiges Wachstum, Reziprozität und emotionale Sicherheit keine optionalen Ergänzungen, sondern wesentliche Bestandteile moderner Führung sind.

Am Ende dieses Kapitels werden Sie erkennen, wie die Symbiotic Relationship Theory™ und das Symbiotic Workplace Model™ einen neuen Führungsansatz bieten und Ihre zwischenmenschlichen Beziehungen bereichern können. Ob Sie ein Unternehmen führen, eine Familie erziehen, ein Team leiten oder eine Gemeinschaft gestalten – diese Modelle geben Orientierung, um etwas Dauerhaftes und Sinnstiftendes aufzubauen.

3.1 Einführung in die Symbiotic Relationship Theory™ (SRT) und das Symbiotic Workplace Model™ (SWM)

Das Herzstück dieses Buches ist eine einfache, aber transformative Wahrheit: Menschliches Gedeihen ist relational. Führung, persönliche Entwicklung und organisationale Gesundheit entstehen nicht im Alleingang – sie entfalten sich durch bewusste, gegenseitige Investition zwischen Menschen. Dies ist das zentrale Konzept der Symbiotic Relationship Theory™ (SRT) und ihres organisatorischen Gegenstücks, dem Symbiotic Workplace Model™ (SWM).

Traditionelle Führungstheorien befassen sich häufig mit individuellem Verhalten, Motivation und Produktivität. Sie vernachlässigen jedoch oft die relationalen Umfelder, die Wachstum, Vertrauen und Sinn fördern oder behindern können. In diesem Zusammenhang bieten SRT und SWM eine neue Perspektive: ein Modell, in dem gedeihende Beziehungen auf gegenseitigem Nutzen, gemeinsamem Zweck, Verantwortlichkeit und emotionaler Sicherheit basieren.

3.1.1 Was ist die Symbiotic Relationship Theory™ (SRT)?

Die Symbiotic Relationship Theory™ (SRT) ist ein Modell für beziehungsorientierte Führung und Entwicklung, dass die Bedeutung **intentionaler Interdependenz** in den Mittelpunkt stellt. Sie geht davon aus, dass Menschen am besten gedeihen, wenn sie in Umgebungen zusammenarbeiten, die gegenseitiges Wachstum fördern, wechselseitigen Nutzen bieten und geteilte Verantwortung ermöglichen. SRT basiert auf dem biologischen Konzept der Symbiose und überträgt die Idee gegenseitig vorteilhafter Beziehungen aus der Natur auf zwischenmenschliche Interaktionen – etwa in Familien, Freundschaften, Partnerschaften, Teams, Organisationen und Gemeinschaften. Die Theorie geht davon aus, dass die erfüllendsten und nachhaltigsten Beziehungen nicht dann entstehen, wenn eine Partei gibt und die andere nur empfängt, sondern wenn beide Seiten aktiv beitragen, Nutzen teilen und gemeinsam wachsen. Anstatt sich ausschließlich auf individuellen Erfolg oder systemkonformes Verhalten zu konzentrieren, setzt SRT auf ein menschenzentriertes Entwicklungsmodell, das emotionale Sicherheit, Vertrauen, Zusammenarbeit und Transformation in den Vordergrund stellt – im Gegensatz zu Dominanz, Hierarchie oder Eigennutz.

🔑 Grundpfeiler von SRT

1. **Gemeinsames Wachstum** – Beide Parteien sind entschlossen, durch die Beziehung zu lernen, sich weiterzuentwickeln und zu wachsen.

2. **Wechselseitigkeit (Reziprozität)** – Geben und Nehmen sind bewusst ausgewogen und anpassungsfähig gestaltet.
3. **Verantwortung mit Mitgefühl** – Jeder Mensch übernimmt Verantwortung für seine Wirkung; Fehler werden mit Ehrlichkeit und Mitgefühl behandelt.
4. **Emotionale Sicherheit** – Vertrauen und Transparenz werden gefördert, sodass beide Seiten sich ohne Angst vollständig zeigen können.
5. **Gemeinsamer Zweck** – Die Beziehung oder das Team verfolgt gemeinsame Ziele oder eine gemeinsame Vision.
6. **Anpassungsfähigkeit und Feedback** – Das System ermöglicht kontinuierliches Lernen, flexible Anpassungen und zeitnahe Klärungen.
7. **Anerkennung und Wiederherstellung** – Positives Engagement wird wertgeschätzt, und Beziehungsbrüche werden bewusst angesprochen und geheilt, um Gesundheit wiederherzustellen.

3.1.2 Was ist das Symbiotic Workplace Model™ (SWM)?

Das Symbiotic Workplace Model™ (SWM) überträgt die Prinzipien der Symbiotic Relationship Theory™ (SRT) auf Führung, Teamdynamiken und Unternehmenskultur. Es lehnt das traditionelle Top-down-Management ab und fördert stattdessen ein Ökosystem, das auf geteilter Verantwortung, Vertrauen und kontinuierlichem gemeinsamen Fortschritt basiert. Anstatt Mitarbeitende lediglich als Ressourcen zu betrachten, die verwaltet oder optimiert werden müssen, erkennt das SWM jedes Teammitglied als einen beziehungsorientierten Mitgestalter an, dessen Wohlbefinden, Stimme und Vision entscheidend für die

Gesundheit der gesamten Organisation sind. SWM schafft ein Arbeitsumfeld, in dem psychologische Sicherheit, bereichsübergreifende Zusammenarbeit und gegenseitige Anerkennung keine optionalen „Kulturboni" sind, sondern grundlegende Bausteine für nachhaltige Leistung und langfristige Mitarbeiterbindung

🔑 *Kernkomponenten der SWM*

1. **Führungskraft als Ermöglicher, nicht als Durchsetzer** – Führung zielt darauf ab, zu befähigen, statt zu dominieren.

2. **Gemeinsame Zielausrichtung** – Teams verstehen die übergeordneten Ziele und leisten aktiv ihren Beitrag dazu.

3. **Reziproke Feedback-Kultur** – Ehrliches Feedback fließt in alle Richtungen: nach oben, nach unten und lateral.

4. **Psychologische Sicherheit auf allen Ebenen** – Mitarbeitende fühlen sich sicher genug, um sich zu äußern, kalkulierte Risiken einzugehen und innovativ zu handeln.

5. **Bereichsübergreifende Verantwortung** – Teams übernehmen gemeinsam Verantwortung für Ergebnisse.

6. **Anerkennungskultur** – Erfolge werden gefeiert und Beiträge öffentlich gewürdigt.

7. **Protokolle zur Konfliktlösung** – Konflikte werden frühzeitig, respektvoll und konstruktiv angesprochen und bearbeitet.

3.1.3 Der Unterschied zwischen SRT und klassischen Theorien

Klassische Theorien	Weiterentwicklung durch SRT/SWM
Fokus auf individuelle Motivation (Maslow, McClelland)	Betont die gegenseitige Entwicklung und Interdependenz
Kontroll- vs. Vertrauensmodelle (McGregor X/Y)	Schafft Mitverantwortung mit Empathie
Dienende Führung	Dezentraler Dienst: beide Parteien dienen und unterstützen sich gegenseitig
Emotionale Intelligenz	Systematische Anwendung von EQ: von der internen Beherrschung bis zur Beziehungskultur

3.1.4 Warum die Symbiotic Relationship Theory™ und das Symbiotic Workplace Model™ benötigt werden

In der heutigen Gesellschaft sind Beziehungen angespannt, Teams erschöpft, Familien auseinandergerückt – und Führungskräfte stehen oft isoliert da. Was wir brauchen, ist nicht mehr Kontrolle oder Charisma, sondern mehr Verbindung. Wir benötigen ein Führungsmodell, das Leadership nicht als Ausübung von Autorität versteht, sondern als Verpflichtung, andere zu unterstützen. Die Symbiotic Relationship Theory™ (SRT) und das Symbiotic Workplace Model™ (SWM) bieten einen Rahmen, der die Würde des Menschen achtet, gegenseitige Stärkung fördert und Kulturen schafft, in denen Menschen und Organisationen gemeinsam gedeihen können. Im weiteren Verlauf dieses Kapitels werden wir untersuchen, wie SRT und SWM mit klassischen Führungstheorien des letzten Jahrhunderts übereinstimmen, wie sie diese hinterfragen und weiterentwickeln – und warum Symbiose das prägende Prinzip des kommenden Jahrhunderts sein muss.

3.2 Vergleich: SRT vs. Maslowsche Bedürfnishierarchie

Die Bedürfnishierarchie von Maslow, 1943 von dem Psychologen Abraham Maslow eingeführt, ist eine grundlegende Theorie in der Psychologie und Führung, die bis heute großen Einfluss hat. Dieses Modell geht davon aus, dass menschliche Motivation in einer Reihe hierarchischer Stufen organisiert ist, beginnend mit grundlegenden physiologischen Bedürfnissen wie Nahrung, Wasser und Unterkunft. Sobald diese grundlegenden Anforderungen erfüllt sind, können Menschen zu höheren Bedürfnisebenen aufsteigen, zu denen Sicherheit, soziale Bindungen, Wertschätzung und letztlich Selbstverwirklichung gehören.

Die Selbstverwirklichung stellt die höchste Ebene in Maslows Hierarchie dar – sie beschreibt das Streben nach persönlichem Wachstum, Erfüllung und der Verwirklichung des eigenen Potenzials. Dieses Modell verdeutlicht, dass die Erfüllung grundlegender Bedürfnisse Voraussetzung dafür ist, höhere Ziele zu verfolgen, und hebt die Bedeutung des Verständnisses menschlicher Motivation sowohl für die persönliche Entwicklung als auch für wirkungsvolle Führung hervor. Indem Führungskräfte erkennen, auf welcher Ebene sich einzelne Personen befinden, können sie gezielt Umgebungen schaffen, die Wachstum und Motivation fördern – und so Produktivität und Zufriedenheit steigern. Die ursprünglichen fünf Ebenen (ergänzt durch eine sechste Ebene: Selbsttranszendenz) sind:

1. **Physiologisch** (Nahrung, Wasser, Unterkunft)
2. **Sicherheit** (persönliche und finanzielle Sicherheit)
3. **Liebe und Zugehörigkeit** (Beziehungen, Verbindung)
4. **Wertschätzung** (Leistung, Respekt)
5. **Selbstverwirklichung** (persönliches Wachstum, Potenzial)
6. **Selbsttranszendenz** (Dienst über sich selbst hinaus)

This model revolutionized how leaders and educators understand motivation. Yet, as the modern world evolves, so too must our understanding of human development. While Maslow offered a valuable internal lens, Symbiotic Relationship Theory™ (SRT) provides a relational perspective, shifting the focus from individual ascent to mutual elevation.

3.2.1 Wo Maslow aufhört, fängt SRT an

Maslows Bedürfnishierarchie bietet eine Struktur, die die schrittweise Befriedigung individueller Bedürfnisse als wesentlich für persönliche Entwicklung und Wohlbefinden hervorhebt. Maslow geht davon aus, dass Menschen zunächst ihre grundlegenden physiologischen Bedürfnisse – wie Nahrung, Wasser und Sicherheit – erfüllen müssen, bevor sie sich höheren psychologischen Bedürfnissen wie Liebe, Wertschätzung und letztlich Selbstverwirklichung zuwenden können. Dieses Modell beschreibt ein lineares Fortschreiten menschlichen Wachstums und legt nahe, dass das Erreichen höherer Bedürfnisse davon abhängt, ob die fundamentalen Bedürfnisse ausreichend gedeckt sind.

Im Gegensatz dazu bietet die Symbiotic Relationship Theory™ (SRT) eine tiefere Betrachtung menschlicher Beziehungen, indem sie fragt: „Was geschieht, wenn mehrere Individuen gemeinsam zu gedeihen versuchen?" Diese Theorie betont, dass die Dynamik zwischenmenschlicher Beziehungen deutlich komplexer und vernetzter ist. Anders als Maslows Modell erkennt SRT an, dass menschliche Bedürfnisse nicht immer in einer starren Abfolge erfüllt werden. Im Alltag geben und empfangen Menschen häufig gleichzeitig Liebe, bieten Sicherheit und Unterstützung für andere und verfolgen persönliches Wachstum – auch wenn ihre eigenen Grundbedürfnisse noch nicht vollständig gedeckt sind.

Ein Beispiel: Ein Elternteil verzichtet möglicherweise auf persönlichen Komfort, um die emotionale Sicherheit seines Kindes zu gewährleisten, während es selbst unter unerfüllten Bedürfnissen nach sozialem Austausch oder Selbstverwirklichung leidet. Dieses gleichzeitige Geben und Zurückstellen verdeutlicht die wechselseitige Abhängigkeit in Beziehungen und zeigt, dass Menschen auf mehreren Ebenen gleichzeitig wachsen können. SRT bietet damit eine umfassendere Perspektive, die der Komplexität menschlicher Beziehungen gerecht wird – in denen individuelles und kollektives Wohlbefinden sich oft überlappen und miteinander verwoben sind.

3.2.2 Die relationale Erweiterung der Maslowschen Kategorien durch die SRT

Maslowsche Kategorie	SRT Erweiterung
Physiologisch	Gemeinsame Ressourcen, Pflege und Versorgung durch Beziehungen (Familie, Gemeinschaft)
Sicherheit	Emotionale und relationale Sicherheit, nicht nur physische Sicherheit
Liebe und Zugehörigkeit	Wechselseitige Verbindung, Vertrauen und gegenseitige Abhängigkeit
Wertschätzung	Nicht nur Selbstwertgefühl, sondern gegenseitige Anerkennung und Respekt
Selbstverwirklichung	Erreicht *durch* Beziehungen, nicht nach ihnenAchieved *through* relationships, not after them
Selbst-Transzendenz	Embodied in symbiotic service, mentorship, and generational investment

Die Symbiotic Relationship Theory™ (SRT) verneint Maslows Ansatz nicht, sondern ergänzt ihn, indem sie persönliches Wachstum nicht als isolierten Prozess einzelner

241

Individuen betrachtet, sondern es in relationale Ökosysteme einbettet.

3.2.3 Bewerbung als Führungskraft: Maslow vs. SRT am Arbeitsplatz

Maslow`s Ansicht:

Manager sollten vorrangig die grundlegenden Bedürfnisse ihrer Mitarbeitenden erfüllen, wie etwa angemessene Bezahlung und Sicherheit, bevor sie höhere Leistung oder Innovation erwarten.

Perspektive der Symbiotic Relationship Theory™ (SRT):

Die Erfüllung grundlegender Bedürfnisse ist wichtig – doch die Qualität der Beziehungen zwischen Führungskräften, Kollegen/Kolleginnen und Teams ist entscheidend dafür, wie lange Mitarbeitende bleiben, wie viel sie beitragen und wie stark sie sich engagieren.

✅ Ein gut bezahlter Mitarbeitender in einem toxischen Arbeitsumfeld wird sich häufig innerlich zurückziehen.
✅ Ein moderat entlohnter Mitarbeitender in einem von Vertrauen und Gegenseitigkeit geprägten Team wird oft über sich hinauswachsen.

Kapitel 3.2 Zusammenfassung: SRT vs. Maslowsche Bedürfnishierarchie

Maslow betonte die Bedeutung menschlicher Bedürfnisse, indem er eine Hierarchie vorstellte, die Motivatoren von grundlegenden physiologischen Bedürfnissen bis hin zur Selbstverwirklichung ordnet. Im Gegensatz dazu bietet die Symbiotic Relationship Theory™ (SRT) eine umfassendere Perspektive, indem sie vorschlägt, dass menschliche Beziehungen eine ebenso große oder sogar größere Bedeutung für das Verständnis von Motivation und Verhalten haben. Während Maslows Modell das „Was" menschlicher Bedürfnisse in den Vordergrund stellt, untersucht SRT das „Wie" – also die Muster und Prozesse, die menschliche Verbindungen und Interaktionen formen.

Angewendet auf Kontexte wie Familien, Organisationen und Gemeinschaften geht die Symbiotic Relationship Theory™ über die bloße Erfüllung individueller Bedürfnisse hinaus. Sie liefert ein transformatives Rahmenwerk, das tiefere Verbindungen und Zusammenarbeit fördert und ein Umfeld schafft, in dem Beziehungen gepflegt und wertgeschätzt werden. Dieser Wandel – weg vom individuellen Bedürfnisdenken hin zum kollektiven Wohl – kann Kooperation, Empathie und Resilienz in Gruppen stärken und macht SRT zu einem wertvollen Instrument für persönliches Wachstum und gesellschaftliche Entwicklung.

3.3 SRT/SWM vs. McGregor's Theorie X und Theorie Y

Douglas McGregors Theorie X und Theorie Y, die in den 1960er-Jahren eingeführt wurden, markierten einen entscheidenden Wendepunkt im Managementdenken, indem sie zwei grundlegend unterschiedliche Ansätze zur Mitarbeitermotivation und zum menschlichen Verhalten gegenüberstellten. Theorie X geht davon aus, dass Menschen von Natur aus faul sind, ständige Überwachung benötigen und Verantwortung vermeiden. Theorie Y hingegen unterstellt, dass Menschen sich selbst motivieren, Sinn suchen und Eigeninitiative ergreifen, wenn ihnen die Möglichkeit dazu gegeben wird.

Diese beiden Modelle haben das Führungsverhalten in der Arbeitswelt stark beeinflusst: Während Theorie X hierarchische Kontrollsysteme fördert, begünstigt Theorie Y Kulturen des Vertrauens und der Autonomie. McGregors Erkenntnisse waren wesentlich, um Führungskräfte dazu zu bewegen, ihre Sichtweise auf Mitarbeitende zu überdenken. Dennoch bieten beide Modelle – trotz ihrer Stärken – eine binäre Sichtweise, die den komplexen und zwischenmenschlichen Aspekten menschlichen Verhaltens nicht vollumfänglich gerecht wird.

Die Symbiotic Relationship Theory™ (SRT) und das Symbiotic Workplace Model™ (SWM) bieten einen differenzierteren und umfassenderen Rahmen zur Analyse von Dynamiken am Arbeitsplatz. Im Gegensatz zu traditionellen Ansätzen, die sich entweder auf die Sichtweise von Führungskräften oder auf das Verhalten von Mitarbeitenden konzentrieren, rücken diese Modelle das Beziehungsökosystem zwischen allen Beteiligten in den Mittelpunkt. Dabei wird besonders die Bedeutung von gegenseitigem Vertrauen hervorgehoben, das die Grundlage für erfolgreiche Kommunikation und Zusammenarbeit bildet.

Geteilte Verantwortung ist dabei entscheidend, um sowohl Führungskräfte als auch Mitarbeitende zu motivieren, ihre Rolle im Unternehmen bewusst wahrzunehmen. Dieser kooperative Geist fördert eine Kultur der Ermächtigung, in der sich die Mitglieder gegenseitig unterstützen. Das Ergebnis ist eine gestärkte Teamkohäsion und eine signifikante Steigerung der Gesamtproduktivität.

Indem der Fokus auf diese wechselseitigen Beziehungen gelegt wird, fördern die Symbiotic Relationship Theory™ und das Symbiotic Workplace Model™ nicht nur das individuelle Wachstum, sondern treiben auch den gemeinsamen Erfolg voran. Sie schaffen ein Umfeld, in dem Innovation und Anpassungsfähigkeit gedeihen können. Diese Modelle stehen für ein ganzheitliches Verständnis von Interaktionen am Arbeitsplatz und ermutigen Organisationen dazu, eine symbiotische Kultur zu pflegen, von der alle Beteiligten profitieren.

3.3.1 Von der Vermutung zur Interaktion

McGregor's Frage:

Was glauben Sie über Menschen?

SRT/SWM's Frage:

Wie beeinflussen Ihre Beziehungen das Verhalten der Menschen?

Anstatt ein statisches Denken zu übernehmen, das Menschen pauschal als entweder faul oder motiviert einstuft, bieten die Symbiotic Relationship Theory™ (SRT) und das Symbiotic Workplace Model™ (SWM) ein differenziertes Rahmenwerk zum Verständnis zwischenmenschlicher

Beziehungen. Diese Theorien betonen die Bedeutung des sozialen Umfelds, in dem Individuen agieren, und stellen heraus, dass Leistung und Wohlbefinden maßgeblich von der Qualität der Beziehungen abhängen, die Menschen zu anderen entwickeln.

Durch die Analyse von Faktoren wie Vertrauen, Kommunikation und Zusammenarbeit zeigen SRT und SWM auf, dass ein unterstützendes und gegenseitig förderliches Beziehungsumfeld Wachstum und Motivation begünstigen kann, während ein toxisches Klima zu Stillstand und Rückschritt führen kann. Diese Sichtweise fördert einen Perspektivwechsel: weg vom Etikettieren von Menschen – hin zum aktiven Gestalten eines Umfelds, das kollektiven Erfolg und persönliche Erfüllung ermöglicht.

✅ Ein unengagierter Mitarbeitender in einem Theory-X-Umfeld mag unmotiviert erscheinen – doch möglicherweise fühlt er sich schlicht nicht wertgeschätzt, nicht gehört oder nicht vertraut.

✅ Ein unengagierter Mitarbeitender in einem Theory-X-Umfeld mag unmotiviert erscheinen – doch möglicherweise fühlt er sich schlicht nicht wertgeschätzt, nicht gehört oder nicht vertraut.

Die Symbiotic Relationship Theory™ (SRT) und das Symbiotic Workplace Model™ (SWM) bieten einen beziehungsorientierten, anpassungsfähigen Mittelweg: Sie fördern Beziehungen, die Motivation inspirieren, und schaffen gleichzeitig Raum für Verantwortung und Wiederherstellung, wenn Vertrauen erschüttert oder Leistung beeinträchtigt wird.

Diese Modelle betonen die Bedeutung des Aufbaus von Verbindungen, die nicht nur zur Motivation beitragen, sondern auch Zugehörigkeit und Verantwortung stärken. Wenn Vertrauen nachlässt oder Leistung schwankt, fördern diese Frameworks proaktive Strategien zur Klärung und Wiederherstellung. Durch den Fokus auf offene Kommunikation, gegenseitige Unterstützung und gemeinsame Ziele können Organisationen ein lebendiges Umfeld schaffen, das sowohl persönliche Entwicklung als auch kollektive Erfolge begünstigt. SRT und SWM sind daher wertvolle Instrumente, um die Komplexität zwischenmenschlicher Arbeitsbeziehungen zu navigieren – und fördern letztlich eine resiliente, kollaborative Unternehmenskultur.

3.3.2 Wichtige Vergleichspunkte

Kategorie	Theorie X	Theorie Y	SRT/SWM
Ansicht der Menschen	Misstrauisch: Menschen meiden die Arbeit und müssen kontrolliert werden	Vertrauen: Menschen sind von Natur aus motiviert und verantwortungsbewusst	Beziehungsorientiert: Die Menschen spiegeln die Gesundheit der Umwelt wider
Führungsstil	Befehl und Kontrolle	Befähigung und Autonomie	Erleichternde Führung, gemeinsames Wachstum und Mitverantwortung
Feedback-Kultur	Nur von oben nach unten	Begrenzte Aufwärtsströmung	Multidirektional: Rückkopplung fließt nach

				oben, unten und quer
Struktur	Starr, regelbasiert		Flexibel, aber möglicherweise ohne Verantwortlichkeit	Flexibel mit Grenzen, aufgebaut auf Vertrauen, Reparatur und klaren Erwartungen
Motivation	Schmerzen oder Bestrafung vermeiden		Suche nach Sinn und Autonomie	Wachstum durch Gegenseitigkeit, Vertrauen und Zugehörigkeit

3.3.3 Der Beitrag von SRT/SWM: Jenseits des Binären

McGregors Theorie X und Theorie Y regten Führungskräfte dazu an, ihre Vorstellungen über Mitarbeitermotivation und Führungsverhalten neu zu bewerten. Während die Theorie X davon ausgeht, dass Menschen von Natur aus träge sind und ständige Kontrolle benötigen, besagt die Theorie Y, dass Menschen intrinsisch motiviert sind und Eigeninitiative zeigen, wenn man ihnen vertraut. Im Gegensatz dazu bietet die Symbiotic Relationship Theory™ (SRT) eine umfassendere Perspektive, indem sie den Diskurs über Führung und Organisationsentwicklung grundlegend verändert.

Anstatt zwischen zwei gegensätzlichen Sichtweisen auf menschliches Verhalten zu wählen, fordert SRT-Führungskräfte dazu auf, ein unterstützendes und förderliches Ökosystem zu schaffen, in dem sowohl Individuen als auch die Organisation als

Ganzes gedeihen können. Dies bedeutet, offene Kommunikation, Kooperation und ein gemeinsames Zielverständnis unter allen Teammitgliedern aktiv zu fördern. So entsteht ein Umfeld, das nicht nur die Produktivität steigert, sondern auch auf die unterschiedlichen Bedürfnisse und Stärken der Mitarbeitenden eingeht – mit dem Ergebnis einer widerstandsfähigeren und anpassungsfähigeren Organisation.

Anstatt Menschen zu etikettieren, fragt die Symbiotic Relationship Theory™ (SRT):

Welche Bedingungen sind notwendig, damit diese Person in einer Beziehung zu anderen gut gedeihen kann?

Das Symbiotic Workplace Model™ (SWM) fragt:

Welche Systeme fördern Verantwortlichkeit in der Beziehung, emotionale Sicherheit und gegenseitige Verantwortung am Arbeitsplatz?

Mit diesem Ansatz verlagert sich der Schwerpunkt der Führung von der Frage "Wie bringe ich Menschen dazu, Leistung zu erbringen?" auf die Frage "Wie schaffen wir ein Umfeld, das Sinn, Zusammenarbeit und Reparaturen ermöglicht, wenn etwas nicht funktioniert?"

3.3.4 Theorie X und Y Vergleich mit SRT/SWM

Traditionelle Theorie X Beispiel:

Ein Vertriebsleiter ist auf ständiges Mikromanagement, Überwachungssoftware und starre Quoten angewiesen. Kurzfristig mag die Leistung stimmen, aber die Moral der Mitarbeiter leidet und die Fluktuationsrate steigt.

Theorie Y Beispiel:

Ein Start-up-Gründer gewährt seinem Team unbegrenzt bezahlten Urlaub, schafft formale Berichtsstrukturen ab und fördert die vollständige Autonomie. Während einige Teammitglieder in diesem Umfeld hervorragende Leistungen erbringen, führt das Fehlen von Rechenschaftspflicht zu verfehlten Zielen und unklaren Erwartungen.

SRT/SWM-Anwendung:

Eine engagierte Führungspersönlichkeit pflegt bedeutungsvolle Beziehungen zu jedem Teammitglied und nimmt sich die Zeit, dessen einzigartige Stärken und Ziele zu verstehen. Wöchentliche Feedbackgespräche werden mit Bedacht geführt und schaffen einen offenen Dialog, der das persönliche und berufliche Wachstum fördert. Gemeinsam erarbeiten die Führungskraft und die Teammitglieder individuelle Entwicklungspläne, die sowohl auf die persönlichen als auch auf die organisatorischen Ziele abgestimmt sind.

In diesem Umfeld gedeiht die gegenseitige Rechenschaftspflicht auf der Grundlage einer Kultur der gegenseitigen Anerkennung, der Würdigung von Erfolgen und der Anerkennung von Beiträgen. Klare Leistungsindikatoren (Key Performance Indicators, KPIs) bieten Orientierung und sorgen dafür, dass alle Beteiligten Klarheit und Orientierung haben, während sie gleichzeitig ein kollektives Zielbewusstsein fördern. Dieser Ansatz veranschaulicht die Symbiotic Relationship Theory™: eine harmonische Mischung aus Ermächtigung und Verantwortung, bei der Gnade und Zurückhaltung strategisch ausgewogen sind. Vertrauen ist etwas, das kultiviert und nicht einfach gewährt wird; es gedeiht auf echten Beziehungen und zielgerichtetem Engagement und fördert eine starke Teamdynamik, die auf gegenseitigem Respekt und Teamwork beruht..

Kapitel 3.3 Zusammenfassung: SRT/SWM vs. McGregor's Theorie X und Theorie Y

McGregor trug entscheidend dazu bei, dass Führungskräfte den Grundgedanken verstanden, dass Menschen nicht als bloße Maschinen betrachtet werden sollten. Stattdessen betonte er, wie wichtig es ist, die komplexe menschliche Erfahrung zu erkennen. Die Symbiotic Relationship Theory™ führt dieses Konzept weiter aus und veranschaulicht, wie sehr der Mensch von seinem Beziehungsumfeld beeinflusst wird. Diese Theorie geht davon aus, dass die Interaktionen und Verbindungen, die Menschen miteinander haben, ihre Perspektiven, ihr Verhalten und ihr allgemeines Wohlbefinden prägen, und verdeutlicht das komplizierte Beziehungsgeflecht, das zu den komplexen Zusammenhängen in einer Organisation beiträgt.

Theorie X und Theorie Y bieten Einblicke in unterschiedliche Verhaltensweisen von Mitarbeitern, während die Symbiotic Relationship Theory™ und das Symbiotic Workplace Model™ die Bedeutung der Förderung positiver Interaktionen und der Teamarbeit hervorheben. Diese Ideen fördern ein Umfeld, das die individuelle Entwicklung begünstigt und zu mehr Kreativität, Produktivität und allgemeinem Wohlbefinden am Arbeitsplatz führt. Indem sie die Verbindungen zwischen den Teammitgliedern betonen, fördern diese Modelle eine Kultur, die das Potenzial aller maximiert.

- Theorie X isoliert Leistung von Vertrauen

- Theorie Y zelebriert Autonomie, übersieht aber möglicherweise die Notwendigkeit von Feedback und Struktur.
- Die Symbiotic Relationship Theory™ und das Symbiotic Workplace Model™ integrieren beides, indem sie die Führung in Beziehungen einbetten, die auf Gegenseitigkeit, emotionaler Sicherheit und gegenseitiger Verantwortlichkeit beruhen.

3.4 SRT vs. McClelland's Bedürfnistheorie

Die Bedürfnistheorie von David McClelland, die gemeinhin als "Drei-Bedürfnisse-Theorie" bekannt ist, bietet einen psychologischen Rahmen für die Untersuchung der menschlichen Motivation, insbesondere im Zusammenhang mit dem Arbeitsplatz. McClelland geht davon aus, dass drei grundlegende Bedürfnisse den Menschen antreiben: Leistung, Zugehörigkeit und Macht. Jedes dieser Bedürfnisse spielt eine entscheidende Rolle bei der Gestaltung des Verhaltens und beeinflusst die Leistung auf einzigartige und bedeutende Weise. Zusammen bilden sie eine komplexe Motivationslandschaft, die beeinflusst, wie der Einzelne Ziele setzt, Beziehungen aufbaut und Einfluss auf sein Umfeld ausübt. Wenn Arbeitgeber und Führungskräfte diese grundlegenden Motivationen verstehen, können sie ihre Managementstrategien besser auf die Förderung von Engagement, Zufriedenheit und Produktivität in ihren Teams abstimmen. Nach McClelland beeinflusst jedes der drei Grundbedürfnisse Verhalten und Leistung auf einzigartige Weise.

1. Bedürfnis nach Leistung (nAch): Dieses Bedürfnis steht für das Bestreben einer Person, sich ehrgeizige Ziele zu setzen und zu erreichen. Personen mit einem ausgeprägten Leistungsbedürfnis sind in der Regel durch ihren persönlichen

Anspruch an herausragende Leistungen und einen ausgeprägten Ehrgeiz zur Bewältigung komplizierter Herausforderungen motiviert. Sie fühlen sich in einem Umfeld wohl, das ihnen Feedback gibt und ihnen die Möglichkeit gibt, ihre Fähigkeiten unter Beweis zu stellen. Ihr Engagement für den Erfolg treibt sie oft zu Innovationen und herausragenden Leistungen an, da sie kontinuierlich nach Verbesserungen und Spitzenleistungen streben.

2. Bedürfnis nach Zugehörigkeit (nAff): Dieses Bedürfnis unterstreicht die Bedeutung sozialer Beziehungen und eines Zugehörigkeitsgefühls. Menschen, die durch das Bedürfnis nach Zugehörigkeit motiviert sind, schätzen enge, freundschaftliche Bindungen zu anderen und sind von dem Wunsch beseelt, Teamwork und Zusammenarbeit zu fördern. Sie legen typischerweise Wert auf Harmonie und Konsens in Gruppen, streben nach unterstützenden Interaktionen und gehen Konflikten aus dem Weg. Solche Personen können in Positionen, die starke zwischenmenschliche Fähigkeiten und eine kooperative Einstellung erfordern, eine entscheidende Rolle spielen und die Teamdynamik erheblich verbessern.

3. Bedürfnis nach Macht (nPow): Das Bedürfnis nach Macht bezieht sich auf den Wunsch, andere zu beeinflussen, zu führen und zu beeinflussen. Personen mit einem ausgeprägten Machtbedürfnis wollen ihre Umgebung kontrollieren und andere zu bestimmten Zielen inspirieren oder anleiten. Dieses Bedürfnis kann zwei Formen annehmen: persönliche Macht, bei der der Einzelne nach Macht zum eigenen Vorteil strebt, und sozialisierte Macht, bei der es darum geht, andere zu ermutigen und zu befähigen. Führungskräfte mit einem ausgeprägten Machtbedürfnis können strategische Visionen vorantreiben und ihre Teams motivieren, müssen aber ihre Dominanz mit

Verantwortlichkeit und ethischen Überlegungen in Einklang bringen.

Die Theorie von McClelland verdeutlicht die komplexe Natur der menschlichen Motivation und zeigt, dass keine einzelne Motivationsstrategie den Bedürfnissen jedes Einzelnen innerhalb eines Unternehmens gerecht werden kann. Wenn Führungskräfte und Manager diese unterschiedlichen Anforderungen verstehen, können sie personalisierte Führungsstile einführen, die das Engagement und die Zufriedenheit der Mitarbeiter fördern. Die Feststellung, ob Teammitglieder vor allem durch Leistung, Zugehörigkeit oder Macht angetrieben werden, ermöglicht es Unternehmen, Teams und Rollen besser zu strukturieren und ein Umfeld zu fördern, das eine Reihe von Talenten und Motivationen kultiviert. Dieses grundlegende Verständnis hat eine entscheidende Rolle bei der Gestaltung moderner Managementpraktiken und Strategien für die Zusammenarbeit gespielt..

Die Symbiotic Relationship Theory™ (SRT) erweitert diesen Rahmen jedoch durch die Frage:

Was passiert, wenn die Motivation nicht nur innerlich ist, sondern von der Gesundheit unserer Beziehungen geprägt wird?

Nach der Symbiotic Relationship Theory™ (SRT) ist Motivation nicht nur eine individuelle Eigenschaft, sondern ergibt sich aus komplexen Interaktionen zwischen Individuen und ihrer Umgebung. Menschen erreichen keine Ziele, bauen keine Beziehungen auf und üben keinen Einfluss aus, wenn sie isoliert sind. Ihre Erfolge und Herausforderungen werden stark von der Qualität ihrer Beziehungen zu anderen und den Situationen, in denen sie sich bewegen, beeinflusst.

Die Symbiotic Relationship Theory™ (SRT) betont die Motivation als eine kollektive Erfahrung, die sowohl von individuellen als auch von gemeinsamen Faktoren geprägt ist. Sie verschiebt die Perspektive auf die Motivation von einem alleinigen Bestreben zu einer abhängigen Stimulierung, die aus den Interaktionen der Beziehungen entsteht, die Menschen pflegen. Indem sie die Bedeutung dieser Beziehungen hervorhebt, zeigt die SRT, wie die Stärke und Qualität von Beziehungen die persönliche Motivation erheblich steigern oder mindern kann, und bietet so tiefere Einblicke in das menschliche Verhalten im sozialen Umfeld.

3.4.1 Seite-an-Seite-Vergleich: Bedürfnistheorie & Symbiotic Relationship Theory™

Element	Die Bedürfnistheorie von McClelland	Symbiotic Relationship Theory™ (SRT)
Kernpunkt	Individuelle psychologische Bedürfnisse	Beziehungsökosysteme, die Wachstum kultivieren
Ansicht der Motivation	Interne Triebkräfte (Leistung, Zugehörigkeit, Macht)	Mitgestaltet durch Feedback, Vertrauen und gegenseitige Investitionen
Grundannahme	Menschen haben dominante Bedürfnisse, die ihr Verhalten beeinflussen	Die Bedürfnisse der Menschen entwickeln sich auf der Grundlage des Beziehungsumfelds

Anmeldung	Führungsstil auf die Persönlichkeit abstimmen	Umwandlung der Beziehungsstruktur, um alle Mitwirkenden zu fördern
Schwerpunkt Führung	Anpassung an den individuellen Bedarf an Engagement	Co-Leadership mit Integrität in der Beziehung, Einfühlungsvermögen und gemeinsamen Zielen

3.4.2 Interdependenz definiert die drei Bedürfnisse neu

🏆 **Bedürfnis nach Leistung → Gegenseitiges Wachstum bei SRT**

Die Symbiotic Relationship Theory™ (SRT) fördert die persönliche Leistung, ohne andere zu unterminieren. In einem symbiotischen Rahmen wird der Erfolg nicht nur an den erreichten individuellen Zielen gemessen, sondern auch an der Anzahl der Menschen, die mit Ihnen vorankommen. Leistung wird nicht isoliert, sondern gemeinsam erbracht.

✅ **Beispiel:** Die Leistung einer Führungskraft wird nicht nur an der Erreichung von KPIs gemessen, sondern auch an der Zahl der Teammitglieder, die sie zu Beförderungen gecoacht oder durch Mentoring gefördert hat.

☐☐☐ **Bedürfnis nach Zugehörigkeit → Gegenseitige Zugehörigkeit in SRT**

Während sich die Bedürfnistheorie von McClelland auf den Wunsch des Einzelnen nach Verbindung konzentriert, betont die Symbiotische Beziehungstheorie™ (SRT) die gegenseitige Verantwortung in der Beziehung. Zugehörigkeit bedeutet nicht nur, dass man akzeptiert wird, sondern auch, dass man zu einem sicheren, aufbauenden und stärkenden Umfeld beiträgt.

✅ **Beispiel:** Eine Teamkultur, die echte Verletzlichkeit fördert, gemeinsame Siege feiert und sich gegenseitig bei Herausforderungen unterstützt, und die von echter Fürsorge und nicht von Verpflichtungen geleitet wird.

🔲 **Bedürfnis nach Macht → Einflussnahme als Stewardship in SRT**

Die Symbiotic Relationship Theory™ (SRT) lehnt Macht nicht ab, sondern definiert sie neu. Einfluss wird nicht durch Kontrolle oder Prestige definiert, sondern durch die Befähigung anderer, zu wachsen. Führung entwickelt sich zu einer beziehungsorientierten Rolle, die durch Verantwortung und Dienst gekennzeichnet ist.

✅ **Example:** A Symbiotic Leader™ (SL) uses their position not to control but to uplift others, often and transparently delegating, mentoring, and recognizing their contributions.

3.4.3 SRT am Arbeitsplatz vs. individuelle Motivationsmodelle

Das Modell von McClelland betont, wie wichtig es ist, dass Führungskräfte die unterschiedlichen Motivationsprofile ihrer Teammitglieder erkennen, damit sie ihre Strategien auf die individuellen Bedürfnisse abstimmen können. Im Gegensatz dazu fördern die Symbiotic Relationship Theory™ (SRT) und das Symbiotic Workplace Model™ (SWM) eine umfassendere Umgestaltung des Arbeitsplatzes als Ganzes. Diese Konzepte gehen davon aus, dass Führungskräfte durch die Förderung einer unterstützenden und flexiblen Organisationskultur Bedingungen schaffen können, unter denen leistungsorientierte, zugehörige oder machtorientierte Mitarbeiter nebeneinander bestehen und sich entfalten können. Diese Strategie erkennt die Beziehung zwischen persönlichen Motivationen und dem größeren Arbeitsumfeld an und betont die Notwendigkeit von Rahmenbedingungen, die die Zusammenarbeit, das Engagement und die persönliche Entwicklung aller Beteiligten fördern..

- Leistungsstarke Menschen brauchen sowohl Klarheit als auch Zusammenarbeit.
- Affiliatoren brauchen nicht nur soziale Bindungen, sondern auch emotionale Sicherheit und Respekt.
- Machtbewusste Menschen brauchen ein Ziel und die Möglichkeit, mit Integrität Einfluss zu nehmen.

McClelland bietet ein nützliches Diagnoseinstrument zur Untersuchung individueller Verhaltensweisen und Motivationen, während die Symbiotic Relationship Theory™ (SRT) eine umfassendere Ökosystemstrategie verfolgt, die sich auf kollaborative Interaktionen konzentriert. Im Gegensatz zu McClelland, der sich auf persönliche Leistungen und Motivationen konzentriert, geht es bei der SRT um die Förderung gegenseitiger Beziehungen zwischen Einzelpersonen, Gruppen oder Organisationen. Dieser Ansatz zielt darauf ab, ein Umfeld zu schaffen, das kollektives Wachstum unterstützt und Verbindungen fördert, die zu gemeinsamen Errungenschaften, einem Gefühl der Zugehörigkeit und einem starken Ziel führen. Indem sie gesunde Interaktionen in den Vordergrund stellt, unterstreicht die SRT die Bedeutung der gegenseitigen

Abhängigkeit bei der Förderung des kollektiven Wohlbefindens, das zu einem wertvollen Ergebnis der Beziehungen wird, die innerhalb des Ökosystems gepflegt werden..

Kapitel 3.4 Zusammenfassung: SRT vs. McClelland's Bedürfnistheorie

McClelland wies nach, dass Menschen durch Faktoren motiviert werden, die über den finanziellen Gewinn und das bloße Überleben hinausgehen; sie suchen nach Sinn, einem Gefühl der Zugehörigkeit und dem Wunsch, etwas zu bewirken. Die Symbiotic Relationship Theory™ (SRT) unterstützt diese Idee und erweitert sie noch weiter. Im Symbiotic Workplace Model™ (SWM) entsteht Motivation als kollektive Erfahrung und nicht nur als individuelle Eigenschaft, die durch kooperative Strukturen, emotionale Sicherheit und ein gemeinsames Ziel genährt wird.

In der Symbiotic Relationship Theory™ (SRT) und dem Symbiotic Workplace Model™ (SWM):

- Leistung wird geteilt, nicht gehortet.
- Zugehörigkeit ist gegenseitig, nicht einseitig.
- Macht wird eingesetzt, um andere zu fördern, nicht um sie zu kontrollieren.

3.5 SRT/SWM und Emotionale Intelligenz (Goleman)

Mit seiner bahnbrechenden Erforschung der emotionalen Intelligenz (EQ) hat Daniel Goleman die Wahrnehmung von Führung und Organisationsverhalten entscheidend verändert. Er verlagerte den Schwerpunkt weg von den traditionellen Maßstäben des Intelligenzquotienten (IQ) und der technischen Fähigkeiten und hob die Bedeutung der emotionalen Intelligenz für eine effektive Führung hervor. Goleman nannte fünf entscheidende Kompetenzen, die für erfolgreiche Führungskräfte unerlässlich sind: Selbstbewusstsein, Selbstregulierung, Motivation, Einfühlungsvermögen und soziale Kompetenz. Diese Kompetenzen verbessern die Fähigkeit einer Führungskraft, mit anderen in Kontakt zu treten, Teams zu motivieren und eine unterstützende Arbeitsatmosphäre zu schaffen, was letztlich den Erfolg eines Unternehmens fördert. Anstatt Intelligenz nur als IQ oder technische Fähigkeit zu betrachten, betonte Goleman diese fünf Kernkompetenzen als wesentlich für eine effektive Führung.

1. **Selbsterkenntnis** - Erkennen der eigenen Emotionen
2. **Selbstregulierung** - Umgang mit Emotionen und Impulsen
3. **Motivation** - Die Leidenschaft nutzen, um Ziele mit Ausdauer zu verfolgen
4. **Empathie** - Verständnis für die emotionale Verfassung anderer
5. **Soziale Kompetenzen** - Beziehungen pflegen und Netzwerke aufbauen

Das Modell von Goleman zeigt, dass technische Fähigkeiten zwar wichtig sind, aber nur einen kleinen Teil des Gesamterfolgs einer Führungskraft ausmachen. Das wahre Unterscheidungsmerkmal zwischen außergewöhnlichen Führungskräften und ihren durchschnittlichen Pendants liegt oft in ihrer emotionalen Intelligenz. Dazu gehört die Fähigkeit, die eigenen Emotionen effektiv zu regulieren, ein tiefes Einfühlungsvermögen für die Gefühle und Bedürfnisse anderer zu entwickeln und ein starkes Vertrauensverhältnis im Team zu fördern. Solche zwischenmenschlichen Fähigkeiten schaffen nicht nur ein harmonisches Arbeitsumfeld, sondern fördern auch Loyalität, Zusammenarbeit und hohe Leistung unter den Teammitgliedern.

Emotionale Intelligenz (EQ) hat sich zwar als entscheidendes Element in der modernen Führungsentwicklung herauskristallisiert, konzentriert sich aber oft auf eine individualistische Perspektive, bei der in erster Linie die inneren Gedanken und Gefühle der Führungskraft analysiert werden. Im Gegensatz dazu bauen die Symbiotic Relationship Theory™ (SRT) und das Symbiotic Workplace Model™ (SWM) auf den grundlegenden Konzepten von Daniel Goleman auf, indem sie einen stärker beziehungsorientierten und systemischen Ansatz für emotionale Intelligenz einführen. Diese Rahmenwerke heben die Beziehung zwischen Teaminteraktionen und Organisationskultur hervor und zeigen, dass effektive Führung sowohl individuelles emotionales Bewusstsein als auch die Förderung von kollaborativen Beziehungen neben einem unterstützenden Arbeitsumfeld erfordert. Durch die Einbeziehung von SRT und SWM können Führungskräfte ein umfassendes Verständnis von EQ entwickeln, das sowohl das persönliche Wachstum als auch den kollektiven Erfolg innerhalb ihrer Organisationen fördert.

3.5.1 EQ vs. SRT: Von der Innenreflexion zur Beziehungskultur

Emotionale Intelligenz (EQ)	Symbiotic Relationship Theory™ (SRT)
Konzentriert sich auf individuelles emotionales Bewusstsein und Kontrolle	Konzentriert sich auf ein Beziehungsumfeld, das Vertrauen,

	Wachstum und emotionale Sicherheit fördert
Stärkt die zwischenmenschlichen Fähigkeiten einer Führungskraft	Multipliziert diese Fähigkeiten in skalierbare Verhaltensweisen für Teams und Organisationen
Fördert Empathie und Einfluss	Gegenseitigkeit, gegenseitige Verantwortlichkeit und kulturelles Einfühlungsvermögen fördern
Requires introspection and maturity	Requires intentional investment in relational systems

Während EQ ein Spiegel ist, ist SRT ein Netz.
Wo EQ die Führungskraft stärkt, stärkt SRT das Ganze.

3.5.2 Wie SRT/SWM die emotionale Intelligenz operationalisieren

✅ Selbst-Bewusstsein → Gemeinsames-Bewusstsein

Die Symbiotic Relationship Theory™ (SRT) erweitert den Fokus der persönlichen Reflexion und verwandelt sie in eine umfassende Bewertung von Kooperationsbeziehungen. Das Symbiotic Workplace Model™ (SWM) fördert die psychologische Sicherheit durch die Einrichtung transparenter und zugänglicher Feedback-Kanäle. Diese Methode ermöglicht es Führungskräften, authentische und mitfühlende Gespräche zu führen, die das kollektive Wachstum fördern, das auf gegenseitigem Verständnis und gemeinsamem Bewusstsein der Teammitglieder beruht.

Beispiel: Ein symbiotisches Team führt regelmäßige "Pulse Check"-Sitzungen durch, in denen emotionale Spannungen, Moral und Fehlentwicklungen offen und konstruktiv besprochen werden.

✅ Selbstregulierung → Systemische Gnade

Anstatt sich ausschließlich auf eine Führungskraft zu verlassen, um ihre Impulse zu steuern, fördert die Symbiotic Relationship Theory™ (SRT) eine Unternehmenskultur, die gemeinsame Verantwortung und Empathie schätzt. Dieser Rahmen fördert das offene Eingestehen von Fehlern und schafft einen sicheren Raum, in dem der Einzelne motiviert ist, zu lernen und sich weiterzuentwickeln. Die Betonung von Wiederherstellung und Versöhnung fördert die emotionale Reife in der gesamten Organisation. Im Ergebnis stärkt dieser Ansatz nicht nur die Beziehungen zwischen den Teammitgliedern, sondern auch die allgemeine Belastbarkeit und Anpassungsfähigkeit, was letztlich zu einem einheitlicheren und innovativeren Arbeitsplatz führt.

Beispiel: Wenn ein Konflikt auftritt, sorgt das Symbiotic Workplace Model™ (SWM) dafür, dass er durch wiederherstellende Prozesse statt durch Schuldzuweisungen gelöst wird.

✅ Motivation → Zweckgerichtete Gegenseitigkeit

In der Symbiotic Relationship Theory™ (SRT) und dem Symbiotic Workplace Model™ (SWM) geht die Motivation über individuelle Ziele hinaus; sie wird durch eine gemeinsame Vision und gemeinsame

Beiträge kultiviert. Die Organisation schafft Bedeutung durch gemeinsame Ziele und ermutigt den Einzelnen, nicht nur nach persönlichen Erfolgen zu streben, sondern auch nach dem Erfolg der Gemeinschaft als Ganzes.

Beispiel: Die Mitarbeiter an vorderster Front erkennen, wie ihre Leistung mit der Vision der Unternehmensleitung übereinstimmt, da die Kommunikation klar, transparent und auf die Werte abgestimmt ist.

✅ **Einfühlungsvermögen → Kulturelle emotionale Intelligenz**

Empathie im Rahmen der Symbiotic Relationship Theory™ (SRT) geht über ein einfaches Verständnis hinaus; sie entwickelt sich zu einem umsetzbaren Rahmen. Dieser Rahmen wirkt sich auf verschiedene organisatorische Bereiche aus, z. B. auf die Formulierung von Richtlinien, Besprechungsformate, Konfliktmanagementstrategien und die Einführungspraktiken für Mitarbeiter. Das Symbiotic Workplace Model™ (SWM) integriert Empathie als Kernkomponente in die Organisationsstruktur und stellt sicher, dass sie tief in die Interaktionen am Arbeitsplatz eingebettet ist, anstatt sich nur auf individuelle Eigenschaften zu stützen. Dieser Ansatz fördert eine Kultur der gemeinsamen Empathie, die die Zusammenarbeit und den gegenseitigen Respekt zwischen den Teammitgliedern verbessert..

Beispiel: Führungskräfte schaffen Arbeitsabläufe, die unterschiedlichen kognitiven Stilen, persönlichen Krisen und emotionalen Bandbreiten Rechnung tragen und kulturelles Einfühlungsvermögen zeigen.

✅ Soziale Fertigkeiten → Eingebettete Beziehungsnormen

Das Symbiotic Workplace Model™ (SWM) verlässt sich nicht allein auf persönliches Charisma oder natürliche soziale Intuition, sondern webt strukturierte vertrauensbildende Maßnahmen und etablierte Rituale in die Grundlage der Teamnormen und Organisationsprozesse ein. Diese Methode garantiert die bewusste und kontinuierliche Kultivierung von Vertrauen und fördert eine kollaborative Atmosphäre, in der sich jedes Mitglied geschätzt und engagiert fühlt. Durch die Integration dieser Praktiken in die täglichen Interaktionen fördert die SWM eine dauerhafte Vertrauenskultur, die die Teamarbeit und Produktivität steigert.

Beispiel: Anerkennungssysteme, transparente Kommunikationskanäle und integrative Entscheidungsfindung werden Teil des Arbeitsrhythmus, nicht nur von den Führungskräften getriebene Gewohnheiten.

Kapitel 3.5 Zusammenfassung: SRT/SWM und emotionale Intelligenz (Goleman)

Emotionale Intelligenz hat die Führung revolutioniert, indem sie den Schwerpunkt von einem rein mechanischen

Ansatz zu einem Ansatz verlagert hat, der menschliche Beziehungen und emotionales Bewusstsein in den Vordergrund stellt. Auf dieser Grundlage bauen die Konzepte der Symbiotic Relationship Theory™ und des Symbiotic Workplace Model™ auf, die diesen Wandel noch weiter vorantreiben. Sie integrieren das emotionale Wohlbefinden in die Struktur der Beziehungssysteme und der Unternehmenskultur und fördern ein Umfeld, in dem Zusammenarbeit, Empathie und gegenseitiges Wachstum gedeihen. Dieser umfassende Ansatz steigert nicht nur die Leistung des Einzelnen, sondern fördert auch eine belastbare und engagierte Belegschaft, die besser gerüstet ist, um die Komplexität des modernen Organisationslebens zu bewältigen.

- Emotionale Intelligenz (EQ) macht bessere Führungskräfte.
- Die Symbiotic Relationship Theory™ (SRT) sorgt für bessere Teams, Beziehungen und Kulturen.
- Das Symbiotic Workplace Model™ (SWM) stellt sicher, dass emotionale Intelligenz keine Eigenschaft ist, sondern ein Rahmen.

Die Symbiotic Relationship Theory™ (SRT) und das Symbiotic Workplace Model™ (SWM) sind wesentliche Rahmenwerke, die individuelles und kollektives Wachstum fördern und gleichzeitig Mitgefühl, Verantwortlichkeit und Beziehungstiefe in die Unternehmenskultur integrieren. Diese Ideen fördern einen umfassenden Ansatz für Interaktionen und betonen die tiefe Verbundenheit, die Empathie und Verständnis zwischen den Teammitgliedern fördert. Durch die Einbettung dieser Werte in die Organisationsstruktur schaffen SRT und SWM ein Umfeld, in dem Vertrauen und Verantwortung gedeihen, was zu einer sinnvolleren und produktiveren Zusammenarbeit am Arbeitsplatz führt.

3.6 SRT vs. Dienende Führung

Das von Robert Greenleaf in den 1970er Jahren eingeführte Konzept der dienenden Führung (Servant Leadership) hat das traditionelle Führungsverständnis grundlegend verändert, indem es die herkömmliche Machthierarchie auf den Kopf stellt. Anstelle eines Top-Down-Ansatzes, der durch Befehl und Kontrolle gekennzeichnet ist, betonen dienende Führungskräfte, wie wichtig es ist, die Bedürfnisse der anderen in den Vordergrund zu stellen. Dieser Führungsstil befähigt die Teammitglieder, fördert die persönliche und berufliche Entwicklung und ermutigt zur gemeinsamen Entscheidungsfindung.

Dienende Führungskräfte zeichnen sich durch Schlüsseleigenschaften wie Bescheidenheit, aktives Zuhören, Einfühlungsvermögen und ein großes Engagement für andere aus. Sie bemühen sich, die Standpunkte und Schwierigkeiten ihres Teams zu verstehen und fördern eine Atmosphäre, in der sich alle Mitglieder geschätzt und anerkannt fühlen. Indem sie diese Eigenschaften verkörpern, bauen sie Vertrauen und Loyalität auf und fördern eine Kultur der Inklusion und des Engagements. Diese Methode steigert die Teamleistung und fördert ein ethischeres und mitfühlenderes Organisationsumfeld.

Die dienende Führungskraft ist:

- Ein Zuhörer vor einem Redner

- Ein Steward vor einem Kommandanten
- Ein Führer vor dem Chef

The Symbiotic Relationship Theory™ (SRT) and the Symbiotic Workplace Model™ (SWM) expand upon the foundational principles of servant leadership by transforming the concept from a primarily leader-centric approach to one that emphasizes mutual, relational empowerment at all levels of the organization. While servant leadership focuses mainly on the attitude and behavior of the leader in serving their team, SRT adopts a broader perspective by decentralizing traditional notions of leadership influence.

Diese Verlagerung fördert die Verteilung der Verantwortung für die Beziehungen und damit ein kooperativeres Umfeld innerhalb der Organisation. Dieser Rahmen verwandelt Führung in eine gemeinsame Verantwortung, die offene Kommunikation und Vertrauen zwischen den Mitgliedern fördert. Letztlich steigert diese Methode die individuelle und organisatorische Leistung durch kollektives Wachstum und Unterstützung.

3.6.1 Kernvergleich: Dienende Führung vs. Symbiotic Relationship Theory™

Element	Dienende Führung	Symbiotic Relationship Theory™ (SRT)
Schwerpunkt Führung	Die Führungskraft dient den Bedürfnissen des Teams	Jeder Einzelne dient und fördert den anderen durch gegenseitiges Wachstum.

Machtverteilung	Die Führungskraft senkt sich, um andere zu erhöhen	Macht ist relational verteilt; der Einfluss der Führung wird geteilt
Kulturelle Auswirkungen	Angetrieben durch den Charakter und das Beispiel der Führungskraft	Angetrieben durch Beziehungsstruktur, gemeinsames Feedback und Verantwortlichkeit
Wachstumsmodell	Die Führungskraft befähigt andere	Das gesamte Team entwickelt sich durch gegenseitige Investitionen gemeinsam weiter
Organisatorische Reichweite	Oft an einen bescheidenen Anführer gebunden	Systemweites Modell; die Kultur hängt nicht von der Bescheidenheit einer einzelnen Person ab

3.6.2 Von der Führungspersönlichkeit zum Ökosystem

Servant Leadership sagt:

"Der Leiter muss dienen, damit andere wachsen können."

Die Symbiotic Relationship Theory™ (SRT) besagt:

"Alle müssen zusammen dienen und wachsen".

In verschiedenen Anwendungen der dienenden Führung ist das Wohlergehen eines Teams eng mit der Integrität und dem Selbstbewusstsein der Führungskraft verbunden. Dies wirft jedoch wichtige Fragen auf: Was geschieht, wenn die Führungskraft wechselt? Wie kann eine Organisation ihre Kultur aufrechterhalten, wenn sie nicht tief in ihre Grundüberzeugungen und -praktiken integriert wurde?

Hier kommen die Symbiotic Relationship Theory™ (SRT) und das Symbiotic Workplace Model™ (SWM) ins Spiel, die einen Rahmen bieten, der ein dauerhaftes Vermächtnis in der Organisationskultur schafft. Diese Theorien geben der relationalen Führung einen neuen Rahmen und verlagern ihren Schwerpunkt von einer rein individuellen Tugend auf die Förderung eines kollektiven Ökosystems. Innerhalb dieses Ökosystems sind Prinzipien wie Anmut, Verantwortlichkeit und Befähigung nicht nur von einzelnen Persönlichkeiten abhängig. Stattdessen werden sie in die Richtlinien, die Kultur und das allgemeine Verhalten der Organisation eingebettet.

Durch die Anwendung der Symbiotic Relationship Theory™ (SRT) und des Symbiotic Workplace Model™ (SWM) können Unternehmen ein stabiles Umfeld schaffen, in dem positive Beziehungen gedeihen, unabhängig von Veränderungen in der Führung. Dieser Ansatz fördert eine nachhaltige und widerstandsfähige Kultur, die alle Mitglieder der Organisation befähigt und sicherstellt, dass die Werte der dienenden Führung erhalten bleiben und in der gesamten Organisation weitergegeben werden.

3.6.3 Praktische Anwendung

Szenario	Dienende Führung	SRT/SWM

Onboarding eines neuen Mitarbeiters	Der Leiter sorgt für ihre Integration und Unterstützung	Das Team übernimmt Verantwortung; Cross-Training, Mentoring und psychologische Sicherheit sind gemeinsame Aufgaben
Konfliktbewältigung	Der Leiter vermittelt mit Demut und Weisheit	Das Team arbeitet mit vereinbarten Protokollen zur Wiederherstellung von Konflikten, in denen Verantwortung, Reparatur und Wiederherstellung normalisiert sind
Innovation vorantreiben	Die Führungskraft schafft Raum für kreative Stimmen	Innovation entsteht durch wechselseitige Rückkopplungsschleifen, Sicherheit beim Scheitern und gemeinsame Ideenfindung
Kultur der Skalierung	Verlassen Sie sich auf die Präsenz von dienstbereiten Führungskräften	Eingebaut in Systeme, Rituale und Rhythmen; nicht abhängig von Charisma oder individuellen Merkmalen

Kapitel 3.6 Zusammenfassung: SRT vs. Servant Leadership

Servant Leadership ist die Grundlage, aber die Symbiotic Relationship Theory™ (SRT) und das Symbiotic Workplace Model™ (SWM) sind die nächste Entwicklungsstufe.

- Dienende Führung konzentriert sich auf die Demut der Führungskraft.
- SRT/SWM konzentriert sich auf die Beziehungsverantwortung eines jeden Menschen.

- Dienende Führung inspiriert die Gesundheit des Teams.
- SRT/SWM institutionalisieren Beziehungsgesundheit und gegenseitige Aufwertung.

Durch die Erweiterung der Konzepte der dienenden Führung zu einem umfassenden, systemischen Modell bietet Symbiotic Leadership™ einen Rahmen, der darauf ausgerichtet ist, eine Kultur zu kultivieren, die sich auf gemeinsame Werte und kollektive Entwicklung konzentriert. Diese Methodik unterstreicht die Bedeutung von Dienst, Befähigung und Transformation auf eine Art und Weise, die sowohl skalierbar als auch langfristig nachhaltig ist.

Bei diesem Modell legen die Führungskräfte den Schwerpunkt auf den Aufbau von Zusammenarbeit und gegenseitiger Unterstützung innerhalb ihrer Organisationen und stellen sicher, dass sich jedes Mitglied geschätzt fühlt und in die Lage versetzt wird, sich an der gemeinsamen Aufgabe zu beteiligen. Indem die Bedürfnisse des Einzelnen und der Gemeinschaft in den Vordergrund gestellt werden, fördert Symbiotic Leadership™ eine Atmosphäre, in der Innovation gedeiht und persönliches Wachstum eine zentrale Rolle für den Erfolg der Organisation spielt. Letztlich stellt dieser Rahmen den Dienst in den Mittelpunkt der Führung und erzeugt einen transformativen Einfluss, der in der gesamten Organisation und darüber hinaus ausstrahlt.

3.7: Zusammenfassung des Kapitels - Reframing the Leadership Conversation?

In diesem Kapitel haben wir sechs grundlegende Theorien zu Führung und Motivation untersucht, die unser Verständnis von Organisationsverhalten, persönlichem

Wachstum und Teamdynamik stark beeinflusst haben. Von der Maslowschen Bedürfnishierarchie bis hin zu Servant Leadership bietet jedes Modell wertvolle Erkenntnisse. Sie interpretieren Führung und Motivation jedoch häufig durch individualistische, hierarchische oder interne Perspektiven.

Im Gegensatz dazu bieten die Symbiotic Relationship Theory™ (SRT) und das Symbiotic Workplace Model™ (SWM) eine gewagte neue Perspektive, die Führung nicht nur in traditionellen Hierarchien oder individueller Entwicklung sieht, sondern in gegenseitigem Wachstum, einem gemeinsamen Ziel und bewusster Interdependenz. Diese Ansätze verlagern den Führungsdiskurs und konzentrieren sich auf die Schlüsselelemente, die Leistung und Zielsetzung wirklich unterstützen: Beziehungen.

3.7.1 Was wir gelernt haben

- **Maslow** hat uns gezeigt, was Menschen brauchen.
  Die **Symbiotic Relationship Theory™ (SRT)** zeigt uns, wie Bedürfnisse durch **gesunde, wechselseitige Beziehungen** erfüllt werden.

- **McGregor** hat die Motivation durch Annahmen über Menschen geprägt.
  Die **Symbiotic Relationship Theory™ (SRT)** ersetzt Annahmen durch **beziehungsorientiertes Engagement und kulturelle Gestaltung**.

- **McClelland** hat herausgefunden, was Menschen innerlich antreibt.
  Die **Symbiotic Relationship Theory™ (SRT)** zeigt, wie zwischenmenschliche Beziehungen diese Triebkräfte aktivieren, nähren oder abschwächen.

- **Goleman** lehrte uns, dass emotionale Intelligenz im Inneren beginnt. **Symbiotic Relationship Theory™ (SRT)** /**Symbiotic Workplace Model™ (SWM)** skalieren die emotionale Intelligenz in die **Team- und Kulturarchitektur**.
- **Dienende Führung** ist ein Beispiel für die Kraft der Demut. **Symbiotic Relationship Theory™ (SRT)** /**Symbiotic Workplace Model™ (SWM)** operationalisieren den Dienst in **Ökosystemen gegenseitiger Fürsorge und Verantwortlichkeit**.

3.7.2 Vergleichender Überblick: Klassische Theorien vs. SRT/SWM

Rahmenwerk	Primärer Schwerpunkt	Wesentliche Einschränkung	SRT/SWM Verbesserung
Maslowsche Hierarchie	Individuelle Bedürfnisse (Selbstverwirklichung)	Fehlender Beziehungskontext; linear	Integriert Bedürfnisse in wechselseitige Beziehungen
McGregor's Theorie X/Y	Annahmen zur Motivation (Kontrolle vs. Vertrauen)	Binäre Perspektive; begrenzte relationale Nuancierung	Ersetzt binäre Ansichten durch adaptive Ökosysteme

McClelland's Bedürfnistheorie	Leistung, Zugehörigkeit, Macht	Isoliert interne Treiber von der Umwelt	Aktiviert Bedürfnisse durch gegenseitige Unterstützungsstrukturen
Goleman's Emotionale Intelligenz	Emotionale Selbstwahrnehmung und Einfühlungsvermögen	Zentriert auf die einzelne Führungskraft; fehlende Systemintegration	Emotionale Intelligenz in die Teamkultur integrieren
Dienende Führung	Eine Haltung der Demut und des Dienens der Führungskraft	Abhängig vom Charakter der Führungskraft; schwer zu skalieren	Dezentralisierte Dienstleistungen für eine systemweite Gesundheit
SRT/SWM	Gegenseitiges Wachstum durch Beziehungsökosysteme	Keine (zur Skalierung der Beziehungsgesundheit auf allen Ebenen)	Bietet ein beziehungsorientiertes, skalierbares Führungsmodell

Kapitel 3 Schlussgedanken

In einer sich ständig wandelnden Landschaft, die durch einen Wertewandel, die Zunahme von Telearbeitskräften und die allgegenwärtige Bedrohung durch kulturelles Burnout gekennzeichnet ist, müssen die Führungskräfte von morgen eine einzigartige Mischung von Qualitäten verkörpern. Sie müssen beziehungsfähig sein und selbst aus der Ferne starke und bedeutungsvolle Beziehungen aufbauen können. Ihre emotionale

Intelligenz sollte fein abgestimmt sein, damit sie die Gefühle und Bedürfnisse ihrer Teams verstehen und mit Einfühlungsvermögen und Verständnis darauf reagieren können. Darüber hinaus sollten sie einen strukturell wechselseitigen Ansatz verfolgen und ein Umfeld fördern, in dem Zusammenarbeit und gegenseitige Unterstützung gefördert und in die Unternehmenskultur eingebettet werden. Diese Kombination von Eigenschaften ist unerlässlich, um die Komplexität der modernen Führung zu bewältigen..

Die Symbiotic Relationship Theory™ und das Symbiotic Workplace Model™ bieten einen reichhaltigen und nuancierten Rahmen, der unser Verständnis von Führung verändert. Dieser innovative Ansatz hebt die Bedeutung von intrinsischer Motivation und kooperativen Praktiken hervor und weicht von traditionellen Top-down-Managementstilen ab, die oft Barrieren zwischen Führungskräften und Teammitgliedern schaffen. Durch die Förderung eines Umfelds, das echte Verbindungen und aktives Engagement begünstigt, entwickelt dieses Modell eine Belegschaft, die stärker miteinander verbunden ist und mehr in ihren gemeinsamen Erfolg investiert. Das Ergebnis ist eine florierende Organisation, in der sich jeder Einzelne wertgeschätzt und befähigt fühlt, was zu mehr Kreativität, Produktivität und allgemeiner Arbeitszufriedenheit führt.

Im nächsten Kapitel werden wir von theoretischen Konzepten zu praktischen Anwendungen übergehen. Unser Ziel ist es, ein robustes und skalierbares Symbiotic Leadership™ Framework zu etablieren, das Führungskräfte der oberen und mittleren Ebene sowie Mitarbeiter an vorderster Front befähigt. Dieser Rahmen wird die Entwicklung gesunder, wirkungsvoller und abgestimmter Organisationskulturen auf jeder Ebene fördern. Durch die Förderung gemeinsamer Werte und kollektiver Verantwortlichkeit wollen wir ein Umfeld schaffen, in dem jedes Teammitglied zur Gesamtvision und zum Erfolg des Unternehmens beiträgt, was letztlich zu nachhaltigem Wachstum und Innovation führt.

Kapitel 4
Symbiotische Führung™
Skalierung von beziehungsorientiertem Wachstum

Kapitel 4: Symbiotische Führung™ Skalierung von beziehungsorientiertem Wachstum

Schauen Sie in die riesige Milchstraßengalaxie, in deren Zentrum sich der Stern Schütze A befindet, der als mächtiger Gravitationsanker Milliarden von Sternen in einen harmonischen Tanz der Stabilität zieht. Dieses kosmische Herzstück erinnert uns an die verschlungenen Kräfte, die unser Universum formen. Vergrößern wir nun unser Sonnensystem, wo die Sonne eine ähnliche Rolle spielt, indem sie die Bahnen der Planeten steuert und das lebenswichtige Licht und die Energie liefert, die das Leben auf der Erde erhalten. Außerhalb unseres Sonnensystems taucht dieses faszinierende Spiralmuster in verschiedenen Formen auf, von den eleganten Spiralen der Muscheln und den komplizierten Anordnungen der Tannenzapfen bis hin zur Doppelhelix unserer DNA.

Dies ist kein Zufall, sondern spiegelt einen tieferen, der Natur innewohnenden Plan wider.

Auf dem Gebiet der Führung spiegelt Symbiotic Leadership™ diesen wesentlichen universellen Rahmen wider. Es geht über konventionelle Hierarchien hinaus und erstreckt sich über alle Ebenen einer Organisation, von den Top-Führungskräften in der C-Suite bis zu den Teammitgliedern an der Front. Dieser Führungsansatz beruht auf den Grundsätzen der Gegenseitigkeit, des Rhythmus und der beziehungsorientierten Ausrichtung, die für die Kultivierung eines geeinten und kohäsiven Arbeitsumfelds von entscheidender Bedeutung sind.

So wie sich Galaxien zu Sonnensystemen ausdehnen und Sonnensysteme sich zu komplexen zellulären Strukturen entwickeln, gedeiht eine großartige Führung, wenn die Muster des Wachstums, des Vertrauens und der gemeinsamen Zielsetzung auf jeder Ebene der Organisation mit Integrität reproduziert werden. Dadurch wird eine Kultur gestärkt, in der sich jeder Einzelne mit einer umfassenderen Aufgabe verbunden und in seiner Rolle gestärkt fühlt. Dieser Rahmen bietet nicht nur eine weitere hierarchische Pyramide oder starre Matrix, sondern vielmehr ein dynamisches, lebendiges Modell eines Führungsökosystems, das die elegante Ordnung des Universums widerspiegelt. Es ermutigt Führungskräfte, Beziehungen zu kultivieren und Verbindungen zu fördern, um eine lebendige Gemeinschaft zu schaffen, die von gegenseitiger Unterstützung lebt und sich als Reaktion auf die sich verändernde Welt um uns herum anpasst und weiterentwickelt.

4.1 Die drei Sphären des symbiotischen Modells

1. **Symbiotic Relationship Theory™ (SRT) -** *Der Kern der Verbindung*

   Definition: Eine Theorie, die auf gegenseitigem Wachstum, gemeinsamen Zielen, emotionaler Sicherheit und gegenseitiger Rechenschaftspflicht beruht.

   Standort im Modell: Der innerste Bereich, in dem alles mit der Qualität der Beziehung beginnt.

   Die Rolle: Definiert, wie Menschen persönlich und beruflich zusammen gedeihen.

2. **Symbiotic Workplace Model™ (SWM) -** *Das Beziehungsökosystem*

Definition: Der operative Ausdruck von SRT innerhalb von Organisationen - wo Systeme, Kultur und Führungsverhalten aufeinander abgestimmt sind.

Standort: Die mittlere Sphäre macht Beziehungswerte zu Kultur und Prozess.

Die Rolle: Verbindet Menschen, Abteilungen und Strategien durch gemeinsames Feedback, Sicherheit und Struktur.

3. **Symbiotic Leadership Framework™ (SLF)** – *Die skalierbare Struktur*

Definition: Der angewandte Rahmen, der die Werte der Symbiotic Relationship Theory™ (SRT) und des Symbiotic Workplace Model™ (SWM) auf Teams, Abteilungen und Unternehmen anwendet, indem er 12 rekursive Prinzipien verwendet.

Standort: Die äußerste Sphäre - sichtbares Handeln, strukturelle Integrität und Führungsnachfolge.

Die Rolle: Ermöglicht es jedem Teil der Organisation, das Ganze durch fraktale Führungspraktiken zu reflektieren.

4.2 Was ist Symbiotic Leadership™?

In einer Landschaft, in der konventionelle Führung typischerweise durch strenge Hierarchien, klare Autorität oder die ansprechende Präsenz einer charismatischen Führungspersönlichkeit gekennzeichnet ist, hebt sich Symbiotic Leadership™ als innovativer

Rahmen ab. Diese neue Perspektive interpretiert Führung neu als relationale Führung, ein komplexes Netzwerk, das Zusammenarbeit und gegenseitige Unterstützung in den Vordergrund stellt. Durch die Kultivierung eines Umfelds, in dem Führung sowohl skalierbar als auch reziprok ist, fördert dieses Modell die aktive Beteiligung aller Mitglieder der Organisation an der kollektiven Reise von Wachstum und Fortschritt. Es handelt sich um eine engagierte Praxis, die sich auf das Gedeihen von Einzelpersonen und Gruppen konzentriert und ein lebendiges Ökosystem schafft, in dem der gemeinsame Erfolg durch kontinuierlichen Dialog und Partnerschaft gefördert wird..

Im Gegensatz zu traditionellen Methoden, die auf Autorität setzen, konzentriert sich Symbiotic Leadership™ auf die Schaffung von Umgebungen, in denen der Einzelne durch sinnvolle Interdependenz erfolgreich ist. Diese Strategie lehnt sich an das natürliche Gleichgewicht im Universum an, wo Galaxien, Ökosysteme und der menschliche Körper durch gegenseitige Abhängigkeit und ein gemeinsames Ziel gedeihen. Indem es diese inhärente Harmonie widerspiegelt, fördert Symbiotic Leadership™ eine Unternehmenskultur, die Zusammenarbeit, Empathie und nachhaltiges Wachstum begünstigt..

Im Kern geht es bei Symbiotic Leadership™ darum, Menschen, Systeme und Strategien durch beziehungsbasierte Prinzipien in Einklang zu bringen. Es basiert auf den grundlegenden Konzepten der Symbiotic Relationship Theory™ (SRT) und des Symbiotic Workplace Model™ (SWM), die zusammen einen wiederholbaren und skalierbaren Rahmen bilden. Dieses

Rahmenwerk stellt nicht nur sicher, dass alle Ebenen einer Organisation - von der Führungsebene bis zu den Mitarbeitern an der Basis - erfolgreich sind, sondern befähigt auch den Einzelnen, seine Rolle und seinen Beitrag selbst zu übernehmen.

Symbiotic Leadership™ fördert eine Kultur der Zugehörigkeit und der Zielsetzung in Organisationen durch effektive Kommunikation, gemeinsame Ziele und kollektive Verantwortlichkeit. Es fordert Führungskräfte dazu auf, aktiv zuzuhören, unterschiedliche Perspektiven zu würdigen und das Wohl aller Beteiligten in den Vordergrund zu stellen. Dieser Ansatz verwandelt Führung in eine kollaborative Reise, die Wachstum von einer Top-Down-Direktive in ein gemeinsames Abenteuer verwandelt, das jedes Mitglied der Organisation einbezieht..

4.2.1 Hauptmerkmale der Symbiotic Leadership™

Merkmal	Beschreibung
Gegenseitig	Führung ist ein gemeinsamer Austausch, keine Einbahnstraße. Führungskräfte wachsen, indem sie anderen helfen zu wachsen.
Skalierbar	Die gleichen Grundsätze gelten für Führungskräfte, Teamleiter und einzelne Mitarbeiter.
Verwandtschaftlich verwurzelt	Vertrauen, Sicherheit und emotionale Intelligenz sind keine Soft Skills. Sie sind eine strategische Infrastruktur.

Prinzipienorientiert	Führungsentscheidungen werden von 12 Grundprinzipien geleitet, die Gesundheit und Leistung fördern sollen.
Systematisch angewandt	Kultur ist nicht zufällig. Systeme, Rituale und Richtlinien spiegeln die Ausrichtung der Beziehungen wider.

4.2.2 Warum Symbiotic Leadership™ jetzt gebraucht wird

Die traditionelle Führungslandschaft bröckelt unter den modernen Herausforderungen:

- **Burnout** nimmt zu, insbesondere bei Führungskräften der mittleren Ebene.
- **Fluktuation und Disengagement** sind so hoch wie nie zuvor.
- **Command-and-Control-Modelle** ersticken Innovationen und unterdrücken Vertrauen.
- **Charismatische Führung** ist zwar attraktiv, lässt sich aber nicht skalieren und bricht oft zusammen, wenn die Persönlichkeit ausscheidet.

Symbiotic Leadership™ füllt diese Lücken, indem es Druck durch Zielsetzung, Hierarchie durch Harmonie und Kontrolle durch Zusammenarbeit ersetzt. Es ist sowohl emotional intelligent als auch operativ strategisch.

Symbiotic Leadership™ ist die nächste Evolutionsstufe der Führung für den modernen Arbeitsplatz. Sie ist:

- Verwurzelt in der Beziehung
- Aktiviert durch Vertrauen
- Skalierung durch Systeme
- Nachhaltig durch Prinzipien
- Letztendlich soll sie die Reihenfolge der Schöpfung in der Kultur Ihrer Organisation widerspiegeln.

4.2.3 Die Beziehung zu SRT und SWM

- **Symbiotic Leadership™** ist die sichtbare Frucht der **Symbiotic Relationship Theory™ (SRT)** und des **Symbiotic Workplace Model™ (SWM):**

- **Die Symbiotic Relationship Theory™ (SRT)** bildet die philosophische und verhaltensbezogene Grundlage: gegenseitiges Wachstum, emotionale Sicherheit, gemeinsame Ziele und Verantwortlichkeit mit Gnade.

- **Das Symbiotic Workplace Model™ (SWM)** übersetzt diese Verhaltensweisen in Organisationssysteme: Führungsrhythmen, Kommunikationsstrategien, Protokolle zur Konfliktbewältigung und verteilte Einflussnahme.

- **Das Symbiotic Leadership Framework™ (SLF)** operationalisiert diese Ideen in einer Reihe von 12 Prinzipien, die einen Fahrplan für die täglichen Führungsentscheidungen und die strategische Entwicklung bieten.

Dieses Modell ermöglicht es Organisationen, eine einheitliche Führungsidentität zu schaffen, in der ihre Vision und ihre Werte auf allen Ebenen der Geschäftstätigkeit konsequent widergespiegelt werden..

4.3 Die 12 Prinzipien der Symbiotic Leadership™

#	Prinzip	Konzept	Metapher
1	Gegenseitige Ermächtigung	Führungspersönlichkeiten erziehen andere, während sie selbst erzogen werden	Zwei-Wege-Spiegel
2	Gemeinsame Vision und Zielsetzung	Jede Rolle ist auf einen zentralen Auftrag ausgerichtet	Gravitationsumlaufbahn
3	Verantwortlichkeit mit Gnade	Fehler verfeinern, nicht zerstören	Stimmgabel
4	Emotionale Sicherheit	Sichere Räume bringen mutige Führungskräfte hervor	Sauerstoffhaltiger Raum
5	Gegenseitiges Feedback	Feedback-Schleifen fördern den Fortschritt	Echokammer (gesund)
6	Transparente Kommunikation	Klarheit schafft Vertrauen und Widerstandsfähigkeit	Offenes Wasser
7	Verteilte Führung	Jeder führt, wo er steht	Mycelium-Netzwerk
8	Rhythmische Erkennung	Feiern hält den Schwung aufrecht	Trommeln der Kultur
9	Konstruktiver Konflikt	Der Konflikt wird zum Katalysator, nicht zur Krise	Feuer, das reinigt

10	Anpassungsfähige Ausrichtung	Verwurzelt, aber flexibel bleiben	Baum im Wind
11	Vermächtnis-Mentalität	Führung baut über das Jetzt hinaus auf	Ring im Baum
12	Führung als Verantwortungstreue	Führung ist ein Vertrauensverhältnis, kein Titel	Gartenpfleger

Prinzip 1: Gegenseitige Ermächtigung statt Kontrolle von oben nach unten

Definition:
Symbiotische Führungskräfte befähigen andere, zu führen - nicht von oben herab, sondern von der Seite. Autorität wird geteilt, nicht gehortet. Wachstum wird daran gemessen, wie viele andere Sie auf Ihrem Weg nach oben mitnehmen.

Arbeitsplatzanwendung:

- Führungskräfte delegieren Entscheidungsbefugnis mit Anleitung und Vertrauen.

- Empowerment ist rollenübergreifend - die Mitarbeiter an der Front werden in die Ideenfindung, die Prozessgestaltung und die Verantwortung für die Ergebnisse einbezogen.

- Teams bauen funktionsübergreifende Partnerschaften auf, die gemeinsame Verantwortung anerkennen.

Fraktale Metapher:
Wie ein Zweig, der sowohl die Frucht als auch die Wurzel trägt, nährt sich Empowerment von den

Menschen in seiner Umgebung und wird von ihnen genährt.

Prinzip z 2: Gemeinsame Vision und Zielsetzung

Definition:
Symbiotische Führungskräfte vereinen die Menschen um ein gemeinsames Ziel. Die Vision wird nicht aufgezwungen, sondern mitgetragen. Jeder sieht, wie sein Teil zum Ganzen beiträgt.

Arbeitsplatzanwendung:

- Alle Abteilungen sind auf einen zentralen, sinnvollen Auftrag ausgerichtet.
- Mitarbeiter an vorderster Front können darlegen, wie ihre Rolle die Wirkung der Organisation fördert.
- Die Vision wird regelmäßig überprüft und mit Beiträgen aller Ebenen angepasst.

Fraktale Metapher:
So wie die Sterne einer Galaxie in Harmonie um ihr Gravitationszentrum rotieren, hält die Vision Teams in einer relationalen und strategischen Umlaufbahn.

Prinzip 3: Rechenschaftspflicht mit Gnade

Definition:
Symbiotic Leadership™ kultiviert eine Kultur der Verantwortung, die niemals von Mitgefühl losgelöst ist. Scheitern ist ein Weg zur Wiederherstellung, nicht zur Ablehnung.

Arbeitsplatzanwendung:

- Fehler werden mit klaren Erwartungen und nachfolgender Unterstützung angegangen.
- Rechenschaftspflicht unter Gleichaltrigen wird ohne Angst und Scham gefördert.
- Wachstumsgespräche ersetzen Strafdisziplin.

Fraktale Metapher:
Wie beim Beschneiden eines Baumes, um ein stärkeres Wachstum zu fördern, entfernt die Rechenschaftspflicht das, was nicht hilfreich ist, um das Gedeihen zu ermöglichen.

Prinzip 4: Emotionale Sicherheit vor Leistungsdruck

Definition:
Ohne emotionale Sicherheit brechen Innovation, Zusammenarbeit und Vertrauen zusammen. Symbiotische Führungskräfte schaffen Raum für Verletzlichkeit, Ehrlichkeit und psychologische Sicherheit.

Arbeitsplatzanwendung:

- Mitarbeiter fühlen sich sicher, wenn sie Fehler zugeben oder um Hilfe bitten.
- Führungskräfte leben emotionale Transparenz und Demut vor.
- Die Sicherheit wird regelmäßig durch Kontrollen und nicht durch Annahmen bewertet.

Fraktale Metapher:
Wie Sauerstoff in einem Raum, unsichtbar, aber essentiell, ist emotionale Sicherheit die unsichtbare Umgebung, die das Wachstum unterstützt.

Prinzip 5: Wechselseitige Rückkopplungsschleifen

Definition:
Feedback ist keine Einbahnstraße. In symbiotischen Kulturen fließt das Feedback nach oben, nach unten und quer. Jeder gibt und erhält im Dienste des gemeinsamen Wachstums.

Arbeitsplatzanwendung:

- Führungskräfte bitten um Feedback von Mitarbeitern und Kollegen.
- Konstruktives Feedback ist in der Teamkultur normalisiert.
- Regelmäßige 360°-Bewertungen oder Zuhörsitzungen fördern das gemeinsame Lernen.

Fraktale Metapher:
Wie Flüsse, die von kleineren Strömen gespeist werden, erhält die Rückkopplung das Ökosystem aufrecht, wenn sie in alle Richtungen fließt.

Prinzip z 6: Transparente Kommunikation

Definition:
Klarheit schafft Vertrauen. Symbiotische Führungskräfte praktizieren und erwarten ehrliche, rechtzeitige und klare

Kommunikation, insbesondere in schwierigen oder sich verändernden Situationen.

Arbeitsplatzanwendung:

- Strategie, Ziele und Probleme werden offen diskutiert.
- Kommunikationsmittel und Erwartungen sind abteilungsübergreifend standardisiert.
- Führungspersönlichkeiten beseitigen Unklarheiten, indem sie zu viele Anweisungen und Unterstützung geben.

Fraktale Metapher:
Wie Sonnenlicht, das durch Glas dringt, erhellt, erwärmt und leitet Klarheit alles, was ihr begegnet.

Prinzip 7: Verteilte Führung

Definition:
Symbiotic Leadership™ gedeiht, wenn Einfluss geteilt wird. Von jeder Person wird erwartet, dass sie dort führt, wo sie sich befindet - ungeachtet ihres Titels.

Arbeitsplatzanwendung:

- Die Mitarbeiter werden ermutigt, die Initiative zu ergreifen und eigene Ergebnisse zu erzielen.
- Die Führungsrollen wechseln innerhalb der Teams, um Tiefe und Perspektive zu schaffen.
- Die Entscheidungsfindung erfolgt in Zusammenarbeit und mit klarer Verantwortlichkeit für die Ergebnisse.

Fraktale Metapher:
Wie das Myzel in einem Wald ist Führung ein Netzwerk, keine Leiter. Jeder Teil trägt zur Stärke des Ganzen bei.

Prinzip 8: Rhythmische Erkennung

Definition:
Gesunde Ökosysteme feiern Wachstum im Rhythmus. Anerkennung ist nicht zufällig, sondern bewusst, erwartet und an Werten ausgerichtet.

Arbeitsplatzanwendung:

- Regelmäßige Anerkennungsrituale (wöchentliche Siege, Anfeuerungsrufe, Dankbarkeit unter Gleichgesinnten)
- Belohnungen auf der Grundlage von Kooperationsergebnissen, nicht nur von individuellen Heldentaten
- Wertschätzung ist sowohl spontan als auch strukturiert

Fraktale Metapher:
Wie Wellen an einer Küste stärkt beständiges Lob das Land, das es berührt.

Prinzip 9: Konstruktiver Konflikt

Definition:
Conflict is not a disruption—it's a catalyst. In symbiotic cultures, conflict is addressed early and transformed into alignment.

Symbiose: Symbiotic Leadership™ nutzen, um Beziehungen zu führen und zu verbessern

Arbeitsplatzanwendung:

- Teams werden in gesunder Meinungsverschiedenheit und Dialog geschult
- Führungspersönlichkeiten schaffen Raum für Herausforderungen, ohne sich zu verteidigen
- Lösungsmodelle (z.B. Wiederherstellungszirkel, vermittelte Gespräche) werden normalisiert

Fraktale Metapher:
Wie ein Feuer im Wald kann es entweder zerstören oder veredeln. Konstruktiver Konflikt schafft Raum für tiefere Wurzeln.

Prinzip 10: Anpassungsfähige Ausrichtung

Definition:
Symbiotische Führungspersönlichkeiten bleiben in ihrer Zielsetzung verwurzelt, sind aber in ihrer Vorgehensweise flexibel. Sie passen Systeme an, ohne ihre Vision zu gefährden.

Arbeitsplatzanwendung:

- Die Strukturen werden regelmäßig überprüft und verbessert
- Feedback von jeder Ebene beeinflusst operative Veränderungen

Führungskräfte passen sich schnell an Veränderungen im Umfeld, auf dem Markt oder in den Beziehungen an.

Fraktale Metapher:
Wie ein Baum im Wind bewahrt die Flexibilität die Stärke, ohne den Kern zu zerstören.

Prinzip 11: Vermächtnis-Mentalität

Definition:
Führung ist generationenabhängig. Symbiotische Führungspersönlichkeiten bauen Systeme auf, die sie überdauern - sie entwickeln andere, statt nur Kennzahlen zu erreichen.

Arbeitsplatzanwendung:

- Eine aktive und integrierte Nachfolgeplanung
- Mentoring und Talentförderung sind in den Arbeitsablauf integriert

Entscheidungen werden im Hinblick auf ihre langfristigen Auswirkungen auf Menschen und Ziele bewertet

Fraktale Metapher:
Wie die Ringe eines Baumes hinterlässt wahre Führung sichtbare Spuren von Wachstum und Ausdauer.

Prinzip 12: Heilige Verantwortungstreue

Definition:
Führung ist nicht Eigentum. Es ist Verantwortungstreue. Ein Vertrauen, sich mit Demut und Integrität um Menschen, Visionen und Einfluss zu kümmern.

Arbeitsplatzanwendung:

- Führungspersönlichkeiten üben ihre Macht mit Verantwortung aus, nicht mit Anspruch
- Teams behandeln Kultur und Zweck als gemeinsames Vertrauen

Ethik, Empathie und Nachhaltigkeit als Leitfaden für die Strategie

Fraktale Metapher:
Wie bei der Pflege eines Gartens ist man nicht Eigentümer des Wachstums, aber man ist für die Bedingungen verantwortlich.

4.4: Skalenübergreifende Anwendung

Symbiotic Leadership™ ist nicht an eine Position oder Abteilung gebunden. Es ist ein **skalierbares Muster**. So wie ein Fraktal seine Struktur von der Mikro- bis zur Makroebene beibehält, bleiben die **12 Symbiotic Leadership™-Prinzipien über alle Organisationsebenen** hinweg konsistent und werden lediglich in Umfang und Verantwortung angepasst.

Jede Rolle, ob C-Suite-Führungskraft, Manager der mittleren Ebene oder Mitarbeiter an vorderster Front, **spielt eine Rolle bei der gegenseitigen Unterstützung der Kultur des Wachstums, des Vertrauens und der Verantwortlichkeit.** Der Rahmen funktioniert am besten, wenn er nicht auf die Spitze beschränkt ist, **sondern wenn jede Ebene ihren Teil des Musters verkörpert.**

Nachfolgend finden Sie eine praktische Matrix, die zeigt, wie jedes Prinzip von Symbiotic Leadership™ in den drei Hauptebenen einer Organisation auf einzigartige Weise zum Ausdruck kommt:

4.4.1 Symbiotic Leadership Principles Matrix™

Prinzip	Strategische Ausrichtung auf C-Level	Umsetzung auf mittlerer Ebene	Anwendung im Operativen Bereich
1. Gegenseitige Ermächtigung	Verantwortung delegieren, andere Führungskräfte entwickeln	Ermöglichung von Autonomie innerhalb der Teams	Führen Sie in Ihrer Rolle; bieten Sie Input und Unterstützung an
2. Gemeinsame Vision und Zielsetzung	Eine überzeugende und integrative Vision entwerfen	Umsetzung der Vision in Teamziele	Aufgaben mit dem Gesamtbild verbinden
3. Rechenschaftspflicht mit Gnade	Verantwortung mit Demut vorleben	Berichte mit Mitgefühl zur Rechenschaft ziehen	Fehler eingestehen und an ihnen wachsen
4. Emotionale Sicherheit	Förderung einer offenen, integrativen Führungskultur	Aufbau eines psychologisch sicheren Teamumfelds	vertrauenswürdig, freundlich und gefühlsbetont sein
5. Wechselseitige Rückkopplungsschleifen	Aufwärtsgerichtete Rückmeldungen von VPs und Interessengruppen einholen	Einsatz von 360-Feedback-Verfahren	Mit Reife Feedback geben und annehmen

Symbiose: Symbiotic Leadership™ nutzen, um Beziehungen zu führen und zu verbessern

Prinzip	Strategische Ausrichtung auf C-Level	Umsetzung auf mittlerer Ebene	Anwendung im Operativen Bereich
6. Transparente Kommunikation	Transparente Kommunikation über Hierarchien hinweg	Aufrechterhaltung offener Teamkanäle (z. B. Slack, Check-ins)	Sprechen Sie klar, respektvoll und pünktlich
7. Verteilte Führung	Befähigung zur funktionsübergreifenden Führung	Aufteilung der Führungsrollen innerhalb des Teams	Ergreifen Sie die Initiative, wenn Führung gefragt ist
8. Rhythmische Erkennung	Feiern Sie strategische Erfolge und Teamleistungen	Schaffen Sie wiederkehrende Momente der Dankbarkeit	Erkennen Sie die Leistungen Ihrer Kollegen regelmäßig an
9. Konstruktiver Konflikt	Konflikte zwischen leitenden Angestellten proaktiv angehen	Spannungen abbauen und Erwartungen frühzeitig klären	Sich für gesunde Konflikte und Lösungen einsetzen
10. Anpassungsfähige Ausrichtung	Pivot-Strategie bei gleichzeitiger Verankerung des Ziels	Anpassung der Teamprozesse an reale Veränderungen	Bleiben Sie flexibel und offen für Veränderungen

Prinzip	Strategische Ausrichtung auf C-Level	Umsetzung auf mittlerer Ebene	Anwendung im Operativen Bereich
11. Vermächtnis-Mentalität	Mentor für Nachwuchsführungskräfte und Erhalt des Auftrags	Fähigkeiten bei anderen aufbauen; Führungskräfte unter Ihnen entwickeln	Denken Sie langfristig und investieren Sie in Ihr Wachstum
12. Geistliche Verantwortung	Führen mit Ethik, Weitsicht und Verantwortung	Schutz von Kultur und Werten bei täglichen Entscheidungen	Betrachten Sie Ihre Arbeit als einen Spiegel Ihrer Werte

4.5: Die drei Ebenen des symbiotischen Modells

In einer riesigen Galaxie binden die unsichtbaren Fäden der Gravitationskraft Milliarden von schimmernden Sternen und lassen sie in harmonischer Rotation tanzen. In ähnlicher Weise ist es an einem dynamischen Arbeitsplatz die gemeinsame Vision, die Leidenschaft entfacht, die Integrität der Beziehungen, die Vertrauen und Zusammenarbeit fördert, und die unerschütterliche Verantwortlichkeit der Führung, die Einzelpersonen, Teams und strategische Ziele miteinander verwebt und so ein kohärentes und florierendes Umfeld schafft. Symbiotic Leadership™ ist keine strukturierte Hierarchie, sondern ein Beziehungssystem, das aus drei miteinander verbundenen und wiederkehrenden Ebenen besteht:

1. **Symbiotic Relationship Theory™ (SRT)**
2. **Symbiotic Workplace Model™ (SWM)**
3. **Symbiotic Leadership Framework™ (SLF)**

Gemeinsam schaffen sie ein selbstähnliches Muster der Führung, das sich an jede Ebene anpasst, von Führungsteams bis hin zu alltäglichen Interaktionen, so wie ein Fraktal sich über Skalen hinweg anpasst und dabei seine Form beibehält.

4.5.1. Symbiotic Relationship Theory™ (SRT)

Der innere Kern - Die DNA des menschlichen Gedeihens

Die Symbiotic Relationship Theory™ (SRT) ist die grundlegende Philosophie, die davon ausgeht, dass Menschen durch gegenseitige Investitionen gedeihen. Führung ist ohne emotionale Sicherheit, gegenseitiges Wachstum und gemeinsame Verantwortung nicht nachhaltig. Die SRT identifiziert die Beziehungsbausteine, die Vertrauen skalierbar und Leistung nachhaltig machen.

Hauptpfeiler von SRT:

- **Gegenseitiges Wachstum:** Alle steigern sich gemeinsam
- **Gegenseitigkeit:** Geben und Nehmen werden gleichermaßen erwartet
- **Verantwortlichkeit mit Gnade:** Wahrheit und Empathie koexistieren
- **Emotionale Sicherheit:** Leistung folgt Zugehörigkeit
- **Gemeinsamer Zweck:** Der Einzelne weiß, wie er sich in das Ganze einfügt

🔎 **Warum das wichtig ist:**
Ohne ein gesundes Zusammenspiel der Beziehungen brechen selbst die besten Systeme zusammen. SRT liefert die ethische und emotionale Blaupause für Führung an der Wurzel.

4.5.2. Symbiotic Workplace Model™ (SWM)

Das Beziehungsökosystem - Kultur in Bewegung

Das Symbiotic Workplace Model™ (SWM) operationalisiert die SRT in den alltäglichen Funktionen eines Unternehmens. Es befasst sich damit, wie Vertrauen, Kommunikation, Entscheidungsfindung und Feedback in Organisationen institutionalisiert sind.

Schlüsselfunktionen der SWM:

- Protokolle zur Wiederherstellung von Konflikten
- Transparente Kommunikationspraktiken
- Feedback-Systeme (Top-down, Bottom-up, Peer-to-Peer)
- Relationales Onboarding
- Team-basierte Anerkennungsrhythmen

Funktionsübergreifende Zusammenarbeitsroutinen

🔲 **Warum das wichtig ist:**
Zu viele Organisationen verlassen sich auf charismatische Führungspersönlichkeiten statt auf kulturelle Strukturen. SWM stellt sicher, dass Vertrauen, Kommunikation und Sicherheit intakt bleiben, auch wenn die Führung wechselt.

4.5.3. Symbiotic Leadership Framework™ (SLF)

Die externe Struktur - Führung in Aktion

Das Symbiotic Leadership Framework™ (SLF) überträgt SRT und SWM in 12 konkrete Führungsprinzipien, die Verhalten, Strategie und kulturelle Entwicklung auf allen Ebenen leiten. Hier wird die Vision zur Praxis.

12 Prinzipien der Symbiotic Leadership™:

1. Gegenseitige Ermächtigung
2. Gemeinsame Vision und Zweck
3. Verantwortlichkeit mit Gnade
4. Emotionale Sicherheit
5. Wechselseitige Rückkopplungsschleifen
6. Transparente Kommunikation
7. Verteilte Führung
8. Rhythmische Erkennung
9. Konstruktiver Konflikt
10. Anpassungsfähige Ausrichtung
11. Vermächtnis-Mentalität
12. Geistliche Verantwortung

Jedes Prinzip ist so konzipiert, dass es sich über:

- Strategische Ausrichtung auf C-Level
- Umsetzung auf mittlerer Ebene
- Anwendung im Operativen Bereich

⚡ Warum das wichtig ist:
Der SLF bietet Führungskräften auf jeder Ebene eine wiederholbare und verlässliche Struktur für den Aufbau von Beziehungsgerechtigkeit, die Förderung von Innovation und die Entwicklung einer widerstandsfähigen, wertebasierten Führungskultur.

4.5.4 Das Fractal Alignment™

So wie die Struktur einer Galaxie die Struktur einer Muschel widerspiegelt, so spiegeln und stützen sich SRT, SWM und SLF in jeder Ebene einer Organisation gegenseitig.

SRT	Formt die Überzeugungen und Verhaltensweisen, die Vertrauen schaffen
SWM	Verankert diese Überzeugungen in wiederholbaren Systemen
SLF	Anwendung dieser Systeme durch prinzipiengeleitetes Handeln

Dieses mehrschichtige Modell schafft, was nur wenige andere schaffen: Es integriert die Führung in die Beziehungs-DNA des Arbeitsplatzes.

Kapitel 5
Was wir aufgebaut haben
Ein einheitliches Modell für relationale, skalierbare und symbiotische Führung™

Kapitel 5: Was wir aufgebaut haben

Ein einheitliches Modell für relationale, skalierbare und symbiotische Führung™

In diesem Buch haben wir etwas geschaffen, das über eine bloße Führungsmethodik hinausgeht; wir haben ein komplexes und anpassungsfähiges Ökosystem zusammen mit einem bahnbrechenden Führungsparadigma sorgfältig aufgebaut. Dieser innovative Rahmen ist tief in einer der ältesten und beständigsten Wahrheiten der Menschheit verwurzelt: Wir sind von Natur aus dazu geschaffen, in Harmonie miteinander zu gedeihen. Unsere Erforschung zeigt, wie die Stärke der Zusammenarbeit und die gemeinsame Zielsetzung ein unvergleichliches Potenzial freisetzen können, das ein reichhaltiges Geflecht von Verbindungen und Wachstum fördert, von dem sowohl der Einzelne als auch die Gemeinschaft profitieren.

Die Reise begann mit dem tiefen Verständnis, dass die Symbiose über eine rein biologische Existenz hinausgeht; sie verkörpert ein universelles Prinzip, das alle Lebensformen beeinflusst. Von den riesigen Galaxien, die im Universum wirbeln, bis hin zu den Sonnensystemen, die sich anmutig auf ihren elliptischen Bahnen bewegen, und von den engen Verbindungen von Familien bis hin zu den einnehmenden Interaktionen innerhalb von Teams und Organisationen - alles, was lebendig ist und wächst, gedeiht auf der Grundlage gegenseitiger Investitionen, ständiger Rückkopplungsschleifen und eines kollektiven Sinns für Ziele.

Wenn sich die Führung dieses inspirierende Design zu eigen macht, geht sie über die bloße Praxis hinaus und wird zu einem mächtigen Katalysator für sinnvolle Veränderungen. Durch diese Transformation wird sie von einer funktionalen Rolle zu einer tiefgreifenden Kraft, die bedeutende Veränderungen im Leben von Einzelpersonen und ganzen Gemeinschaften herbeiführen kann. Die Wirkung einer solchen Führung ist tiefgreifend, sie inspiriert zu Wachstum, fördert die Zusammenarbeit und entfacht ein Gefühl der Zielstrebigkeit, das Leben umgestalten und den kollektiven Fortschritt vorantreiben kann.

5.1 Wir haben die drei Sphären der Symbiotischen Führung™ eingeführt:

1. **Symbiotic Relationship Theory™ (SRT):**
   Der innere Kern ist die Überzeugung, dass menschliches Gedeihen auf emotionaler Sicherheit, gegenseitiger Verantwortlichkeit und gegenseitigem Wachstum beruht. Diese Theorie liefert die Beziehungs-DNA, die jede Organisation braucht.

2. **Symbiotic Workplace Model™ (SWM):**
   Die mittlere Sphäre ist das operative System, das die Kultur trägt. SWM überträgt das relationale Vertrauen in eine Struktur: Feedback-Schleifen, Onboarding-Rhythmen, Rituale der Zusammenarbeit und Prozesse der Konfliktbewältigung.

3. **Symbiotic Leadership Framework™ (SLF):**
   Die äußere Schicht ist der umsetzbare Rahmen, der durch die 12 Symbiotic Leadership Principles™ definiert wird und das Verhalten auf jeder Ebene der Organisation leitet. Diese Prinzipien bringen Vision und

Handlung, Charakter und Kultur sowie Werte und Ausführung in Einklang.

Jede Ebene reflektiert und verstärkt die andere, so wie ein fraktales Muster seine Form vom Makro bis zum Mikro beibehält. Was in der Theorie beginnt, wird zur Praxis. Was in einer Beziehung beginnt, wird zu einem System. Was im Herzen einer Führungskraft Wurzeln schlägt, strahlt nach außen und verwandelt eine ganze Organisation.

Wir haben die 12 Prinzipien untersucht, die dem Modell zugrunde liegen:

Von gegenseitiger Ermächtigung und gemeinsamer Vision bis hin zu heiliger Verantwortung und einer Denkweise des Vermächtnisses gehen diese Prinzipien über Führungsideale hinaus; sie stellen Beziehungsdisziplinen dar. Sie sind skalierbar, messbar und wiederholbar und zielen darauf ab, isolierte Führung durch relationale Symmetrie zu ersetzen und transaktionales Management in transformationale Zugehörigkeit zu verwandeln..

Die Grundsätze wurden nicht nur theoretisiert, sondern auf allen Ebenen angewandt:

- Strategie und Ausrichtung der **C-Suite**
- Ausführung und Anpassung auf **mittlerer Ebene**
- Engagement und Aufbau einer Kultur im **Operativen Bereich**

Diese Struktur ist nicht zerbrechlich. Sie ist **maßstabsgetreu aufgebaut**, wie das Universum selbst.

Wir haben die Werkzeuge für die Anwendung entwickelt:

In diesem Buch wurden die Leser nicht nur von einer Vision inspiriert, sondern sie erhielten auch:

- Eine **Prinzipienmatrix**, die die Anwendung auf allen Führungsebenen beschreibt
- Ein **fraktales Führungsdiagramm** zur Visualisierung des Modells in 3D
- Ein **Rahmenwerk**, das **Emotionen, Ethik, Systeme** und **Skalierbarkeit** integriert

Ein Weg zur Umsetzung ohne Abstriche bei der Authentizität und Beweglichkeit

Es handelt sich nicht nur um einen Rahmen, sondern um ein Führungsökosystem, das atmet, sich anpasst und erneuert, solange sein Beziehungskern intakt bleibt.

5.2 Auswirkungen der Einführung dieses Modells in der realen Welt

Was sich ändert, wenn wir beziehungsorientiert führen

Die Umsetzung des Symbiotic Leadership™-Modells geht über eine einfache Veränderung der internen Unternehmenskultur hinaus; sie bedeutet eine umfassende strategische Neuausrichtung, die sich tiefgreifend auf die Leistung und den Erfolg des Unternehmens auswirkt. In einer zunehmend komplexen Landschaft, die von Burnout und

Fragmentierung geprägt ist, entwickeln Organisationen, die Beziehungsstrukturen in den Vordergrund stellen, einen unverwechselbaren Wettbewerbsvorteil, indem sie eine lebendige kulturelle Identität pflegen und die menschliche Verbindung stärken.

Während sich viele Unternehmen auf Effizienz, Optimierung oder bahnbrechende Innovationen konzentrieren, schafft Symbiotic Leadership™ ein reichhaltiges Umfeld, in dem sich diese Ziele ganz natürlich entwickeln. Organisationen können ihr volles Potenzial freisetzen, indem sie eine Vertrauensbasis schaffen, Eigenverantwortung fördern und gemeinsame Verantwortung übernehmen, so dass Kreativität und Zusammenarbeit nachhaltig gedeihen können.

Von transaktionalen zu transformationalen Kulturen

In traditionellen Organisationen hängt die Führung häufig von der Anziehungskraft des Charismas, der Starrheit der Kontrolle von oben nach unten oder dem Verlassen auf operative Checklisten ab. Diese Ansätze mögen zwar unmittelbare Ergebnisse bringen, sind aber oft nicht in der Lage, ein echtes, nachhaltiges Engagement der Teammitglieder zu fördern. Solche Systeme neigen dazu, kurzfristigen Zielen den Vorrang vor der Förderung einer Kultur der Zusammenarbeit und Innovation zu geben, was letztlich zu einem Mangel an nachhaltiger Wirkung und langfristig zu Desengagement führt.

Symbiotic Leadership™ ersetzt Kontrolle durch Verbindung und Burnout durch Zugehörigkeit.

Traditionelle Kultur	Symbiotische Kultur
Command-and-Control-Management	Gemeinsames Eigentum und gegenseitige Verantwortung
Horten von Informationen	Transparente Kommunikation und Wissensfluss
Isolierte Anführer	Verteilter Einfluss und Rückkopplungsschleifen
Reaktives Leistungsmanagement	Proaktive emotionale Sicherheit und Wachstumsrhythmen
Kultur der individuellen Anerkennung	Rhythmisches, teamorientiertes Feiern

Die Kosten für die Instandhaltung alter Systeme

Unternehmen, die keine beziehungsintelligente Führung praktizieren, müssen mit erheblichen versteckten Kosten rechnen:

- **Umsatz:** Mitarbeiter verlassen Manager, nicht ihren Arbeitsplatz, insbesondere wenn emotionale Sicherheit und Feedback fehlen.

- **Silo-Innovation:** Wenn Ideen in vertikalen Strukturen gefangen sind, verlangsamt sich die Innovation.

- **Geringes Vertrauen:** Ohne Transparenz und gegenseitige Rechenschaftspflicht konzentrieren sich die Teams auf die Einhaltung der Vorschriften und nicht auf den Auftrag.

- **Burnout und Disengagement:** Emotionale Arbeit ohne Beziehungsausgleich führt zu unengagierter, transaktionaler Arbeit.

Symbiotic Leadership™ geht jedes dieser Probleme direkt an, indem es Systeme aufbaut, in denen menschliche Werte und organisatorische Werte aufeinander abgestimmt sind..

Die Vorteile von Symbiotic Leadership™ in der Praxis

Bei konsequenter Umsetzung schafft Symbiotic Leadership™ greifbare, messbare Ergebnisse:

Bereich	Ergebnis
Engagement	Die Mitarbeiter fühlen sich gesehen, gehört und beteiligt
Innovation	Psychologische Sicherheit fördert die kreative Risikobereitschaft
Erhaltung	Kulturen mit hohem Vertrauen binden Talente länger
Zusammenarbeit	Teams arbeiten mit Klarheit und Sorgfalt
Ausführung	Eine gemeinsame Vision verbessert Ausrichtung und Ergebnisse
Pipeline für Führungskräfte	Empowerment lässt neue Führungskräfte von innen wachsen

Ganz gleich, ob Sie ein fünfköpfiges Startup oder ein globales Unternehmen leiten, diese Ergebnisse lassen sich skalieren, da das Modell auf einem universellen Prinzip beruht: Gesunde Systeme gedeihen, wenn Beziehungen Vorrang haben.

Organisatorische Systeme, die verändern

Die Übernahme dieses Modells bedeutet, dass Führungskräfte nicht nur anders denken, sondern auch anders bauen müssen. Die Implikationen umfassen:

- **Feedback ist nicht optional**; es ist rhythmisch und multidirektional.
- **Anerkennung ist nicht nur leistungsorientiert,** sondern umfasst auch emotionale Arbeit, Unterstützung und Anpassung.
- **Rechenschaftspflicht ist keine Strafe,** sondern ein Prozess der Gnade und Rekalibrierung.
- **Besprechungen sind keine Statuskontrollen**, sondern Beziehungskontrollen und Zielabgleiche.
- **Die Strategie ist nicht von oben nach unten,** sondern vom Ökosystem geprägt und von unten nach oben verstärkt.

Diese Praktiken erfordern Mut, Standhaftigkeit und ein Führungsteam, das sich dem schrittweisen und nachhaltigen Prozess der Kultivierung der Kultur widmet.

5.2 Zusammenfassung

Symbiotic Leadership™ bedeutet, ein neues Leistungsmuster anzunehmen, bei dem Menschen nicht nur verwaltet, sondern vermehrt werden, nicht nur gehalten, sondern neu belebt werden.

Die Auswirkungen in der Praxis umfassen:

- Gesündere Systeme
- Gesündere Menschen
- Gesündere langfristige Ergebnisse

Aber die tiefgreifendste Veränderung ist diese:
Bei der Führung geht es weniger um Ergebnisse und mehr um Ökosysteme.
Und in gesunden Ökosystemen wird das Wachstum nicht erzwungen, sondern ist unvermeidlich.

5.3 Ein Aufruf zu Mut und kultureller Erneuerung

Warum die Zukunft den Mutigen gehört

Die Umgestaltung unseres Führungskonzepts ist nicht nur eine Frage der Feinabstimmung bestehender Techniken; sie erfordert ein tiefes Bekenntnis zum Mut. Es erfordert den Mut, althergebrachte Traditionen in Frage zu stellen, und die Kraft, Menschen zu vertrauen, Transparenz zu fördern und sich in einem Umfeld, das in der Vergangenheit Hierarchie und Selbsterhaltung in den Vordergrund gestellt hat, für eine beziehungsorientierte Führung einzusetzen.

Symbiotic Leadership™ erfordert einen tief greifenden inneren Wandel bei den Führungskräften, bevor sie den externen Wandel wirksam vorantreiben können. Dieser Ansatz ermutigt Führungskräfte, ihr Ego zugunsten echter Empathie beiseite zu legen, traditionelle Autorität durch eine Kultur der gemeinsamen Verantwortung zu ersetzen und sich von reaktiven Befehls- und

Kontrollstrukturen zu einem dynamischen Rahmen zu bewegen, der auf Vertrauen und Gegenseitigkeit beruht.

Diese Entwicklung des Führungsstils ist kein Zeichen von Schwäche, sondern verkörpert vielmehr die mutigste Form der Führung. Er betont die Führung durch Verbindung und Zusammenarbeit anstelle von Kontrolle, befürwortet ein Modell, in dem Beziehungen gedeihen, und gibt dem kollektiven Erfolg Vorrang vor individueller Macht. Indem sie sich diese Prinzipien zu eigen machen, steigern Führungskräfte nicht nur ihre Effektivität, sondern fördern auch ein Umfeld, in dem Innovation und gegenseitige Unterstützung gedeihen können.

Die Krise der Kultur

Der moderne Arbeitsplatz befindet sich in einer stillen Krise. Es geht nicht nur um Desengagement oder Fluktuation, sondern auch um die Abkopplung.

- Führungskräfte fühlen sich an der Spitze isoliert.
- Manager sind in der Mitte gefangen, sind überfordert und werden nicht ausreichend unterstützt.
- Die Mitarbeiter fühlen sich oft ungesehen, ungehört und nicht ausreichend genutzt.

Eine unkuratierte Kultur driftet unweigerlich in einen Zustand des bloßen Überlebens ab. In diesem Überlebensmodus werden Kulturen transaktional, von Zynismus durchdrungen und von Natur aus zerbrechlich. Sie betrachten Individuen nicht mehr als dynamische, lebendige Systeme mit einzigartigen Bedürfnissen und Bestrebungen, sondern als austauschbare Arbeitseinheiten, die ihrer Menschlichkeit und Tiefe beraubt sind. Im Laufe der Zeit führt dieser Ansatz zu einem allmählichen Zerfall, da das Gewicht der Fehlanpassung, der Erschöpfung und der allgegenwärtigen Angst seinen Tribut fordert und schließlich das kulturelle Gefüge zum Einsturz bringt.

Dies ist der Moment, um ein neues Modell zu wählen.

Kultur wird von einer mutigen Führungskraft nach der anderen aufgebaut

Kein Berater, kein Rahmenwerk und kein Foliensatz kann die Kultur eines Unternehmens verändern, wenn die Führungskräfte nicht bereit sind, den Wandel selbst zu gestalten.

Deshalb beginnt Symbiotic Leadership™ bei Ihnen, nicht bei Ihren Systemen.
Es beginnt mit Gesprächen, nicht mit Richtlinien.
Sie zeigt sich darin, wie Sie mit:

- Der Fehler eines Teammitglieds
- Ein verfehltes Ziel
- Eine angespannte Meinungsverschiedenheit
- Ein Moment, in dem Gnade und Wahrheit gleichermaßen präsent sein müssen

Jeder dieser Momente ist eine Einladung:
Mit Mut zu führen.
Eine Kultur der Verbundenheit aufzubauen.
Wachstum durch Gegenseitigkeit, nicht durch Dominanz zu erreichen.

Das Mandat der Führung

Man braucht keinen neuen Titel, um die kulturelle Erneuerung anzuführen.
Sie brauchen eine neue Denkweise und die Bereitschaft, mit Mut zur Beziehung zu handeln.

Das bedeutet:

- Zuhörsitzungen leiten, auch wenn man Angst vor Feedback hat
- Dysfunktion benennen, ohne Menschen zu beschämen
- Wiederherstellung der Verantwortlichkeit, wo Angst die Ehrlichkeit zum Schweigen gebracht hat
- Zugehörigkeit und emotionale Sicherheit genauso wichtig machen wie KPIs und OKRs

5.3 Zusammenfassung

Die Zukunft wird nicht durch Organisationen bestimmt, die sich durch technische Effizienz auszeichnen. Sie wird von Führungspersönlichkeiten gestaltet, die bemerkenswerten Mut zur Beziehung beweisen. Diejenigen, die sich aktiv dafür entscheiden, ein universelles Fraktal des Vertrauens, der Abstimmung und des kollektiven Wachstums auf allen Ebenen ihrer Teams zu verkörpern und zu reflektieren. Diese visionären Führungspersönlichkeiten kultivieren ein Umfeld, in dem sinnvolle Verbindungen gedeihen, die die Zusammenarbeit und ein gemeinsames Ziel fördern, das nicht nur ihre Organisationen, sondern auch die Menschen in ihnen aufwertet.

Das ist kein Trend. Es ist eine Berufung. Das ist nicht nur Führung, das ist Symbiotic Leadership™.

5.4 Reflexionsfragen für Führungskräfte und Organisationen

Klarheit, Mut und Veränderung kultivieren

Echte Veränderungen in der Führung beginnen nicht mit der Einführung neuer Richtlinien oder Verfahren; sie beginnen mit der Kunst, aufschlussreiche Fragen zu stellen. Diese Fragen sollten ehrlich, verletzlich und sogar verstörend sein und uns ermutigen, unsere Praktiken und Überzeugungen zu hinterfragen. Sie laden uns dazu ein, nicht nur über unser Handeln nachzudenken, sondern auch über das, was uns als Führungskultur ausmacht. Indem wir diese Ebene der Selbstbeobachtung fördern, können wir ein Umfeld kultivieren, in dem Wachstum und sinnvoller Wandel wirklich gedeihen können.

Nutzen Sie die folgenden Anregungen als Leitfaden für Ihre persönlichen Überlegungen, für Klausurtagungen von Führungskräften oder für Diskussionsforen im Team. Das Ziel ist nicht Perfektion. Das Ziel ist Anpassung, Authentizität und Beziehungsmut.

5.4.1 Fragen zur Selbstreflexion für einzelne Führungspersönlichkeiten

1. Wo habe ich in meiner Führungsrolle der Kontrolle den Vorrang vor der Verbindung gegeben?
2. Fühlen sich meine Mitarbeiter sicher genug, um mir ehrliches Feedback zu geben? Wenn nicht, warum?
3. Welche Führungsmuster habe ich geerbt, die nicht mehr dem entsprechen, was ich sein möchte?

4. Welche der 12 Symbiotic Leadership™-Prinzipien verkörpere ich von Natur aus - und welchen widerstehe ich?
5. Wann habe ich mich das letzte Mal als Führungskraft entschuldigt? Was hat dieser Moment bewirkt?
6. Wird mein Einfluss durch Beziehungen oder durch Rolle und Autorität gestützt?
7. Was würde sich ändern, wenn ich Führung als Verwalterschaft und nicht als Eigentum betrachten würde?
8. Welche emotionale Kultur schaffe ich aktiv oder lasse ich passiv zu?
9. Wo vermeide ich ein schwieriges Gespräch, das, wenn es gut geführt wird, Vertrauen schaffen könnte?
10. Wer hat mir geholfen zu wachsen, und wie multipliziere ich dieses Wachstum in anderen?

5.4.2 Fragen zur Team-/Organisationskultur

1. Ist unsere Kultur sicher genug, dass die Wahrheit ausgesprochen und das Vertrauen wiederhergestellt werden kann?
2. Wie gut spiegeln unsere Systeme (Leistungsbeurteilung, Anerkennung, Einarbeitung) die Beziehungswerte wider?
3. Feiern wir nur die Ergebnisse, oder erkennen wir auch die emotionale Arbeit, die Ausrichtung und die Beiträge des Teams an?
4. Ist das Feedback multidirektional, oder dominieren oder verschwinden bestimmte Stimmen ständig?

5. Welche Verfahren haben wir, um gesunde Konflikte zu lösen? Sind sie beziehungsorientiert oder strafend?
6. Wo verlässt sich unsere Organisation mehr auf die Persönlichkeit als auf Prinzipien?
7. Behandeln wir Kultur als nachträglichen Gedanken oder als strategische Grundlage?
8. Welcher Teil unserer Führungsidentität muss neu konzipiert werden, um der Zukunft gerecht zu werden?
9. Entwickeln wir Führungspersönlichkeiten, die eine gesunde Beziehung zueinander aufbauen, oder nur technische Kompetenz?
10. Wenn jedes Team in unserer Organisation unsere Kultur perfekt widerspiegeln würde, wären wir dann stolz auf das Ergebnis?

Wie man diese Fragen verwendet

- **Individuell:** Gehen Sie sie in Ruhe durch und besuchen Sie sie dann monatlich.
- **In Teams:** Wählen Sie 2-3 Themen pro Quartal für eine offene Diskussion.
- **In Entwicklung von Führungskräften:** Verwendung als Teil des Onboardings oder der Schulung für zukünftige Führungskräfte.
- **In Retreats oder Workshops:** Mutige, strukturierte Reflexion für Ausrichtung und Heilung ermöglichen.

Letzte Erinnerung

Diese Fragen sind kein Test. Sie sind ein Spiegel.
Nicht um zu beschämen, sondern um zu schärfen.
Nicht um der Unterbrechung willen, sondern um das zu erneuern, was durch die Routine abgestumpft ist.

Wenn Sie sich voll und ganz auf sie einlassen, werden diese Fragen nicht nur Ihre Denkweise verändern, sondern auch Ihre Führungsidentität von innen heraus neu formen.

5.5 Tools - Ausrüstung Ihrer Kultur für Symbiotic Leadership™

Eine Vision ohne die richtigen Werkzeuge kann zu tiefer Frustration und ungenutztem Potenzial führen. Genau aus diesem Grund geht Symbiotic Leadership™ über rein theoretische Konzepte hinaus; es dient als umfassendes Toolkit für den kulturellen Wandel. Es wurde für die praktische Anwendung entwickelt und lässt sich nahtlos in Onboarding-Prozesse, Schulungsprogramme, Bewertungsrahmen und langfristige strategische Initiativen integrieren.

Die in diesem Abschnitt vorgestellten Instrumente sollen Unternehmen dabei helfen, ihre Ausrichtung an den Grundwerten zu bewerten, die Beziehungen zwischen den Teams zu stärken und die 12 Symbiotischen Prinzipien auf allen Führungsebenen effektiv umzusetzen. Durch die Nutzung dieser Ressourcen können Organisationen ein gedeihliches Umfeld kultivieren, in dem Vision und Ausführung aufeinander abgestimmt sind.

Kapitel 6
Mit symbiotischer Führung in die Zukunft

Kapitel 6: Mit symbiotischer Führung in die Zukunft

6.1 A Kommission der Überzeugung, Kultur und Berufung

Symbiotic Leadership™ geht über den traditionellen Rahmen hinaus und bietet eine transformative Perspektive auf die komplizierten Verbindungen zwischen Individuen, gemeinsamen Zielen und Machtdynamiken. Diese Sichtweise untersucht die Nuancen zwischenmenschlicher Interaktionen und integriert restaurative Ansätze und innovative, skalierbare Methoden, die Wachstum und Verständnis fördern. Was ursprünglich als theoretische Idee begann, hat sich zu einem wirkungsvollen Spiegelbild unserer grundlegenden Werte, einem fließenden Modell, das unser Handeln bestimmt, und einer energischen Bewegung entwickelt, die sinnvolle Veränderungen in unseren Gemeinschaften vorantreibt. Wenn Sie sich diesen Ansatz zu eigen machen, ändern Sie nicht nur Ihren Führungsstil, sondern überdenken auch radikal die Kernmotivationen, die hinter Ihrer Führung, den Gemeinschaften, die Sie fördern, und dem dauerhaften Vermächtnis, das Sie anstreben, stehen. Symbiotic Leadership™ lädt dazu ein, die Beziehungen, die Sie pflegen, die bedeutenden Auswirkungen, die Sie erreichen wollen, und die bessere Zukunft, die Sie sich für diejenigen, die Sie führen, vorstellen, eingehend zu erforschen - eine Zukunft, die auf Zusammenarbeit, Empathie und gegenseitigem Erfolg beruht.

6.2 Die Einladung zur Veränderung

Dieses Führungsmodell geht über den Begriff der Kontrolle hinaus. Vielmehr verkörpert es die Essenz des Wachstums und der Gegenseitigkeit im Universum. Sie haben die einmalige Gelegenheit, auf eine Art und Weise zu führen, die die grundlegende Natur des Universums widerspiegelt: Sie ist von Natur aus relational, fördert die gegenseitige Abhängigkeit und besitzt eine inhärente Kapazität für Wachstum und Skalierbarkeit. Nehmen Sie diese Reise der Führung als eine Reise an, auf der Zusammenarbeit und Verbundenheit gedeihen und die den wunderschönen Wandteppich der Existenz selbst widerspiegelt.

Der Wandel beginnt, wenn eine Führungskraft:

- Demütig genug sein, um zuzuhören
- Besitzt den Einfluss, den sie haben
- Für die emotionale Sicherheit anderer sorgen
- Wiederherstellen, was die Kultur vernachlässigt hat

Dies ist nicht nur eine persönliche Veränderung. Es ist eine Einladung, ein Spiegel von Symbiotic Leadership™ zu werden.

6.3 Visualisierung des Symbiotic Leadership Framework™

Symbiose: Symbiotic Leadership™ nutzen, um Beziehungen zu führen und zu verbessern

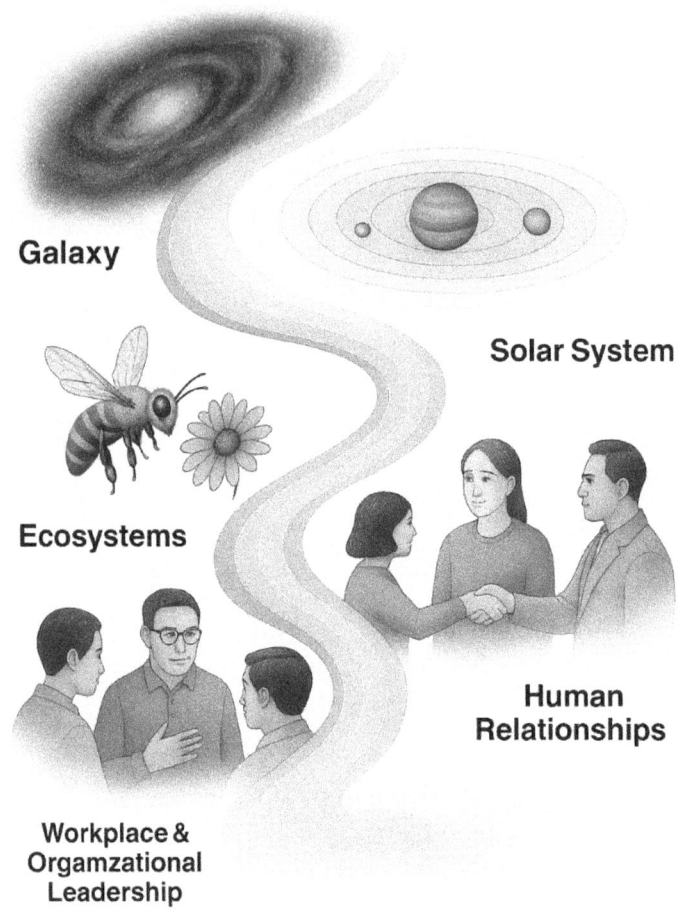

Fractal Alignment™
based on universal fractal
symbiotic design

Fractal Alignment™

Fractal Alignment™ zeigt ein Design, das sich im Universum widerspiegelt, von Galaxien über Ökosysteme bis hin zu menschlichen Beziehungen. Diese sich wiederholenden Strukturen zeigen die Intentionalität der gegenseitigen Abhängigkeit. Dieses Bild stellt die theologische und strukturelle Grundlage für alles Folgende dar, indem es die fraktale Ausrichtung als die Blaupause für symbiotische Führung etabliert.

Das Symbiotic Leadership Framework™

Das Symbiotic Leadership Framework™ ist das erste 3D-Führungsmodell, das auf dem Konzept der fraktalen Ausrichtung basiert. Im Zentrum steht die Symbiotic Relationship Theory™, umgeben vom operativen Kern des Symbiotic Workplace Model™ und umrahmt vom Führungsrahmen. Diese Struktur verkörpert, wie Philosophie, Verhalten und Struktur symbiotisch aufeinander abgestimmt sind..

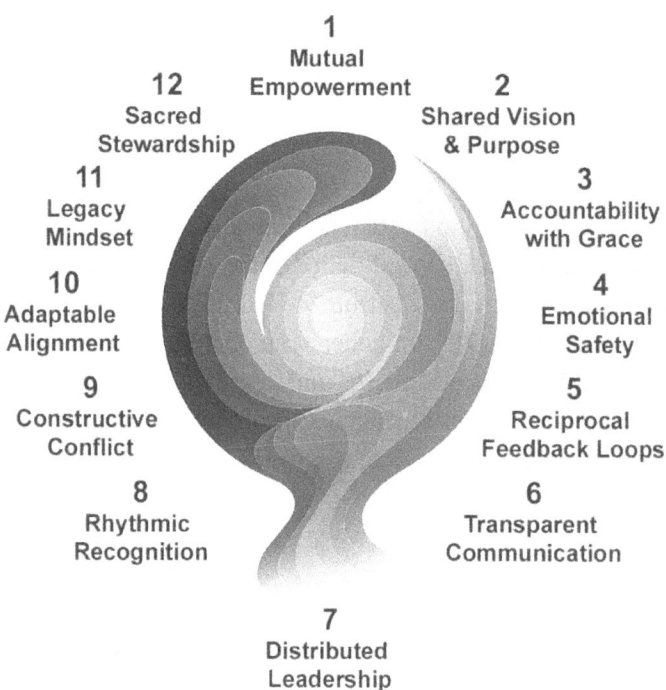

The 12 Symbiotic Leadership Principles™

1 Mutual Empowerment
2 Shared Vision & Purpose
3 Accountability with Grace
4 Emotional Safety
5 Reciprocal Feedback Loops
6 Transparent Communication
7 Distributed Leadership
8 Rhythmic Recognition
9 Constructive Conflict
10 Adaptable Alignment
11 Legacy Mindset
12 Sacred Stewardship

Die 12 Symbiotic Leadership Principles™

Aus dem Symbiotic Leadership Framework™ ergeben sich die 12 Symbiotic Leadership Principles™. Es handelt sich dabei um eine Reihe richtungsweisender Beziehungsverhaltensweisen, die vom Selbst bis zum System reichen. Jedes Prinzip spiegelt die Werte Vertrauen, Ausrichtung und Verantwortung wider und bietet praktische Möglichkeiten, mit Anmut und Ziel zu führen und gleichzeitig die Gesundheit der Beziehungen auf allen Ebenen zu erhalten.

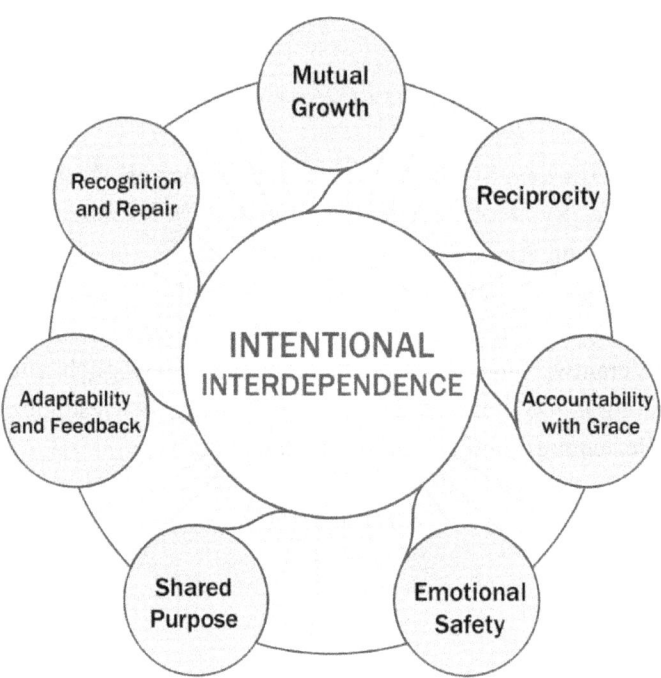

Die Grundpfeiler der Symbiotic Relationship Theory™

Die Grundpfeiler der Symbiotic Relationship Theory™ bilden das theologische und beziehungsbezogene Rückgrat des Rahmens. Gegenseitiges Wachstum, Reziprozität, Verantwortlichkeit mit Gnade und emotionale Sicherheit sind nur einige der Anker, die eine absichtliche Interdependenz aufrechterhalten. Diese Werte sind nicht abstrakt. Sie sind in die täglichen Interaktionen und Führungspraktiken eingebettet.

Key Functions of the
SYMBIOTIC WORKPLACE MODEL™

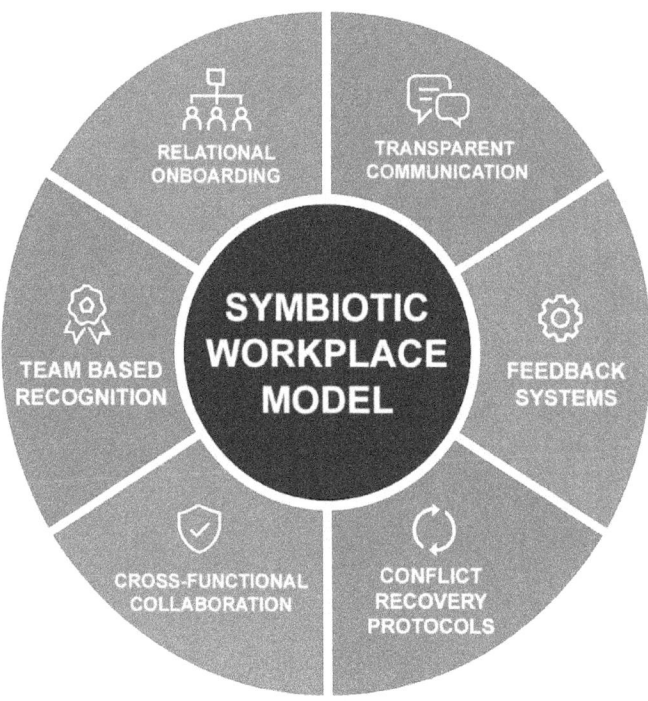

Das Symbiotic Workplace Model™

Das Symbiotic Workplace Model™ drückt die Symbiotic Relationship Theory™ in Bewegung aus. Dieses Rad veranschaulicht die wichtigsten Beziehungsfunktionen des Modells: Konfliktbewältigung, Feedbacksysteme, Anerkennungsrhythmen und Beziehungsanbahnung. Dabei handelt es sich nicht um Richtlinien, sondern um Muster, die den Arbeitsplatz auf die Beziehung ausrichten.

Symbiotic Workplace Model Structure™

Die Symbiotic Workplace Model Structure™

Die Symbiotic Workplace Model Structure™ ist ein Fraktal des Vertrauens, der Zusammenarbeit und der Verantwortlichkeit, das auf jeder Ebene der Organisation funktioniert. Die Führung befähigt die Teams, die wiederum die Mitarbeiter befähigen, und das System stärkt sich selbst durch transparente Feedbackschleifen. Dieses Diagramm zeigt, wie die Symbiose kontinuierlich fließt und spiegelt die gleiche fraktale Ausrichtung wider, die auch den Kosmos formt.

The Symbiotic Mentorship Cycle™

Der Symbiotic Mentorship Cycle™

Der Zyklus der symbiotischen Mentorenschaft veranschaulicht die universelle Abfolge von gegenseitigem Wachstum durch geführte Reflexion, gemeinsames Wissen und konsequentes Feedback. Dieser Zyklus schafft eine Beziehungsschleife der Transformation, die ein Fraktal des Übergangs von der Information zur Transformation hervorhebt, immer und immer wieder.

Der Symbiotic Human Relationship Cycle™

Beziehungen entstehen durch immer wiederkehrende Akte der Verbundenheit, der Verletzlichkeit, des Vertrauens und der Gnade. Dieses Bild fängt den lebendigen Fluss der menschlichen Symbiose ein - den ständigen Austausch, der zu einer persönlichen und beziehungsbezogenen Transformation führt. In seinem Kern spiegelt es universelles Design wider: beziehungsorientiert, erlösend und belastbar.

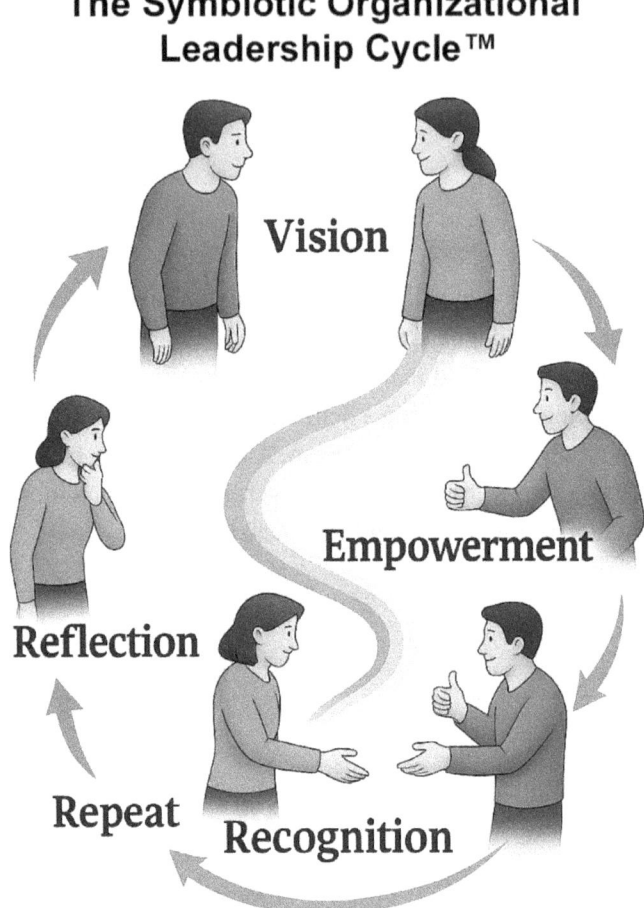

Der Symbiotic Organizational Leadership Cycle™

Organisatorische Führung ist nicht linear. Sie ist zyklisch, beziehungsreich und anpassungsfähig. Dieses Diagramm veranschaulicht, wie eine Vision zu Zusammenarbeit führt, Zusammenarbeit führt zu Befähigung, und Befähigung führt schließlich zu Ergebnissen. Anerkennung und Reflexion schließen den Kreis und bringen den Rhythmus wieder in Gang. Es ist ein Fraktal der relationalen Führung in großem Maßstab.

Zielgerichtet führen.

Warten Sie nicht länger auf die Erlaubnis, ein gesundes Beziehungsmodell zu entwickeln.

Bauen, was das Universum widerspiegelt.

Systeme zu schaffen, die Zusammenarbeit, Kommunikation und partnerschaftliche Betreuung belohnen.

Verkörpern Sie das Muster.

Sei ein Fraktal des Universums - klein, sich wiederholend und konstant.

Lassen Sie Ihre Führung mehr als effektiv sein.

Sie soll **transformierend** sein. Lass es **heilig** sein. Lass es **symbiotisch** sein.

Vielen Dank, dass Sie sich mit diesen neuen Konzepten auseinandergesetzt haben – Sie, die zukünftigen symbiotischen Führungspersönlichkeiten.

Glossar

Symbiotic Relationship Theory™ (SRT)

Eine Beziehungstheorie, die Beziehungen als ein Ökosystem betrachtet. Sie besagt, dass gesunde Beziehungen - ob privat oder beruflich - gegenseitigen Nutzen, Interdependenz und Intentionalität voraussetzen. SRT konzentriert sich auf die langfristige Kultivierung von gemeinsamem Wachstum, nicht auf transaktionale Interaktion.

Symbiotic Workplace Model™ (SWM)

Ein zirkuläres Organisationsmodell zur Operationalisierung der SRT in Teams und Institutionen. Es ersetzt starre Hierarchien durch einen Beziehungsfluss und fördert eine Kultur, in der Feedback, Vertrauen, Erleichterung und Autonomie auf jeder Ebene gefördert werden.

Symbiotic Leadership™

Ein Rahmen für Führung, der auf Vertrauen, Anpassung, Empathie, Verantwortlichkeit und der Entwicklung anderer beruht. Sie versucht, durch Verbindung statt durch Kontrolle Einfluss zu nehmen und führt eher auf der Beziehungsebene als auf der Transaktionsebene.

Symbiotic Leadership Principles™

Eine Reihe von zwölf Leitwerten, darunter "Intentional Alignment", "Mutual Accountability", "Empathetic Communication" und "Scalable Growth". Diese Grundsätze dienen als Kompass für beziehungsorientierte Entscheidungsfindung und Teamentwicklung.

Fractal Alignment™

Eine visuelle und konzeptionelle Metapher dafür, wie Beziehungssysteme (wie Galaxien, Sonnensysteme, Ökosysteme und Teams) wiederkehrende Muster widerspiegeln. In Symbiosis ist Fractal Alignment™ die Idee, dass Führungsverhalten und Beziehungswerte harmonisch über alle Einflussebenen hinweg skalieren können.

Relational Symmetry™

Der Zustand, in dem sich alle Beteiligten in einer Beziehung gesehen, gehört, geschätzt und respektiert fühlen. Er stärkt die Gleichheit der Beiträge und Ergebnisse und ermöglicht das Entstehen von Vertrauen und Zusammenarbeit.

SRT → SWM → SLF

Dieser Fluss stellt die Architektur des Symbiotik-Modells dar:

- **SRT** ist die Theorie und Weltanschauung.
- **SWM** ist die Art und Weise, wie die Theorie am Arbeitsplatz strukturiert ist.
- **SLF (Symbiotic Leadership Framework™)** ist eine Methode zur Operationalisierung von Führungsverhalten.

Für weitere Informationen zu Symbiotic Leadership, Symbiotic Relationship Theory, dem Symbiotic Workplace Model oder Fractal Alignment sowie für weitere Details und Ausblicke auf zukünftige Veröffentlichungen besuchen Sie bitte www.mysybiosis.com.

www.ingramcontent.com/pod-product-compliance
Lightning Source LLC
Chambersburg PA
CBHW060831190426
43197CB00039B/2556